내가 뽑은 원픽! 최신 출제경향에 맞춘 최고의 수험서

**2025** 귀화시험

# 사회통합 프로그램

## 종합평가

### 한권완성

대한민국귀화시험자격연구소 편저

# **한국**이 보이는 귀화시험 100% 활용하기

## 사진으로 대한민국 익히기

책 앞부분에 대한민국의 특징을 엿볼 수 있는 사진들을 분야별로 정리하여 수록하였습니다. 사진들을 보면서 한국이 어떤 나라인지 더 쉽게 이해하고 기억할 수 있어요.

## 기초실력 점검하기

본격적인 학습에 앞서 실력을 점검할 수 있도록 법무부의 사회통합프로그램 사전평가, 중간평가, 종합평가 견본 문항을 수정·보완하여 해설과 함께 수록하였습니다. 본격적인 학습에 앞서 한국에 대해 어느 정도 알고 있는지 확인하고 스스로 평가하는 시간을 가져 보세요.

## 빈출 개념 학습하기

사회통합프로그램 교재를 바탕으로 꼭 알아야 할 핵심이론을 수록하였습니다. 이론학습 후에는 주요 개념 확인과 단원 정리 문제를 통해 부족한 점을 확인하고 복습할 수 있도록 구성하였습니다. 꼼꼼한 준비로 귀화시험 합격에 한 발짝 더 다가가 보세요.

## 실전 감각 익히기

공개된 샘플 문항의 유형과 난이도를 완벽하게 반영한 실전 모의고사 3회분을 수록하였습니다. 작문과 구술 평가를 통해 실전 감각까지 익혀 보세요.

※ 귀화용 종합평가 응시생을 위한 객관식 CBT(컴퓨터 기반 평가) 모의고사 무료 제공

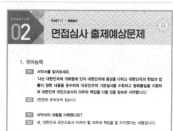

## 말하기 연습으로 마무리

그동안 출제된 면접 심사 질문과 앞으로 출제 가능성이 높은 질문을 주제별로 묶어서 수록하였습니다. 가족 또는 지인과 함께 직접 말로 연습하면서 면접심사까지 완벽히 대비하세요.

# 가이드 INFORMATION

귀화시험을 준비하는 예비 대한민국 국민 여러분을 환영합니다. 귀화시험은 2020년 7월부터 이수 기준이 변경되어 귀화용 종합평가와 영주용 종합평가의 문제 유형이 달라졌고, 시험이 전체적으로 더 어려워지는 등 많은 변화가 나타났습니다. 이에 따라 대한민국 국적 취득 희망자들의 부담이 더 커질 것으로 보입니다.

현재 시중에 나와 있는 귀화시험 관련 도서들은 실제 사회통합프로그램 종합평가 문제와 비교할 때 유형이나 난이도 면에서 다소 차이를 보입니다. 따라서 대한민국 귀화시험 자격연구소에서는 사회통합프로그램 기본 신교재 내용을 바탕으로 실전에 대비할 수 있는 도서의 필요성을 절감하였고, '2025 귀화시험 사회통합프로그램 종합평가 한권완성'을 출간하게 되었습니다.

본서는 귀화를 준비하는 분들의 효율적인 학습을 위해 다음과 같이 구성하였습니다.

.................................................................................................................

**첫째,** 본격적인 학습에 들어가기 전 준비 단계로 대한민국을 한눈에 파악할 수 있는 사진들을 실었습니다. 이어 법무부에서 제공하는 사회통합프로그램 사전평가 및 중간평가, 종합평가의 견본 문항을 수정·보완하여 상세한 해설과 함께 수록하여 자신의 기초실력을 점검할 수 있도록 하였습니다.

**둘째,** 대한민국 국민이 되려면 알아 두어야 할 지식을 선별하여 정리하였습니다. 중요도가 높은 한국어의 경우 별도로 구분하여 더 자세한 설명을 수록하였고, 대한민국 사회에 관한 이론을 7가지 주제로 나누어 정리하였습니다. 효율적인 학습을 위해 핵심 내용만을 간결하게 서술하고, 어려운 용어에 대한 추가 설명을 덧붙였습니다. 이론학습 후에는 주요 개념 확인과 단원정리 문제를 통해 부족한 점을 확인하고 복습할 수 있도록 구성하였습니다.

**셋째,** 2018년부터 필기시험으로 대체된 사회통합프로그램 종합평가에 대비할 수 있도록 실제 유형 및 난이도와 유사한 모의고사를 수록하였습니다. 객관식 문제는 물론 작문과 구술 문제까지 포함되어 실전 감각을 익힐 수 있습니다. 특히 2023년부터 CBT(컴퓨터 기반 평가)로 시행되고 있는 귀화용 종합평가를 대비하여 예문에듀 수험생들에게 객관식 CBT 모의고사를 무료로 제공합니다.

**넷째,** 면접심사까지 놓치지 않도록 기존에 출제된 내용과 중요도가 높은 내용을 선별하여 면접시험 출제 예상 문제를 수록하였습니다.

.................................................................................................................

본서가 귀화시험을 준비하시는 분들께 도움이 되길 바라며, 귀하의 대한민국 국적취득을 진심으로 기원합니다.

# 차례 CONTENTS

## [CBT 모의고사 이용 가이드]

**STEP 01** 예문에듀 홈페이지 로그인 후 메인 화면 상단의 [CBT 모의고사]를 누른 다음 시험 과목을 선택합니다.

**STEP 02** 시리얼 번호 등록 안내 팝업창이 뜨면 [확인]을 누른 뒤 [시리얼 번호]를 입력합니다.

**STEP 03** [마이페이지]를 클릭하면 등록된 CBT 모의고사를 [모의고사]에서 확인할 수 있습니다.

시리얼 넘버

S 0 5 8 - C 8 3 U - B 0 0 2 - 0 R 2 4

# 사진으로 보는 대한민국 INFORMATION

## 1. 대한민국

- 국호 : 대한민국(大韓民國), Republic of Korea
- 수도 : 서울특별시
- 국가 : 애국가
- 국화 : 무궁화
- 인구 : 약 5,175만 명
- 언어 : 한국어
- 정치 : 민주주의, 대통령제

[무궁화]

[나라문장]

[훈민정음]

[청와대]

[국회의사당]

[대법원]

[서울올림픽]

[평창동계올림픽]

[G20 서울 정상회의]

## 2. 행정구역

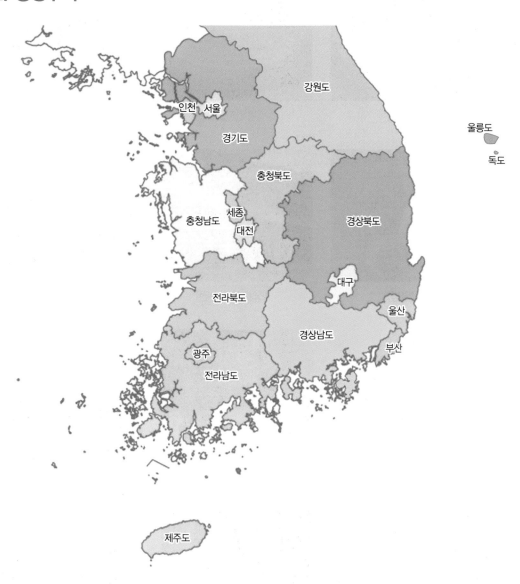

## 3. 문화유적, 명소

[숭례문]  [흥인지문]  [경복궁 근정전]

[석굴암]  [부석사 무량수전]  [덕수궁 석조전]

[독도]  [남이섬]  [설악산]

[한옥마을]  [명동 거리]  [광화문 광장]

## 4. 한글 자음 모음, 숫자 읽는 법

| 모음<br>자음 | ㅏ | ㅑ | ㅓ | ㅕ | ㅗ | ㅛ | ㅜ | ㅠ | ㅡ | ㅣ |
|---|---|---|---|---|---|---|---|---|---|---|
| ㄱ | 가 | 갸 | 거 | 겨 | 고 | 교 | 구 | 규 | 그 | 기 |
| ㄴ | 나 | 냐 | 너 | 녀 | 노 | 뇨 | 누 | 뉴 | 느 | 니 |
| ㄷ | 다 | 댜 | 더 | 뎌 | 도 | 됴 | 두 | 듀 | 드 | 디 |
| ㄹ | 라 | 랴 | 러 | 려 | 로 | 료 | 루 | 류 | 르 | 리 |
| ㅁ | 마 | 먀 | 머 | 며 | 모 | 묘 | 무 | 뮤 | 므 | 미 |
| ㅂ | 바 | 뱌 | 버 | 벼 | 보 | 뵤 | 부 | 뷰 | 브 | 비 |
| ㅅ | 사 | 샤 | 서 | 셔 | 소 | 쇼 | 수 | 슈 | 스 | 시 |
| ㅇ | 아 | 야 | 어 | 여 | 오 | 요 | 우 | 유 | 으 | 이 |
| ㅈ | 자 | 쟈 | 저 | 져 | 조 | 죠 | 주 | 쥬 | 즈 | 지 |
| ㅊ | 차 | 챠 | 처 | 쳐 | 초 | 쵸 | 추 | 츄 | 츠 | 치 |
| ㅋ | 카 | 캬 | 커 | 켜 | 코 | 쿄 | 쿠 | 큐 | 크 | 키 |
| ㅌ | 타 | 탸 | 터 | 텨 | 토 | 툐 | 투 | 튜 | 트 | 티 |
| ㅍ | 파 | 퍄 | 퍼 | 펴 | 포 | 표 | 푸 | 퓨 | 프 | 피 |
| ㅎ | 하 | 햐 | 허 | 혀 | 호 | 효 | 후 | 휴 | 흐 | 히 |

[한글 자음, 모음]

| 숫자 | 읽는 법 | | 숫자 | 읽는 법 | |
|---|---|---|---|---|---|
| 1 | 일 | 하나 | 20 | 이십 | 스물 |
| 2 | 이 | 둘 | 30 | 삼십 | 서른 |
| 3 | 삼 | 셋 | 40 | 사십 | 마흔 |
| 4 | 사 | 넷 | 50 | 오십 | 쉰 |
| 5 | 오 | 다섯 | 60 | 육십 | 예순 |
| 6 | 육 | 여섯 | 70 | 칠십 | 일흔 |
| 7 | 칠 | 일곱 | 80 | 팔십 | 여든 |
| 8 | 팔 | 여덟 | 90 | 구십 | 아흔 |
| 9 | 구 | 아홉 | 100 | 백 | |
| 10 | 십 | 열 | 1,000 | 천 | |
| 11 | 십일 | 열하나 | 10,000 | 만 | |
| 12 | 십이 | 열둘 | 100,000 | 십만 | |
| 13 | 십삼 | 열셋 | 1,000,000 | 백만 | |
| 14 | 십사 | 열넷 | 10,000,000 | 천만 | |

[숫자 읽는 법]

## 5. 가족관계도 - **아내**의 입장에서

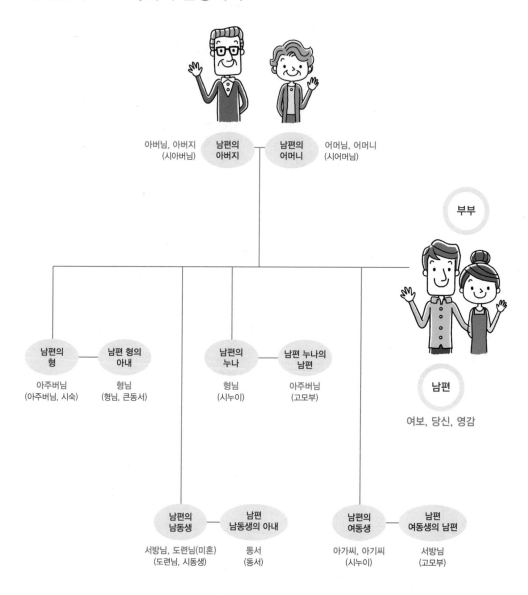

아버님, 아버지 　**남편의**　　　**남편의**　 어머님, 어머니
(시아버님) 　　아버지　　　 어머니 　(시어머님)

부부

남편
여보, 당신, 영감

**남편의**　　 **남편 형의**　　　 **남편의**　　 **남편 누나의**
**형**　　　　 **아내**　　　　　**누나**　　　　**남편**

아주버님 　　　 형님 　　　　　 형님 　　　 아주버님
(아주버님, 시숙) (형님, 큰동서) 　　 (시누이) 　　 (고모부)

**남편의**　　 **남편**　　　　 **남편의**　　 **남편**
**남동생**　　**남동생의 아내**　 **여동생**　　**여동생의 남편**

서방님, 도련님(미혼)　 동서 　　 아가씨, 아기씨 　 서방님
(도련님, 시동생)　　 (동서)　　　(시누이)　　　(고모부)

---

**남편** – 여보, 당신

**남편의 아버지** – 아버님, 아버지, 시아버님,

**남편의 어머니** – 어머님, 어머니, 시어머님

**남편의 형** – 아주버님, 시숙

**남편 형의 아내** – 형님, 큰동서

**남편의 남동생** – 서방님, 도련님(미혼)

**남편 남동생의 아내** – 동서

**남편의 누나** – 형님, 시누이

**남편 누나의 남편** – 아주버님, 고모부

**남편의 여동생** – 아가씨, 아기씨

**남편 여동생의 남편** – 서방님, 고모부

## 5. 가족관계도 – **남편**의 입장에서

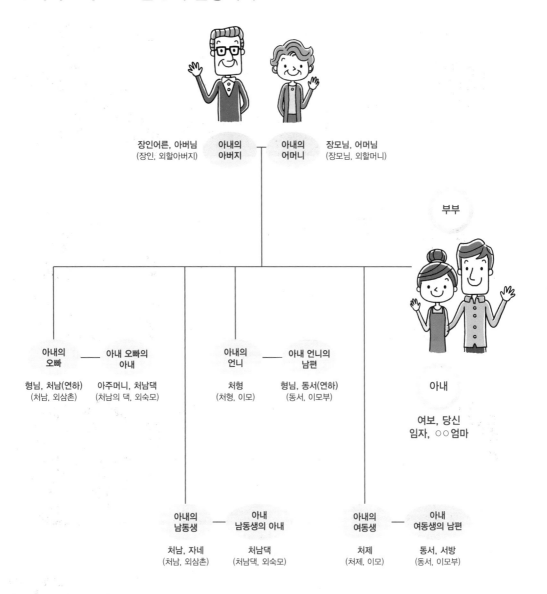

장인어른, 아버님
(장인, 외할아버지)

**아내의 아버지**

**아내의 어머니**

장모님, 어머님
(장모님, 외할머니)

부부

**아내의 오빠**

**아내 오빠의 아내**

**아내의 언니**

**아내 언니의 남편**

**아내**

형님, 처남(연하)
(처남, 외삼촌)

아주머니, 처남댁
(처남의 댁, 외숙모)

처형
(처형, 이모)

형님, 동서(연하)
(동서, 이모부)

여보, 당신
임자, ○○엄마

**아내의 남동생**

**아내 남동생의 아내**

**아내의 여동생**

**아내 여동생의 남편**

처남, 자네
(처남, 외삼촌)

처남댁
(처남댁, 외숙모)

처제
(처제, 이모)

동서, 서방
(동서, 이모부)

**아내** – 여보, 당신
**아내의 아버지** – 장인어른, 아버님
**아내의 어머니** – 장모님, 어머님
**아내의 오빠** – 형님, 처남(연하)
**아내 오빠의 아내** – 아주머니, 처남댁

**아내의 남동생** – 처남, 자네
**아내 남동생의 아내** – 처남댁
**아내의 언니** – 처형
**아내 언니의 남편** – 형님, 동서(연하)
**아내의 여동생** – 처제
**아내 여동생의 남편** – 동서

## 6. 명절, 관혼상제, 음식

[세배]

[차례]

[성묘]

[관례]

[혼례]

[상례]

[떡국]

[송편]

[오곡밥]

[김치]

[불고기]

[비빔밥]

## 7. 민속놀이, 풍습

[윷놀이]  [연날리기]  [널뛰기]

[줄다리기]  [쥐불놀이]  [강강술래]

[농악]  [씨름]  [판소리]

[창포물 머리감기]  [부럼 깨기]  [장승]

## 8. 역사 속 인물

[단군왕검]

[광개토대왕]

[왕건]

[강감찬]

[이성계]

[세종대왕]

[장영실]

[퇴계 이황]

[율곡 이이]

[이순신]

[허준]

[정약용]

## 9. 스포츠, 문화 인물

[손기정]  [박찬호]  [김연아]

[김연경]  [차범근]  [장미란]

[엄홍길]  [박세리]  [박태환]

[윤동주]  [한용운]  [이효석]

[백남준]  [강수진]  [조수미]

## 10. 통일, 안보

[판문점]

[남북 분단]

[군사분계선]

[남북 정상회담]

[이산가족]

[개성공단]

# 01 PART

# 시험안내

# 대한민국의 국기, 태극기

태극기는 흰색 바탕에 가운데의 태극 문양과 네 모서리의 건곤감리 4괘로 구성되어 있다. 1882년에 처음 사용하였고, 이듬해에 정식으로 국기로 채택 · 공포되었다.

귀화시험
**사회통합프로그램 종합평가 한권완성**

# 사회통합프로그램 종합 안내

PART 01

PART 02

PART 03

PART 04

PART 05

PART 06

PART 07

■ **사회통합프로그램**(KIIP : Korea Immigration & Integration Program)

이민자가 우리말과 우리문화를 빠르게 익히고, 지역사회에 쉽게 융화될 수 있도록 지원하는 프로그램이다. 사회통합정보망(www.socinet.go.kr)에서 온라인으로만 신청 가능하다.

■ **단계별 진행**

| 참여 신청 | 단계배정(사전평가 등) | 교육과정 공지 |
|---|---|---|
| 사회통합정보망 회원가입 및 사회통합프로그램 신청 | 배정 단계 확인 | 사회통합정보망 |

| 교육신청 및 배정 | 한국어와 한국문화 (0~3)단계 교육 | 한국어와 한국문화 4단계 교육 |
|---|---|---|
| 사회통합정보망 | (1~3)단계평가 (운영기관 주관) | 중간평가 (법무부 주관) |

(단계 배정 결과 5단계 해당 시)

(연계과정 참여자 응시 가능)

| 한국사회이해 5단계 기본과정 교육 | 한국사회이해 5단계 심화과정 교육 |
|---|---|
| 영주용 종합평가 (법무부 주관) | 귀화용 종합평가 (법무부 주관) |

※ 영주용 종합평가는 한국사회이해 심화과정 수강자도 응시 가능
※ 한국사회이해 심화과정은 한국사회이해 기본과정 수료자 또는 영주용 종합평가 합격자만 수강 가능

■ **과정 및 이수시간**

| 단계 | 한국어와 한국문화 | | | | | 한국사회이해 | |
|---|---|---|---|---|---|---|---|
| 단계 | 0단계 | 1단계 | 2단계 | 3단계 | 4단계 | 5단계 | |
| 과정 | 기초 | 초급1 | 초급2 | 중급1 | 중급2 | 기본 | 심화 |
| 교육시간 | 15 | 100 | 100 | 100 | 100 | 70 | 30 |
| 평가 | 없음 | 1단계평가 | 2단계평가 | 3단계평가 | 중간평가 | 영주용 종합평가 | 귀화용 종합평가 |

## ■ 사전평가

- 평가 대상 : 사회통합프로그램 참여 희망자 및 영주 신청자 대상 종합평가 응시 희망자
- 평가 내용 : 한국어 능력 등 기본소양 정도
- 평가 방법

| 필기시험 | 구술시험 |
|---|---|
| 50문항(60분) | 5문항(10분) |
| 객관식(48) + 단답형(2) | 읽기, 이해하기, 대화하기, 듣고 말하기 등 |

※ 2022년부터 CBT(컴퓨터 기반 평가) 실시

- 2024년 사회통합프로그램 사전평가 일정

| 차수 | 신청 기간 | 시험일 | 결과 발표일 |
|---|---|---|---|
| 1차 | 23.12.26.~23.12.30. | 24.01.13. | 24.01.26. |
| 2차 | 24.01.30.~24.02.03. | 24.02.17. | 24.02.29. |
| 3차 | 24.03.12.~24.03.16. | 24.03.30. | 24.04.12. |
| 4차 | 24.04.23.~24.04.27. | 24.05.11. | 24.05.24. |
| 5차 | 24.06.04.~24.06.08. | 24.06.22. | 24.07.05. |
| 6차 | 24.07.16.~24.07.20. | 24.08.03. | 24.08.16. |
| 7차 | 24.10.01.~24.10.05. | 24.10.19. | 24.11.01. |
| 8차 | 24.11.12.~24.11.16. | 24.11.30. | 24.12.13. |

※ 평가 일정은 응시 수요 등에 따라 변경되거나 추가될 수 있습니다.

## ■ 중간평가

- 평가 대상
  - 4단계 교육을 수료한 사람
  - 사회통합프로그램 한국어교육 중급 연계 과정 승인을 받은 사람
- 평가 내용 : 한국어과정 전반에 대한 내용

• 평가 방법

| 필기시험 | 구술시험 |
|---|---|
| 30문항(50분) | 5문항(10분) |
| 객관식(28) + 작문형(2) | 이해하기, 대화하기, 듣고 말하기 등 |
| 합격기준 : 100점 만점에 60점 이상 득점 | |

• 2024년 사회통합프로그램 중간평가 일정

| 차수 | 신청 기간 | 시험일 | 결과 발표일 |
|---|---|---|---|
| 1차 | 24.05.07.~24.05.11. | 24.05.25. | 24.05.31. |
| 2차 | 24.06.25.~24.06.29. | 24.07.13. | 24.07.19. |
| 3차 | 24.08.20.~24.08.24. | 24.09.07. | 24.09.13. |
| 4차 | 24.12.10.~24.12.14. | 24.12.28. | 25.01.06. |

※ 평가 일정은 응시 수요 등에 따라 변경되거나 추가될 수 있습니다.

## ■ 종합평가

• 종합평가 종류
  - 영주용 종합평가(KIPRAT : Korea Immigration and Permanent Residence Aptitude Test)
  - 귀화용 종합평가(KINAT : Korea Immigration and Naturalization Aptitude Test)

• 평가 대상
  - 영주용 종합평가 : 사회통합프로그램 5단계 기본과정을 수료한 사람, 사회통합프로그램 5단계 기본과정을 수료하지 않았으나, 사전평가에서 85점 이상 득점한 날로부터 2년 이내인 사람
  - 귀화용 종합평가 : 사회통합프로그램 5단계 전체 과정(기본+심화)을 수료한 사람, '18.3.1. 이후 귀화허가 신청한 사람(5단계 전체 과정 미수료자), '18.3.1. 전 반복 수료에 의한 귀화용 이수 완료한 사람, '12년 종합평가에서 50~59점 득점으로 이수 완료된 결혼이민자

- 평가 내용 : 한국어 능력 및 한국사회 이해정도 등 종합적인 기본소양 정도
- 평가 방법

| 필기시험 | 구술시험 |
|---|---|
| 40문항(60분) | 5문항(10분) |
| 객관식(36) + 작문형(4) | 이해하기, 대화하기, 듣고 말하기 등 |
| 합격기준 : 100점 만점에 60점 이상 득점 ||

※ 2023년부터 CBT(컴퓨터 기반 평가) 실시

- 2024년 사회통합프로그램 종합평가 일정

| 차수 | 신청 기간 | 시험일 | 결과 발표일 |
|---|---|---|---|
| 1차 | 24.01.09.~24.01.13. | 24.01.27. | 24.02.02. |
| 2차 | 24.02.20.~24.02.24. | 24.03.09. | 24.03.15. |
| 3차 | 24.04.02.~24.04.06. | 24.04.20. | 24.04.26. |
| 4차 | 24.05.21.~24.05.25. | 24.06.08. | 24.06.14. |
| 5차 | 24.08.06.~24.08.10. | 24.08.24. | 24.08.30. |
| 6차 | 24.09.10.~24.09.14. | 24.09.28. | 24.10.07. |
| 7차 | 24.10.15.~24.10.19. | 24.11.02. | 24.11.08. |
| 8차 | 24.11.26.~24.11.30. | 24.12.14. | 24.12.20. |

※ 평가 일정은 응시 수요 등에 따라 변경되거나 추가될 수 있습니다.

# CHAPTER 02

# 국적취득 절차 및 귀화 종류 안내

※ 일부 변경될 수 있으므로 법무부 홈페이지 참고 바람

## ■ 국적취득 절차

### 신청 및 접수

- 일반귀화, 간이귀화(혼인귀화 포함), 특별귀화로 구분
- 구비서류를 준비하여 관할 출입국 · 외국인관서에 접수

### 사회통합프로그램 종합평가 및 면접심사

- 사회통합프로그램 종합평가 대상 : 일반귀화, 간이귀화, 특별귀화
- 면접심사 대상 : 일반귀화, 간이귀화, 특별귀화
- 사회통합프로그램 종합평가 및 면접심사 면제 대상자는 국적법 시행규칙에 규정

> ※ **사회통합프로그램 종합평가 면제대상자**
> 사회통합프로그램을 이수한 사람, 미성년자, 만 60세 이상인 사람, 대한민국에 특별한 공로가 있는 사람, 귀화허가 신청일을 기준으로 최근 3년 이내에 종합평가에서 60점 이상을 득점한 사람, 혼인관계를 유지 중인 결혼 이민자 등
>
> ※ **면접 면제대상자**
> 국적을 회복한 사람의 배우자로서 만 60세 이상인 사람, 귀화허가 신청 당시 만 15세 미만인 사람, 사회통합프로그램 5단계 수료 후 종합평가 합격자, 독립유공자의 후손, 독립유공자 · 국가유공자의 직계존비속의 배우자로서 만 60세 이상인 사람, 국적판정을 받은 사할린동포의 배우자로서 만 60세 이상인 사람(단, 국적판정을 받은 후 혼인한 배우자는 제외), 국적판정을 받은 사할린동포의 자녀로서 간이귀화 또는 특별귀화허가 신청한 만 60세 이상자

### 귀화 요건 심사

- 사회통합프로그램 종합평가 및 면접 합격자를 대상으로 필요시 체류 동향 조사 실시

| 공통 | 체류실태, 생계유지능력, 범죄경력 등 확인 |
|---|---|
| 입양 | 입양의 진정성 등 확인 |
| 혼인귀화 | 정상적인 혼인관계 유지 여부 등 확인 |

- 사회통합프로그램 종합평가 및 면접심사 결과, 조사 내용 등을 종합하여 귀화 요건 심사

### 심사 결정

- 범죄경력조회, 신원조회 등을 거쳐 귀화허가 여부 최종 심사 결정

### 국민선서 및 국적증서 수여

– 귀화허가를 받은 사람이 법무부장관(출입국·외국인관서의 장) 앞에서 국민선서 후 귀화증서를 수여 받을 때 대한민국 국적 취득

### 고시 및 통보

– 관보고시
– 대법원 등 관계기관 통보(가족관계등록부 생성)

### 외국국적 포기 등

– 국적 취득 후 1년 내 외국국적 포기(원칙) 또는 외국국적불행사 서약

| 외국국적 포기 | 대한민국 주재 자국 대사관(영사관) |
|---|---|
| 외국국적불행사 서약 | 출입국·외국인 관서 |

– 외국국적불행사 서약 대상자는 국적법 제10조에 규정

　※ 혼인관계를 유지 중인 혼인귀화 허가자 등은 외국국적불행사 서약 가능

### 주민등록

– 주소지 읍·면·동 사무소(주민센터)에서 등록


■ **귀화의 종류** ※ 법무부 출입국·외국인정책본부 및 다문화 가족지원 포털 다누리 홈페이지 참조

### 1. 일반귀화(5년 이상 거주)

① 요건

　㉠ 5년 이상 계속하여 대한민국에 주소가 있을 것

　㉡ 대한민국에서 영주할 수 있는 체류자격을 가지고 있을 것

　㉢ 대한민국의 민법에 의하여 성년일 것

　㉣ 법령을 준수하는 등 법무부령으로 정하는 품행 단정의 요건을 갖출 것

　㉤ 자신의 자산이나 기능에 의하거나 생계를 같이 하는 가족에 의존하여 생계를 유지할 능력이 있을 것

　㉥ 국어능력 및 대한민국의 풍습에 대한 이해 등 대한민국 국민으로서의 기본 소양을 갖추고 있을 것

　㉦ 귀화를 허가하는 것이 국가안전보장·질서유지 또는 공공복리를 해치지 아니한다고 법무부장관이 인정할 것

　※ 출생 후 한 번도 대한민국 국민이 된 적이 없는 성년의 외국인으로서 적법하게 5년 이상 계속하여 국내에 주소가 있는 자는 일반귀화 허가 신청 가능

② 국내 거주 요건

귀화허가신청자의 국내 거주 기간은 외국인이 적법하게 입국하여 외국인 등록을 마치고 국내에서 계속 체류한 기간으로 하되, 아래에 해당하는 경우에는 국내에서 계속 체류한

것으로 보아 전후의 체류기간을 통산한다. 단, 출국하여 국외에서 체재한 기간은 제외한다.

㉠ 국내 체류 중 체류기간이 끝나기 전에 재입국 허가를 받고 출국한 후 그 허가기간 내에 재입국한 경우

㉡ 국내 체류 중 체류기간 연장이 불가능한 사유 등으로 일시 출국하였다가 1개월 이내에 입국사증을 받아 재입국한 경우

㉢ 위에 준하는 사유로 법무부장관이 전후의 체류기간을 통틀어 합산하는 것이 상당하다고 인정하는 경우

## 2. 간이귀화(3년 이상 거주)

① 일반적 요건

㉠ 대한민국의 민법에 의하여 성년일 것

㉡ 법령을 준수하는 등 법무부령으로 정하는 품행 단정의 요건을 갖출 것

㉢ 자신의 자산이나 기능에 의하거나 생계를 같이 하는 가족에 의존하여 생계를 유지할 능력이 있을 것

㉣ 국어능력과 대한민국의 풍습에 대한 이해 등 대한민국 국민으로서의 기본 소양을 갖추고 있을 것

㉤ 귀화를 허가하는 것이 국가안전보장 · 질서유지 또는 공공복리를 해치지 아니한다고 법무부장관이 인정할 것

② 추가 요건

일반적 요건에 해당하는 외국인으로 다음의 요건을 갖추고 3년 이상 계속하여 대한민국에 주소가 있는 자

㉠ 부 또는 모가 대한민국의 국민이었던 자

• 부 또는 모가 사망한 경우로서 사망 당시에 한국국민이었던 자

• 부 또는 모가 현재는 외국 국적이지만 과거에 한국국민이었던 자

• 부 또는 모가 사망 당시에는 외국 국적이었지만 과거에 한국국민이었던 자

㉡ 대한민국에서 출생한 자로서 부 또는 모가 대한민국에서 출생한 자

㉢ 대한민국 국민의 양자로서 입양 당시 대한민국의 민법에 의하여 성년이었던 자

③ 국내 거주 요건

귀화 신청자의 국내 거주 기간은 외국인이 적법하게 입국하여 외국인 등록을 마치고 국내에서 계속 체류한 기간으로 하되, 아래에 해당하는 경우에는 국내에서 계속 체류한 것으로 보아 전후의 체류 기간을 통산한다. 단, 출국하여 국외에서 체재한 기간은 제외한다.

PART 01
PART 02
PART 03
PART 04
PART 05
PART 06
PART 07

ⓐ 국내에서 체류 중 체류기간 만료 전에 재입국 허가를 받고 출국한 후 그 허가기간 내에 재입국한 경우

　　ⓑ 국내에서 체류 중 체류기간 연장이 불가능한 사유 등으로 일시 출국하였다가 1개월 이내에 입국사증을 받아 재입국한 경우

　　ⓒ 위에 준하는 사유로 법무부장관이 전후의 체류기간을 통틀어 합산하는 것이 상당하다고 인정하는 경우

## 3. 간이귀화(혼인유지)

① 일반적 요건

　　ⓐ 대한민국의 민법상 성년일 것

　　ⓑ 품행이 단정할 것

　　ⓒ 자신의 자산이나 기능에 의하거나 생계를 같이 하는 가족에 의존하여 생계를 유지할 능력이 있을 것

　　ⓓ 국어능력 및 대한민국의 풍습에 대한 이해 등 대한민국 국민으로서의 기본 소양을 갖추고 있을 것

　　ⓔ 간이귀화 혼인유지 및 혼인단절 일반적 요건에 국적법 제5조 제6호 "귀화를 허가하는 것이 국가안전보장·질서유지 또는 공공복리를 해치지 아니한다고 법무부장관이 인정할 것"

② 추가 요건

　배우자가 대한민국의 국민인 외국인으로서 아래에 해당하는 자

　　ⓐ 그 배우자와 혼인한 상태로 대한민국에 2년 이상 계속하여 주소가 있는 자

　　ⓑ 그 배우자와 혼인한 후 3년이 경과하고 혼인한 상태로 대한민국에 1년 이상 계속하여 주소가 있는 자

③ 국내 거주 요건

　귀화신청자의 국내거주기간은 외국인이 적법하게 입국하여 외국인등록을 마치고 국내에서 계속 체류한 기간으로 하되, 아래에 해당하는 경우에는 국내에서 계속 체류한 것으로 보아 전후의 체류기간을 통산한다. 단, 출국하여 국외에서 체류한 기간은 제외한다.

　　ⓐ 국내에서 체류 중 체류기간 만료 전에 재입국 허가를 받고 출국한 후 그 허가기간 내에 재입국한 경우

　　ⓑ 국내에서 체류 중 체류기간 연장이 불가능한 사유 등으로 일시 출국하였다가 1월 이내에 입국사증을 받아 재입국한 경우

## 4. 간이귀화(혼인단절)

① 일반적 요건

    ㉠ 대한민국 민법상 성년일 것

    ㉡ 품행이 단정할 것

    ㉢ 자신의 자산이나 기능에 의하거나 생계를 같이 하는 가족에 의존하여 생계를 유지할 능력이 있을 것

    ㉣ 국어능력 및 대한민국의 풍습에 대한 이해 등 대한민국 국민으로서의 기본 소양을 갖추고 있을 것

② 추가요건

    ㉠ 한국인 배우자와 혼인한 상태로 국내에 주소를 두고 있던 중 그 배우자의 사망이나 실종 또는 그 밖에 자신에게 책임이 없는 사유로 정상적인 혼인생활을 할 수 없었던 자로서 국적법 제6조 제2항 제1호나 제2호의 기간을 충족한 자

    ㉡ 한국인 배우자와의 혼인에 따라 출생한 미성년 자녀를 양육하거나 양육하여야 할 자로서 국적법 제6조 제2항 제1호나 제2호의 기간을 충족한 자

③ 국내 거주 요건

    귀화신청자의 국내거주기간은 외국인이 적법하게 입국하여 외국인등록을 마치고 국내에서 계속 체류한 기간으로 하되, 아래에 해당하는 경우에는 국내에서 계속 체류한 것으로 보아 전후의 체류기간을 통산한다. 단, 출국하여 국외에서 체류한 기간은 제외한다.

    ㉠ 국내에서 체류 중 체류기간 만료 전에 재입국허가를 받고 출국한 후 그 허가기간 내에 재입국한 경우

    ㉡ 국내에서 체류 중 체류기간 연장이 불가능한 사유 등으로 일시 출국하였다가 1월 이내에 입국사증을 받아 재입국한 경우

## 5. 특별귀화(부 또는 모가 대한민국 국민인 자)

① 요건

    ㉠ 품행이 단정할 것

    ㉡ 국어능력과 대한민국의 풍습에 대한 이해 등 대한민국 국민으로서의 기본 소양을 갖추고 있을 것

② 추가 요건

    부 또는 모가 대한민국의 국민인 자. 다만, 양자로서 대한민국의 민법상 성년이 된 후에 입양된 자를 제외한다.

    ㉠ 귀화자(국적회복자)의 자녀

    ㉡ 입양 당시 미성년이었던 양자(성년 양자는 간이귀화 신청)

ⓒ 98.06.13 이전 부계혈통주의하 외국인 아버지와 한국인 어머니 사이 법률혼 관계에서 태어난 사람

ⓔ 한국인 아버지와 외국인 어머니 사이 사실혼 관계에서 출생하여 아버지가 인지한 성년 자녀

### 6. 특별귀화(우수인재, 독립유공자)

① 우수인재 국적취득(특별귀화·국적회복)

ⓐ 대상 및 요건
- (특별귀화) 국적법 제7조 제1항 제3호
- (국적회복) 국적법 제10조 제2항 제2호

ⓑ 기준 및 절차
- 국적법시행령 제6조(특별귀화 대상자) 제2항 및 제28조(국적심의위원회)
- 우수인재 평가기준 및 추천 등 고시(법무부고시 제2020-220호)

② 독립유공자 후손 국적취득

ⓐ 대상 및 요건
- (특별귀화) 국적법 제7조 제1항 제2호
- (국적회복) 국적법 제10조 제2항 제2호

ⓑ 기준 및 절차
- 국적법시행령 제6조(특별귀화 대상자) 제1항
- 「독립유공자 예우에 관한 법률」 제4조에 따른 독립유공자

### 7. 수반취득

① 요건

ⓐ 외국인의 자로서 대한민국의 민법에 의하여 미성년인 자

ⓑ 외국인의 자로서 대한민국의 민법에 의하여 미성년인 자는 그 부 또는 모가 귀화허가를 신청할 때 함께 국적취득을 신청할 수 있다.

ⓒ 부모와 수반하여 국적취득을 신청한 자는 그 부 또는 모에 대하여 법무부장관이 귀화를 허가한 때에 함께 대한민국의 국적을 취득한다.

② 주의사항

미성년인 자녀에 대하여 수반취득을 신청함이 없이 부 또는 모가 귀화허가 또는 국적회복을 신청하였다면 나중에는 수반취득할 수 없고 그 자녀는 독자적으로 귀화절차를 거쳐야 한다. 만일, 부 또는 모가 한국국적을 취득한 상태라면 그 자녀는 특별귀화 신청을 할 수 있다.

PART 02

# 기초실력 평가

# 보신각

서울특별시 종로구에 있는 종각. 서울보신각종을 걸어 놓기 위해 만든 종각이다.
매년 12월 31일 자정에 이곳에서 '제야의 종' 타종행사가 열린다.

귀화시험
사회통합프로그램 종합평가 한권완성

# 사회통합프로그램 사전평가 견본 문항
# 필기시험

※ 법무부에서 제공하는 견본 문항을 수정 · 보완하여 수록함

**[01~02]** 다음 질문에 답하시오.

**01** 이것은 무엇이에요?

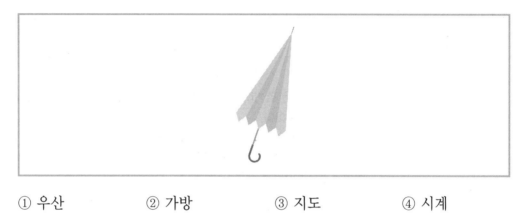

① 우산          ② 가방          ③ 지도          ④ 시계

**02** 다음 ( )에 들어갈 알맞은 것은?

> 자야 씨는 몽골( ) 왔어요.

① 이          ② 을          ③ 에서          ④ 하고

 '-에서'는 앞말이 어떤 일의 출처나 근거임을 나타내는 격 조사이다.
① -이 : 어떤 상태를 보이는 대상이나 어떤 동작을 하는 주체임을 나타내는 격 조사
② -을 : 동작이 미친 직접적 대상을 나타내거나 행동의 간접적인 대상임을 나타내는 격 조사
④ -하고 : 다른 것과 비교하거나 기준으로 삼는 대상임을 나타내는 격 조사

**정답** 01 ①    02 ③

**[03~04]** 다음 〈보기〉를 참고하여 밑줄 친 부분과 의미가 반대인 것을 고르시오.

〈보기〉

가 : 방에 책상이 <u>있어요</u>?

나 : 아니요, (　　　　　　　　).

❶ 없어요　　　　② 많아요　　　　③ 적어요　　　　④ 좋아요

**03**

가 : 설날에 식당 문을 <u>열어요</u>?

나 : 아니요, (　　　　　　).

① 줘요　　　　② 닫아요　　　　③ 기다려요　　　　④ 만나요

 '열다'가 '닫히거나 잠긴 것을 트거나 벗기다.'를 뜻하는 말로 사용될 때 이와 반대의 의미를 나타내는 단어는 '닫다'이다.
① 주다 : 물건 따위를 남에게 건네어 가지거나 누리게 하다.
③ 기다리다 : 어떤 사람이나 때가 오기를 바라다.
④ 만나다 : 선이나 길, 강 따위가 서로 마주 닿다.

**04** 회사에서 <u>상사</u>의 지시를 알아들을 수 없어서 힘들어요.

① 부하 직원　　　② 직장 동료　　　③ 선배　　　④ 동창

 '상사'는 '자기보다 지위가 위인 사람'을 나타내는 말로 이와 반대의 의미를 나타내는 단어는 '부하 직원'이다.
② 직장 동료 : 같은 직장에서 일하는 사람
③ 선배 : 같은 분야에서, 지위나 나이 따위가 자기보다 많거나 앞선 사람
④ 동창 : 같은 학교에서 공부를 한 사이

[05~06] 다음 (   )에 알맞은 것을 고르시오.

**05**

저는 아침에 (   )을/를 마셔요.

① 밥                ② 우유                ③ 빵                ④ 사과

 '마시다'는 물 따위의 액체를 목구멍으로 넘기는 것을 말한다. 따라서 빈칸에는 액체인 우유가 들어가는 것이 가장 적절하다.

**06**

저는 주말에는 (   ) 가족들하고 시간을 보내요.

① 보통                ② 금방                ③ 아까                ④ 이따가

 '보통'은 '일반적으로, 흔히'의 의미와 같다.
② 금방 : 말하고 있는 시점보다 바로 조금 전을 나타내는 말로 '방금'의 의미와 같다.
③ 아까 : '조금 전, 조금 전에'의 의미와 같다.
④ 이따가 : '조금 지난 뒤에'라는 뜻으로 '이따'의 의미와 같다.

정답   05 ②    06 ①

PART 01

PART 02

PART 03

PART 04

PART 05

PART 06

PART 07

**[07~08]** 다음 밑줄 친 부분과 의미가 반대인 것을 고르시오.

**07**

> 가 : 대학교를 <u>졸업</u>하면 취직할 거예요?
> 나 : 아니요. 저는 대학원에 (　　　　　) 거예요.

① 이용할       ② 입학할       ③ 참가할       ④ 양보할

 '졸업하다'는 '학생이 교과 과정을 마치다.'를 뜻하는 말로, 이와 반대 의미를 나타내는 단어는 '입학하다'이다.
① 이용하다 : 다른 사람이나 대상을 필요에 따라 이롭게 쓰다.
③ 참가하다 : 모임, 단체 또는 일에 들어가다.
④ 양보하다 : 길이나 자리, 물건을 남에게 미루어 주다.

**08**

> 가 : <u>따뜻한</u> 차 드릴까요?
> 나 : 아니요. 그냥 (　　　　　) 물 한 잔 주세요.

① 추운       ② 맑은       ③ 차가운       ④ 미끄러운

 '따뜻하다'는 '덥지 않을 정도로 온도가 알맞게 높다.'를 뜻하는 말로, 반대의 의미를 나타내는 단어는 '차갑다'이다.
① 춥다 : 기온이 낮아 몸에 느끼는 기운이 차다.
② 맑다 : 구름이나 안개가 없어 햇빛이 밝다.
④ 미끄럽다 : 저절로 밀려 나갈 정도로 반들반들하다.

**[09~10]** 다음 (    )에 알맞은 것을 고르시오.

## 09

> 결혼을 하면 주민센터나 구청에 가서 (    )를 해야 해요.

① 출생 신고          ② 혼인 신고          ③ 개명 신고          ④ 분실 신고

 '혼인 신고'는 결혼한 사실을 행정 관청(구청)에 신고하는 일을 말한다.
　① 출생 신고 : 사람이 태어났음을 관청에 알리는 일
　③ 개명 신고 : 이름을 고침을 관청에 알리는 일
　④ 분실 신고 : 분실한 사실을 관공서에 알리는 일

## 10

> 그 회사에 지원하려면 이번 주 금요일까지 인터넷으로 서류를 (    ) 해요.

① 모집해야          ② 개발해야          ③ 복사해야          ④ 접수해야

 '접수하다'는 '신청이나 신고를 문서로 받다.'를 뜻하는 말이다. 이 문장에서는 지원 신청
을 하기 위해 회사에 서류를 보내므로 '접수해야'라고 써야 옳다.
　① 모집하다 : 사람이나 물건을 일정한 조건을 정하여 뽑아 모으다.
　② 개발하다 : 지식, 재능을 발달하게 하거나 산업, 경제를 발전하게 하다.
　③ 복사하다 : 문서나 그림, 사진을 복사기를 이용하여 같은 크기로, 또는 확대 · 축소하
　　여 복제하다.

정답  09 ②    10 ④

PART 01
PART 02
PART 03
PART 04
PART 05
PART 06
PART 07

**[11~12]** 다음 ( )에 알맞은 것을 고르시오.

**11**

한국에 처음 왔을 때는 허리를 굽혀 인사하는 것이 어색했는데 이제는 ( ).

① 익숙해요　　　② 지루해요　　　③ 시원해요　　　④ 아쉬워요

 '익숙하다'는 '어떤 일을 여러 번 하여 서투르지 않은 상태에 있다.'를 뜻하는 말이다. 이
문장에서는 허리를 굽혀 인사하는 것이 처음에는 어색하였으나 이제는 자연스럽다는 의
미를 나타내므로 '익숙해요'를 써야 옳다.
② 지루하다 : 시간이 오래 걸리거나 같은 상태가 오래 계속되어 싫증이 나다.
③ 시원하다 : 덥거나 춥지 않고 알맞게 서늘하다.
④ 아쉽다 : 필요할 때 없거나 모자라서 만족스럽지 못하다.

**12**

옷을 입을 때 너무 유행을 따르지 말고 자신만의 ( )을 살리는 것이 좋다.

① 자격　　　　② 개성　　　　③ 규칙　　　　④ 적성

 '개성'은 '다른 사람과 구별되는 고유한 특성이나 취향'을 뜻하는 말이다. 특정한 행동이
나 취향을 일시적으로 많은 사람들이 좋아해서 널리 퍼짐을 의미하는 '유행'과 구별된다.
① 자격 : 일정한 신분이나 지위
③ 규칙 : 여러 사람이 다 같이 지키기로 정한 법칙이나 질서
④ 적성 : 어떤 일에 알맞은 성질이나 성격

**정답** 　**11** ①　　**12** ②

**[13~14]** 다음 〈보기〉를 참고하여 밑줄 친 부분과 의미가 비슷한 것을 고르시오.

〈보기〉
가 : 와! 단풍이 <u>예쁘네요</u>.
나 : 네. 가을이어서 경치가 정말 (              ).
① 나빠요          ② 어두워요          ③ 비슷해요          ❹ 아름다워요

**13** 옛날 어른들은 남자가 <u>집안일</u>을 하면 안 된다고 생각했어요.

① 혼인               ② 육아               ③ 취업               ④ 가사

 '집안일'은 살림을 꾸려 나가면서 하여야 하는 여러 가지 일. 빨래, 밥하기, 청소 따위를 말한다. '가사'는 살림살이에 관한 일을 뜻하며 '집안일'과 비슷한 의미이다.
① 혼인 : 남자와 여자가 부부가 되는 일
② 육아 : 어린아이를 기름
③ 취업 : 일정한 직업을 잡아 직장에 나감

**14**

가 : 교통사고가 났을 때 어떻게 하면 <u>빠르게</u> 해결할 수 있어요?
나 : 보험회사에 전화하면 (              ) 처리해 줄 거예요.

① 공정하게          ② 심각하게          ③ 정직하게          ④ 신속하게

 '빠르다'는 어떤 일이 이루어지는 과정이나 기간이 짧다는 의미이다. '신속하다'는 움직임이나 일의 진행이 매우 빠르다는 뜻이다.
① 공정하다 : 공평하고 올바르다.
② 심각하다 : 상태나 정도가 매우 중대하거나 절박하다.
③ 정직하다 : 마음에 거짓이나 꾸밈이 없이 바르고 곧다.

**[15~18]** 다음 (    )에 알맞은 것을 고르시오.

**15**

> 가 : 오늘 오후에 뭐 해요?
> 나 : 친구하고 공원에서 자전거를 (              ).

① 타세요　　　　② 탔어요　　　　③ 탈 거예요　　　　④ 타지 마세요

 '-ㄹ 것이다'라는 표현은 어떤 행동을 할 것을 약속하거나 추측하는 것을 나타낸다. 따라서 오늘 오후에 어떤 일정이 있는지 물어보는 질문에 대한 답으로는 자전거를 탈 행동을 추측하는 '탈 거예요'가 옳다.
　① -으세요/세요 : 다른 사람에게 제안하거나 어떤 행동을 하도록 시키는 말임을 나타낸다.
　② -았- : 과거에 행동이 이미 일어났음을 나타낸다.
　④ -지 말다 : 다른 사람에게 어떤 행동을 하지 못하도록 시키는 말임을 나타낸다.

**16**

> 가 : 안녕하세요? 비자를 (              ) 왔는데요.
> 나 : 네. 여기 신청서부터 써 주세요.

① 연장했고　　　　② 연장하러　　　　③ 연장해서　　　　④ 연장했으니까

 '연장하다'는 일정 기준보다 늘린다는 의미이고, '-(으)러 가다/오다'는 이동하는 목적을 나타낸다. 비자의 유효 기간을 늘릴 목적으로 온 것이기 때문에 '연장하러'가 옳다.
　① -았/었- : 과거에 행동이 이미 일어났음을 나타낸다.
　③ -해서 : 밀접한 관계를 가지고 있는 두 행동을 시간에 따라 연결하는 말이다.
　④ -았/었으니까 : 과거의 이유나 원인을 나타낸다.

**17**

> 가 : 버스를 타고 갈까요? 지하철을 타고 갈까요?
> 나 : 아침에는 차가 많이 (            ) 지하철을 탑시다.

① 막히고          ② 막히지만          ③ 막히니까          ④ 막히거나

 '막히다'는 길이나 통로가 어떤 장애로 오고가지 못하는 것을 의미하고, '-(으)니까'는 이유나 근거, 원인을 나타낸다. 차가 많이 막히기 때문에 버스 대신 지하철을 타자고 제안하는 상황이므로 '막히니까'가 옳다.
① -고 : 앞의 말에 덧붙이거나 행위나 상태에 대한 사실을 나열할 때 사용한다.
② -지만 : 앞말과 뒷말이 서로 반대임을 나타낼 때 사용한다.
④ -거나 : 둘 이상의 행동이나 사실 중 하나를 선택함을 나타낸다.

**18**

> 가 : 내일 친구 결혼식이 있는데 무슨 옷을 입어야 돼요?
> 나 : 한국에서는 결혼식에 (        ) 보통 정장을 입어요.

① 갈 때          ② 가고          ③ 가지만          ④ 간 후에

 '-(으)ㄹ 때'는 어떤 행동이나 상황이 일어나는 순간이나 지속되는 동안을 의미하며, 특정한 상황을 나타낼 때 사용한다. 결혼식에 가는 특정한 상황에서 정장을 입는다는 의미이므로 '갈 때'가 옳다.
② -고 : 앞의 말에 덧붙이거나 행위나 상태에 대한 사실을 나열할 때 사용한다.
③ -지만 : 앞말과 뒷말의 반대를 나타낸다.
④ -(으)ㄴ 후에 : 앞의 행동이 뒤의 행동보다 시간상 앞섬을 나타낸다.

**[19~22]** 다음 ( )에 알맞은 것을 고르시오.

**19**

> 가 : 지금 뭐 해요?
> 나 : 책( ) 읽어요.

① 이            ② 에            ③ 에서            ④ 을

 '-을'은 동작이 미친 직접적 대상을 나타낸다. 따라서 지금 읽고 있는 대상이 책이므로 그 뒤에 들어갈 가장 알맞은 것은 '을'이다.
① -이 : 어떤 상태를 보이는 대상이나 일정한 상태나 상황을 겪는 경험주 또는 일정한 동작의 주체임을 나타내는 격 조사
② -에 : 앞말이 처소의 부사어임을 나타내는 격 조사
③ -에서 : 앞말이 어떤 일의 출처임을 나타내는 격 조사

**20**

> 가 : 오늘 모임에 좀 늦게 ( )?
> 나 : 아니요. 일찍 오세요.

① 가도 돼요                      ② 갔어요
③ 가게 되었어요               ④ 갈 것 같아요

 '-어도 되다'는 허락이나 허용을 나타낸다. 따라서 늦게 가도 괜찮은지 허락 여부에 대해 질문을 하는 상황으로 '가도 돼요'가 옳다.
② -았/었- : 과거에 행동이 이미 일어났음을 나타낸다.
③ -게 되다 : 어떤 행동이 외부의 영향을 받아 변화된 결과나 상태임을 나타낸다.
④ -(으)ㄹ 것 같다 : 말하는 사람이 어떤 행동이나 일에 대해 추측함을 나타낸다.

**21**

> 가 : 저는 공항이나 호텔에서 일하고 싶은데 어떤 준비를 해야 할까요?
> 나 : 공항이나 호텔에 (                    ) 외국어를 잘해야 돼요.

① 취업해도

② 취업하려면

③ 취업하는지

④ 취업하자마자

 '취업하다'는 일정한 직업을 잡고 직장에 나가는 것을 의미한다. '–(으)려면'은 어떤 행동
이나 일을 하기 위한 조건을 나타낸다. 호텔에 취업하기 위한 조건은 외국어를 잘하는
것이라는 의미이므로 '취업하려면'이 옳다.
① –더라도 : 앞말을 가정하거나 인정해도 뒷말은 그 기대에 어긋남을 나타낸다.
③ –려는지 : '–려고 하는지'가 줄어든 말로 행동의 목적이나 의도를 나타낸다.
④ –자마자 : 어떤 일이 바로 연속해서 일어날 때 사용한다.

**22**

> 적금이란 일정 기간 동안 저축할 금액을 정해 놓고 그만큼씩 은행에 돈을 맡기는
> 것이다. 이때 은행에 맡긴 돈은 ( ㉠ )이/가 붙어서 더 큰 돈이 된다. 적금에 가입하
> 기 전에 우선 여러 은행의 ( ㉡ )을/를 비교해 보는 것이 좋다.

① ㉠ 대출 ㉡ 송금

② ㉠ 이자 ㉡ 금리

③ ㉠ 예금 ㉡ 금액

④ ㉠ 세금 ㉡ 펀드

 ㉠ 이자 : 남에게 돈을 빌려 쓴 대가로 치르는 일정한 비율의 돈
㉡ 금리 : 빌려준 돈이나 예금 따위에 붙는 이자
① 대출 : 돈이나 물건 따위를 빌려주거나 빌림
  송금 : 돈을 부쳐 보냄
③ 예금 : 일정한 계약에 의하여 은행이나 우체국 따위에 돈을 맡기는 일
  금액 : 돈의 액수
④ 세금 : 남의 물건이나 건물을 빌려 쓰고 그 값으로 주는 돈
  펀드 : 투자 신탁의 신탁 재산

**정답** 21 ② 22 ②

PART 01

PART 02

PART 03

PART 04

PART 05

PART 06

PART 07

**[23~24]** 다음 밑줄 친 부분이 틀린 것을 고르시오.

**23** ① 집을 <u>사기 위해서</u> 열심히 일하고 있어요.
② 저는 <u>건강하기 위해서</u> 매일 운동해요.
③ 제가 <u>도와주는 대신에</u> 집안일을 해 주세요.
④ 내일은 비가 <u>와도</u> 회식을 하겠습니다.

> **해설** '건강하다'는 형용사이고 의미상 현재 건강하지 않으며 앞으로 건강한 상태가 되기 위함이므로 '건강하다'에 '–어지다'가 붙은 말인 '건강해지기 위해서'라고 써야 한다.
> ① 위하다 : 어떤 목적을 이루려고 하다.
> ③ 대신 : 어떤 대상의 자리나 구실을 바꾸어서 새로 맡음
> ④ –도 : 양보하여도 마찬가지로 허용됨을 나타내는 보조사

**24** ① 그 사람은 돈이 많으면서도 <u>부자인 척해요.</u>
② 과장님이 금요일에 회식을 <u>할 거라고</u> 하셨어요.
③ 아침에 늦게 일어나서 택시를 <u>탈 수밖에 없었어요.</u>
④ 친구들하고 생일파티를 하느라고 돈을 다 <u>써 버렸어요.</u>

> **해설** '–(ㄴ/은/는) 척하다'는 앞말의 상태를 거짓으로 그럴듯하게 꾸밈을 나타낸다. '–으면서도'는 둘 이상의 상태가 서로 반대됨을 나타낸다. 돈이 많은 상태임에도 돈이 없는 것처럼 거짓으로 행동하는 상황이므로 '가난뱅이인 척해요'라고 써야 한다.

**정답** 23 ②　 24 ①

**[25~26]** 다음 ( )에 알맞은 것을 고르시오.

**25**

> 회사 선배한테 전화가 왔는데 집에 와서 ( ) 전화를 못 받았다.

① 씻는 한　　　　　　　② 씻을수록
③ 씻느라고　　　　　　　④ 씻을 뿐만 아니라

 '–느라고'는 앞 절의 사태가 뒤 절의 사태에 목적이나 원인이 됨을 나타내는 연결 어미로, 회사 선배에게 온 전화를 못 받은 이유는 씻고 있었기 때문이다.
　① –는 한 : 조건의 뜻을 나타내는 말
　② –ㄹ수록 : 앞 절 일의 어떤 정도가 그렇게 더하여 가는 것이, 뒤 절 일의 어떤 정도가 더하거나 덜하게 되는 조건이 됨을 나타내는 연결 어미
　④ –뿐만 아니라 : 어떤 일이 그것만으로 그치지 않고 나아가 다른 일이 더 있음을 나타낸다.

**26**

> 가 : 오늘 쿤 씨가 왜 이렇게 실수를 많이 하죠?
> 나 : 그러게요. 어제 발표 준비를 많이 ( ).

① 못 했나 봐요　　　　　② 못 하게 해요
③ 못 한 셈이에요　　　　④ 못 할 뻔했어요

 '못 했나 보다'는 상대방이 발표 준비를 하지 못했다고 생각하거나 추측하는 표현이다.
　② 못 하게 해요 : 상대방이 발표 준비를 하는 행동을 막는 의미이다.
　③ 못 한 셈이에요 : 발표 준비를 못 한 거나 마찬가지라는 의미이다.
　④ 못 할 뻔했어요 : 실제 발표 준비를 못 한 것은 아니지만 그것과 비슷한 상황을 겪었다는 의미이다.

PART 01

PART 02

PART 03

PART 04

PART 05

PART 06

PART 07

**[27~28]** 다음 밑줄 친 부분 중 틀린 것을 고르시오.

**27** ① 끝까지 <u>포기하지</u> 않는다면 꿈을 이룰 수 있어요.

② 사과가 아주 <u>싸길래</u> 몇 개 샀는데 맛이 별로 없네요.

③ <u>직장인치고</u> 스트레스를 받지 않는 사람은 없을 거예요.

④ 다음 주에 시험을 <u>보더니</u> 학생들이 열심히 공부합니다.

> 해설 '-더니'는 과거에 경험한 사실에 뒤이어 어떤 사실을 말할 때 사용한다. 이 문장에서는 다음 주에 시험이 있기 때문에 이로 인하여 학생들이 공부하는 상황이 일어나는 것을 의미하는 '본다고 하니'라고 써야 한다.

**28** ① 조금 전에 처음으로 공원에서 <u>산책하곤 했어요</u>.

② 옆집에 손님이 많이 오는데 가족모임을 <u>하나 봐요</u>.

③ 이번에 새로 들어온 사원은 얼마나 <u>성실한지 몰라요</u>.

④ 아이가 공부를 안 해서 잔소리를 <u>안 할래야 안 할 수가 없어요</u>.

> 해설 '산책하곤 하다'는 산책을 자주 했다는 의미이다. 이 문장에서는 처음으로 산책했다는 뜻을 의미하는 '산책을 했어요'라고 써야 한다.

**[29~30]** 다음을 읽고 ㉠에 알맞은 것을 고르시오.

**29**

> 저는 라민입니다. 저는 음악 듣기를 좋아하는데 특히 한국 음악을 좋아합니다. 그래서 음악을 공부하러 한국에 왔습니다. 노래는 잘 못하지만 노래를 ( ㉠ ). 음악을 공부해서 꼭 좋은 노래를 만들 겁니다.

① 공부했습니다　　　　　　　② 부를 겁니다
③ 만들고 싶습니다　　　　　　④ 하러 왔습니다

 '싶다'는 앞말이 뜻하는 행동을 하고자 하는 마음이나 욕구를 갖고 있음을 나타낸다. ㉠ 앞부분에서는 음악 듣기를 좋아하고, 음악을 공부하러 한국에 온 상황이고, 뒷 부분에서는 공부해서 꼭 좋은 노래를 만들겠다는 내용이므로 ㉠에는 '만들고 싶습니다'가 들어가는 것이 가장 적절하다.
① 공부하다 : 학문이나 기술을 배우고 익히다.
② 부르다 : 곡조에 맞추어 노래의 가사를 소리 내다.
④ 하다 : 사람이 행동이나 작용을 이루다.

**30**

> 우리 가족은 남편, 저, 아들 이렇게 모두 세 명입니다. 제 남편은 회사원인데 매우 ( ㉠ ). 매일 아침 6시에 일어나서 운동을 하고 집 앞 청소를 합니다. 그 후에 아침 식사를 하고 회사에 갑니다. 주말에도 일찍 일어나서 집안일도 도와주고 아들과 놀아 줍니다.

① 느립니다　　② 한가합니다　　③ 시끄럽습니다　　④ 부지런합니다

 '부지런하다'는 게으름을 피우지 않고 어떤 일에 대해 열성적이고 꾸준하다는 의미이다. 회사를 다니면서도 아침 일찍 일어나 운동을 하고, 청소하는 남편의 행동을 나타내는 말은 '부지런하다'가 옳다.
① 느리다 : 어떤 동작을 하는 데 걸리는 시간이 길다.
② 한가하다 : 겨를이 생겨 여유가 있다.
③ 시끄럽다 : 듣기 싫게 떠들썩하다.

**정답** 29 ③　30 ④

PART 01

PART 02

PART 03

PART 04

PART 05

PART 06

PART 07

**[31~32]** 다음을 읽고 ㉠에 알맞은 것을 고르시오.

**31**

> 이번에 학교 문화 체험으로 봉은사에서 템플스테이를 하게 되었다. 아침에 봉은사에 도착해서 짐을 풀고 법복으로 갈아입었다. 함께 사찰을 순례한 후에는 108배를 했다. 마지막에 다리가 풀려서 넘어질 뻔했지만 힘을 내서 끝까지 했다. 그런 후에 발우공양을 했다. 발우공양은 식사 때 음식을 남기지 않고 다 먹은 후에 빈 그릇에 물을 따라서 마시는 것을 말한다. 그 다음은 명상 시간이었다. 눈을 감고 앉아서나 자신에 대해서 ( ㉠ ) 뭔지 모를 감동이 밀려왔다.

① 자세히 들어 보니  ② 충분히 자랑해 보니
③ 곰곰이 생각해 보니  ④ 솔직히 이야기해 보니

 '명상'이란 조용히 눈을 감고 깊이 생각하는 것이나 그런 생각을 말한다. 따라서 여러모로 깊이 생각한다는 뜻을 지닌 '곰곰이 생각하다'가 옳다.
① 자세히 듣다 : 사소한 부분까지 구체적이고 분명하게 듣다.
② 충분히 자랑하다 : 모자람 없이 넉넉하게 자랑하다.
④ 솔직히 이야기하다 : 거짓이나 숨김이 없이 남에게 일러 주다.

**32**

> 집을 구하는 사람들은 조건이 좋은 집을 찾으면 급한 마음에 계약부터 하려고 한다. 하지만 살면서 후회하지 않으려면 계약 전에 확인해야 할 것이 있다. 우선 집을 보러 갔을 때에는 ( ㉠ ) 꼼꼼하게 확인한다. 집 안의 경우 햇볕이 잘 들어오는지, 문과 창문이 잘 열리는지, 난방 · 수도 · 전기 시설이 잘되어 있는지 등을 봐야 한다. 집 주변의 경우 주변에 시장이나 마트, 은행, 병원이 있는지, 버스 정류소나 지하철역까지 얼마나 걸리는지 등을 확인한다. 또한 전 · 월세 계약자의 경우 계약을 하기 전에 집의 실제 소유자가 누구인지, 은행에 빚이 있는지를 확인해야 한다.

① 집을 구하는 방법을  ② 전 · 월세 계약 조건을
③ 실제 소유자의 연락처를  ④ 집 안과 집 주변 환경을

 ㉠ 뒷부분의 내용을 살펴보면 '집 안의 경우'와 '집 주변의 경우'에 확인해야 하는 환경들을 나열하고 있다.

**정답** **31** ③  **32** ④

**[33~34]** 다음을 읽고 질문에 답하시오.

> 이번 주 일요일은 남편 생일입니다. 그래서 저는 어제 아이하고 백화점에 선물을 사러 갔습니다. 백화점에 사람들이 정말 많았습니다. 남편은 파란색을 좋아합니다. 그래서 저는 파란색 넥타이를 샀습니다. 남편이 ㉠이것을 받으면 아주 좋아할 겁니다. 집에 와서 아이하고 생일 축하 카드도 썼습니다.

**33** ㉠이 가리키는 것은?

① 생일 　　　　② 카드 　　　　③ 넥타이 　　　　④ 백화점

 ㉠의 앞부분은 남편의 생일 선물로 파란색 넥타이를 샀다는 내용이며, 그 뒤에서는 남편이 선물을 받으면 아주 좋아할 것이라고 말하고 있다. 따라서 '이것'은 남편의 선물인 넥타이를 가리킨다.

**34** 윗글의 내용과 같은 것은?

① 저는 일요일에 선물을 살 겁니다.
② 남편한테 파란색 넥타이를 줄 겁니다.
③ 저는 어제 남편하고 백화점에 갔습니다.
④ 아이는 저에게 축하 카드를 써 주었습니다.

 남편이 파란색을 좋아해 파란색 넥타이를 샀다고 이야기하였다.
① 일요일은 남편의 생일이고, 선물을 산 것은 어제(일요일 이전 어느 날)이다.
③ 백화점에는 아이와 함께 갔다.
④ 남편에게 주기 위한 축하 카드를 아이와 함께 썼다.

**정답** 33 ③ 　 34 ②

**[35~36]** 다음의 내용과 같은 것을 고르시오.

**35**

> 안젤라 씨는 매일 아침 7시에 일어나요. 7시부터 8시까지 씻고 아침을 먹어요. 그리고 8시부터 8시 30분까지 한국어를 공부해요. 오전 9시부터 오후 6시까지 마트에서 일해요. 일이 힘들지만 재미있어요. 저녁에는 밥을 먹고 집 근처 공원에서 운동을 해요. 오후 9시부터 책을 읽고 10시에 잠을 자요.

① 안젤라 씨는 아침에 일어나서 운동해요.
② 안젤라 씨는 공원에서 책을 읽어요.
③ 안젤라 씨는 오후 6시까지 일해요.
④ 안젤라 씨는 학교에서 한국어를 공부해요.

 ① 안젤라 씨는 아침에 일어나서 씻고, 한국어를 공부한다. 운동은 저녁에 한다.
② 안젤라 씨는 공원에서 운동을 한다. 운동을 하고 나서 책을 읽는다.
④ 안젤라 씨는 아침에 혼자 한국어를 공부한다.

**36**

> 제 고향은 베트남 호치민입니다. 한국과 우리 고향은 날씨가 많이 다릅니다. 한국은 사계절이 있어서 계절마다 날씨가 바뀝니다. 하지만 호치민은 비가 오는 우기와 비가 오지 않는 건기가 있습니다. 그리고 1년 내내 여름처럼 덥습니다. 한국은 겨울에 날씨가 춥고 눈도 많이 옵니다. 저는 한국에 와서 눈을 처음 봤습니다. 눈이 오는 날 가족들과 눈사람을 만들고 눈싸움도 했습니다. 아주 즐거웠습니다.

① 제 고향은 우기와 건기가 있습니다.
② 한국은 제 고향하고 날씨가 비슷합니다.
③ 고향에서 겨울에 눈사람을 만들었습니다.
④ 제 고향은 겨울에 춥고 눈이 많이 옵니다.

 ② 한국은 계절마다 날씨가 바뀌지만 고향인 호치민은 1년 내내 여름처럼 덥고 우기와 건기가 있다.
③ 한국에 와서 처음으로 눈사람을 만들었다.
④ 호치민은 1년 내내 여름처럼 덥다.

**정답** **35** ③ **36** ①

**[37~38] 다음을 읽고 질문에 답하시오.**

우울증은 마음의 감기라고도 하는데 실제로 10명 중 1명은 우울증에 걸린다고 보고될 정도로 흔한 병이다. 한 대학 병원 정신과 의사는 우울증 자가 진단법을 소개하면서 우울증은 다른 모든 질병과 마찬가지로 빨리 발견하여 치료하는 것이 가장 중요하다고 하였다. 그러므로 일상생활에서 2주 이상 우울한 기분이 계속된다면 병원이나 전문 기관에 가서 상담을 받아 보는 것이 좋다. 만약 찾아가서 상담을 받는 것이 부담스럽다면 우선 전화 상담을 받아 보는 것도 방법이다.

**37** 윗글의 내용으로 맞는 것을 고르시오.

① 우울증은 전화로 상담받을 수 있다.
② 우울증은 2주간의 치료가 필요하다.
③ 우울증은 자기 스스로 발견하기 어렵다.
④ 우울증은 특이한 질병 중 하나이다.

 우울증은 병원이나 전문 기관에 찾아가서 상담을 받는 것이 좋지만, 부담스럽다면 우선 전화로 상담을 받아 볼 수 있다.
② 일상생활에서 2주 이상 우울한 기분이 계속되면 상담을 받아보는 것이 좋다.
③ 우울증은 자가 진단법으로 발견할 수 있다.
④ 우울증은 10명 중 1명이 걸릴 정도로 흔한 병이다.

**38** 윗글의 중심 내용으로 맞는 것을 고르시오.

① 우울증은 빨리 발견하여 치료하는 것이 중요하다.
② 우울증은 감기처럼 쉽게 치료할 수 있는 병이다.
③ 우울증은 흔한 질병이므로 효과적인 치료 방법이 있다.
④ 우울증은 자가진단만으로는 쉽게 진단할 수 없다.

해설 우울증은 흔한 병이므로 빨리 발견하여 치료하는 것이 가장 중요하다고 말하고 있다. 우울증 상담을 받을 수 있는 2가지 방법도 같이 소개하고 있다.

정답 **37** ① **38** ①

**39** 한국의 행정 구역 중 광역시가 <u>아닌</u> 도시는?

① 인천        ② 대구        ③ 부산        ④ 제주

 제주는 특별자치도이다. 부산, 인천, 대구, 대전, 광주, 울산이 광역시에 해당한다.


**40** 두 사람의 인사말로 서로 맞지 <u>않는</u> 것은?

① 가 : 미안합니다.
   나 : 괜찮아요.
② 가 : 고맙습니다.
   나 : 아니에요.
③ 가 : 맛있게 드세요.
   나 : 네. 잘 먹겠습니다.
④ 가 : 안녕히 주무셨어요?
   나 : 네. 안녕히 주무세요.

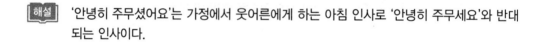 '안녕히 주무셨어요'는 가정에서 웃어른에게 하는 아침 인사로 '안녕히 주무세요'와 반대되는 인사이다.


**41** 한국에서 아기의 백일잔치에 준비하는 음식은?

① 팥죽        ② 국수        ③ 떡국        ④ 백설기

 아기가 태어난 지 백일 되는 날을 기념하는 백일잔치에는 백설기, 수수경단 등을 준비한다.

**42** 한국에서 집들이를 갈 때 흔히 주는 선물은?

① 화환        ② 금반지        ③ 선풍기        ④ 휴지나 세제

 이사한 집이나 신혼집에 초대를 받아 갈 경우 집들이 선물로 휴지나 세제를 준비한다.

**43** 한국의 전통 음악은?

① 한옥        ② 한식        ③ 국화        ④ 국악

 국악이란 예로부터 전해 오는 우리나라 고유의 음악이다.
① 한옥 : 한국의 전통 가옥
② 한식 : 한국의 고유 식사나 음식
③ 국화 : 한 나라를 상징하는 꽃

**44** 한국의 유네스코 세계유산으로 맞지 <u>않는</u> 것은?

① 제주화산섬                ② 한강시민공원
③ 해인사 장경판전        ④ 석굴암 · 불국사

 한강시민공원은 유네스코가 선정한 세계유산에 속하지 않는다.

PART 01
PART 02
PART 03
PART 04
PART 05
PART 06
PART 07

정답    42 ④    43 ④    44 ②

**45** 한국에서 '성년'이 된 사람에 대한 설명으로 옳지 <u>않은</u> 것을 고르시오.

① 편의점에서 술이나 담배를 살 수 있다.

② 만 19세가 되면 성인으로 인정받는다.

③ 부모의 동의만 있으면 사업자 등록을 할 수 있다.

④ 요즘은 친구끼리 선물을 주고받으며 축하한다.

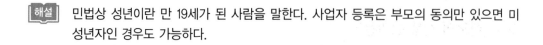 민법상 성년이란 만 19세가 된 사람을 말한다. 사업자 등록은 부모의 동의만 있으면 미성년자인 경우도 가능하다.


**46** 한국의 선거에 대한 설명으로 맞지 <u>않는</u> 것은?

① 만 18세 이상의 국민에게 대통령 투표권이 주어진다.

② 대통령은 국회에서 선출한다.

③ 대통령 선거는 5년에 한 번, 국회의원 선거는 4년에 한 번씩 한다.

④ 선거비용은 중앙선거관리위원회가 공시한 범위 안에서 사용하도록 한다.

해설 국가 최고 지도자인 대통령은 국민들이 선거로 직접 선출한다.

**47** 아래 글의 내용과 같은 것은?

> 어느 나라든지 취업을 위한 면접은 빼놓을 수 없는 과정이다. 그래서 면접 과정은 나라마다 비슷한 점도 있고 다른 점도 있을 수 있다. 하지만 한국만의 면접 문화를 꼽자면 다음과 같은 몇 가지를 이야기할 수 있다. 먼저 한국의 면접관들은 그 사람이 얼마나 능력이 있는 사람인지 볼 뿐만 아니라 그 사람이 다른 직원들과 잘 어울릴 수 있는 사람인지도 본다. 따라서 자기 요구 사항만 길게 말하는 것보다는 회사 사정에 자신을 맞출 준비가 되어 있음을 설명하는 것이 좋다. 또한 윗사람에게 예의를 지키는 모습을 행동으로 보여 줄 필요가 있는데 그것이 바로 면접장에 들어가고 나올 때 고개를 숙여 인사하는 것이다.

① 한국의 면접 문화도 다른 나라와 특별히 다를 것이 없다.
② 면접을 볼 때 자기 요구 사항은 분명하게 말하는 것이 좋다.
③ 면접관들은 면접받는 사람이 다른 직원들과 잘 어울릴 수 있는지를 중시한다.
④ 회사 사정에 자신을 맞추려고 하는 모습은 좋지 않게 보일 수 있다.

 ① 나라마다 면접 과정이 비슷하기도 하지만, 한국만의 면접 문화가 있다고 하였다.
② 면접을 볼 때 자기 요구 사항만 길게 말하는 것은 좋지 않다고 하였다.
④ 다른 직원과 잘 어울릴 수 있는지도 중요하게 보기 때문에 회사 사정에 자신을 맞출 준비가 되어 있음을 보여주어야 한다고 이야기하였다.

**48** 아래 글의 제목으로 맞는 것을 고르시오.

재활용 쓰레기를 버릴 때는 제대로 분리해서 버려야 한다. 그런데 어떤 쓰레기를 어떻게 버리는지 잘 모르는 사람들이 많다. 먼저 종이류는 종이와 종이팩을 분리해야 한다. 신문지, 전단지, 책, 노트 등은 종이류에 버리고, 우유팩, 종이컵 등은 종이팩류에 따로 버려야 한다. 캔의 경우는 뚜껑이 플라스틱으로 되어 있는 것이 많은데 이런 플라스틱 뚜껑은 따로 떼어서 플라스틱류에 버려야 한다. 환경을 위한 이러한 작은 실천으로 다음 세대에게 아름다운 자연 환경을 물려줄 수 있을 것이다.

① 환경을 보호하는 이유
② 재활용이 가능한 종이류 안내
③ 재활용품 분리배출 방법
④ 우리 주변 환경오염 문제

해설 첫 번째 문장에서 재활용 쓰레기를 분리해서 버려야 한다고 주장하였고, 그 이후에 종이류와 캔 등을 예시로 들어 배출 방법을 자세히 설명하고 있다. 따라서 이 글의 제목은 ③이 가장 적절하다.

**[49~50]** 다음을 읽고 (    )에 알맞은 것을 쓰시오.

**49**

> 가 : 이번 연휴에 제주도에 간다고 했죠? 비행기 표는 예매했어요?
> 나 : 아니요. 어제 여행사에 물어보니까 요즘 휴가철이어서 표가 (                ).
> 가 : 그래요? 좀 더 일찍 예매할 걸 그랬네요.

 '매진'은 하나도 남기지 않고 모두 다 파는 것을 의미한다. 휴가철이어서 많은 사람이 비행기 표를 샀기 때문에 표가 하나도 남아 있지 않은 상황으로 '매진되었대요'가 옳다.

**50**

> 저는 조기교육이 굳이 필요하다고 생각하지 않습니다. 아직 한창 놀아야 할 아이들을 계속 실내에 붙들어 놓고 공부를 시키는 것은 너무 불행한 일이라고 생각합니다. 얼마 전에 아이들을 데리고 캠프를 다녀왔는데 아이들이 자연을 직접 보고 경험하면서 얼마나 (                ). 아이들은 아이들답게 뛰어놀 수 있도록 환경을 마련해 주는 것이 제일 좋은 교육이라고 생각합니다.

 '-ㄴ지 모르다'는 '얼마나'와 함께 쓰여 감탄적으로 강조하여 '매우 그러하다' 또는 '매우 그리하다'의 뜻을 나타낸다. 한창 놀아야 할 아이들이 캠프에 가서 자연을 직접 보고 즐거워했다는 것을 강조하려면 '즐거워했는지 모릅니다'가 들어가는 것이 적절하다.

PART 01

PART 02

PART 03

PART 04

PART 05

PART 06

PART 07

# 사회통합프로그램 사전평가 견본 문항
# 구술시험

※ 질문 내용은 제외한 지문만 수험생에게 제공됨(질문 내용은 견본과 비슷한 유형으로 변경 가능하며 평가 감독관에게만 제공됨)

※ 구술감독관의 지시에 따라 다음 글을 소리 내어 읽으신 후 질문에 답하여 주시기 바랍니다.

> 한국에는 사계절이 있습니다. 계절마다 날씨가 다릅니다. 봄에는 날씨가 따뜻합니다. 꽃이 많이 피어서 친구나 가족들과 같이 공원으로 꽃구경을 갑니다. 여름은 덥습니다. 더위를 피해서 해수욕장에 가서 물놀이를 하는 사람들이 많습니다. 가을은 날씨가 시원합니다. 단풍이 아름다워서 산에 단풍놀이를 하러 갑니다. 겨울은 춥고 눈이 많이 옵니다. 스키장에 가서 스키를 타거나 눈싸움을 하고 눈사람도 만듭니다.

**01** 위의 글을 소리 내어 읽어 보세요.

**02** 한국의 봄과 가을은 날씨가 어떤가요?

**03** ○○ 씨는 한국의 사계절 중 무슨 계절을 가장 좋아하고, 왜 그 계절을 좋아하나요?

**04** ○○ 씨 고향에서 특별하게 국가적으로 기념하는 날 중 하나를 골라서 그 날이 언제이고, 그 날의 의미는 무엇인지 설명해 보세요.

**05** 한국의 문화재 중 ○○ 씨가 보고 싶은 문화재 중 한 가지에 대해 소개하고, 특징을 설명해 보세요.

PART 01

PART 02

PART 03

PART 04

PART 05

PART 06

PART 07

**예시 답안**　**02** 한국의 봄은 날씨가 따뜻해서 꽃이 피고, 가을은 날씨가 시원해서 단풍이 핍니다.

**03** 저는 가을을 좋아합니다. 너무 춥지도 덥지도 않은 계절이라 나들이하기에 좋고, 단풍을 좋아해서 등산을 자주 다닙니다.

**04** 저의 고향인 베트남에서는 4월 30일이 해방기념일입니다. 북부 해방군 전차가 사이공의 심장부인 통일궁 철책을 뚫고 들어가 베트남 총통 증방민의 항복을 받아낸 날로, 30년간 지속된 베트남 전쟁이 종식되었습니다.

**05** 저는 경주에 있는 첨성대를 보고 싶습니다. 첨성대는 한국의 국보로 신라 선덕여왕 때 건립되었습니다. 첨성대는 천문관측을 위해 만들어졌으며 높이가 약 9m인 원통형 모양입니다.

# 사회통합프로그램 중간평가 견본 문항
# 필기시험

※ 법무부에서 제공하는 견본 문항을 수정·보완하여 수록함

**[01~03] 다음 (          )에 가장 알맞은 것을 고르시오**

**01**

> 아침부터 열이 나서 약국에서(      )을/를 사다가 먹었다.

① 소화제      ② 진통제      ③ 두통약      ④ 해열제

 '해열제'는 체온 조절에 작용하여 높아진 체온을 정상으로 내리게 하는 약물이다. 따라서 열이 날 때 필요한 약물은 ④이다.
　① 소화제 : 소화 기관의 운동이나 흡수 작용을 회복시키기 위한 약물이다.
　② 진통제 : 통증 부위의 아픈 것을 가라앉혀 통증을 느끼지 못하게 하는 약물이다.
　③ 두통약 : 머리가 아픈 증상이 나타날 때 복용하는 약물이다.

**02**

> (      ) 제 도움이 필요하면 언제든지 얘기해 주세요.

① 아마      ② 전혀      ③ 꽤      ④ 혹시

 '혹시'는 '그러할 리는 없지만 만약에', '어쩌다가 우연히' 등을 가리키는 말이다.
　① 아마 : 단정할 수는 없지만 미루어 짐작하거나 생각하여 볼 때 그럴 가능성이 크다는 뜻이다.
　② 전혀 : 도무지, 아주, 완전히 등을 가리키는 말이다.
　③ 꽤 : 보통보다 조금 더한 정도, 제법 괜찮을 정도라는 뜻이다.

**정답**　**01** ④　　**02** ④

**03**

> 흐엉 씨는 아주 (   ) 일할 때 별로 실수가 없다.

① 자상해서    ② 꼼꼼해서    ③ 솔직해서    ④ 내성적이어서

 '꼼꼼해서'는 빈틈없이 차분하고 조심스러움을 나타낸다.
　① 자상하다 : 인정이 넘치고 정성이 지극하다.
　③ 솔직하다 : 거짓이나 숨김이 없이 바르고 곧다.
　④ 내성적이다 : 겉으로 드러내지 아니하고 마음속으로만 생각하다.

**04** 다음 중 (   )에 들어갈 알맞은 말은?

> (          )가 나지 않도록 항상 작업장의 전기 콘센트는 작업 전에 확인해야 한다.

① 감전 사고    ② 가스 사고    ③ 교통 사고    ④ 택배 사고

 '감전 사고'는 전기가 통하고 있는 물체에 몸이 닿아 충격을 받아서 일어나는 사고이다.
　따라서 주어진 문장의 '전기 콘센트'와도 문맥상 가장 잘 어울린다.
　② 가스 사고 : 연료로 사용되는 기체가 팽창하거나 그 기체에 불꽃이 닿아 폭발하는 사
　　고이다.
　③ 교통 사고 : 운행 중이던 자동차나 기차 따위가 사람을 치거나 다른 교통 기관과 충
　　돌하는 따위 교통상의 사고이다.
　④ 택배 사고 : 여러 가지 물건이나 재료 따위를 요구하는 장소까지 직접 배달해 주는
　　과정에서 뜻밖에 일어난 불행한 일로 시간 지연, 물품 파손, 물품 분실 등이 있다.

**05** 다음 밑줄 친 부분과 의미가 비슷한 것은?

> 오늘 집에 큰일이 생겨서 어쩔 수 없이 <u>회사에 나가지 못했다.</u>

① 결근했다          ② 지각했다          ③ 조퇴했다          ④ 야근했다

해설  '결근'은 근무해야 할 날에 출근하지 않고 빠지는 것을 말한다.
② 지각 : 정해진 시간보다 늦게 출근하는 것을 말한다.
③ 조퇴 : 정하여진 시간 이전에 퇴근하는 것을 말한다.
④ 야근 : 퇴근 시간이 지나 밤늦게까지 하는 근무를 말한다.


**06** 다음 밑줄 친 부분과 의미가 비슷한 것을 고르시오.

> 매년 새해 첫날이 되면 사람들은 <u>해가 뜨는</u> 것을 보기 위해 동해로 떠난다.

① 환경          ② 호황          ③ 일출          ④ 유물

해설  '일출'은 해가 떠오르는 것을 일컫는 말이다.
① 환경 : 생활하는 주위의 상태를 말한다.
② 호황 : 시장의 경제 활동이 활발해진 상태를 말한다.
④ 유물 : 선대의 인류가 후대에 남긴 물건을 말한다.

정답  **05** ①   **06** ③

**[07~11]** 다음 ( )에 가장 알맞은 것을 고르시오.

**07**

> 가 : 친구들과 모이려 하는데 언제 시간이 있어요?
> 나 : 저는 평일에 늦게까지 일을 하니까 가능하면 토요일( ) 일요일이 좋아요.

① 마다　　　　② 밖에　　　　③ 보다　　　　④ 이나

 '이나'는 둘 이상의 나열된 단어 가운데 어느 하나가 선택됨을 나타내는 말이다.
　① 마다 : '앞말이 가리키는 시기에 한 번씩'의 뜻을 나타내는 말이다.
　② 밖에 : '그것 말고는', '그것 이외에는'의 뜻을 나타낸다. 주로 뒤에 부정을 나타내는 말이 따른다.
　③ 보다 : '~에 비해서'의 뜻을 나타낸다. 주로 서로 차이가 있는 것을 비교하는 경우 사용된다.

**08**

> 가 : 다이어트를 시작하고 살이 좀 빠졌어요?
> 나 : 네. ( ) 한 달도 안 됐는데 벌써 5킬로그램이나 빠졌어요.

① 시작할 때　　　　　　　② 시작한 지
③ 시작하기 전에　　　　　④ 시작하는 동안

 '지'는 어떤 일이 있었던 때로부터 지금까지를 나타내는 말이다.
　① 때 : 시간의 어떤 순간이나 부분을 나타내는 말이다.
　③ 전에 : 막연한 과거의 어느 때를 가리키는 말이다.
　④ 동안 : 어느 한 때에서 다른 한 때까지 시간의 길이를 가르키는 말이다.

PART 01
PART 02
PART 03
PART 04
PART 05
PART 06
PART 07

**09**

가 : 역사적인 장소를 관광하고 싶은데 어디가 좋을까요?

나 : 옛날 백제의 수도였던 부여가 (                ). 역사적인 장소가 많거든요.

① 간다고 해요                    ② 가 볼 만해요

③ 가 버렸어요                    ④ 갈 리가 있어요

> **해설** '만하다'는 어떤 대상이 앞말이 뜻하는 행동을 할 타당한 이유를 가질 정도로 가치가 있음을 나타내는 말이다.

**10**

가 : 어제는 업무를 끝내고 뭘 했어요?

나 : 너무 피곤해서 집에 (            ) 잠을 잤어요.

① 갈까 봐          ② 가자마자          ③ 가느라고          ④ 갈 정도로

> **해설** '−자마자'는 앞 절의 동작이 이루어지자 잇따라 곧 다음 절의 사건이나 동작이 일어남을 나타내는 연결 어미이다.

**11**

가 : 민수 씨, 어제 교실에서 저를 보고도 왜 못 (                )?

나 : 네? 무슨 말이에요? 저 정말 메이 씨를 못 봤는데요.

① 본 척했어요                    ② 볼 수밖에 없었어요

③ 볼 거라고 했어요               ④ 봤는지 알아요

> **해설** '−척하다'는 앞말이 뜻하는 행동이나 상태를 거짓으로 그럴듯하게 꾸밈을 나타내는 말이다.

**정답**  09 ②    10 ②    11 ①

**[12~16]** 다음 문장과 뜻이 같은 것을 고르시오.

**12**

> 날씨가 추운데도 코트를 안 입고 나왔다.

① 날씨가 춥지 않아서 코트를 안 입어도 된다.
② 날씨가 춥더라도 코트를 입으면 안 된다.
③ 날씨가 추웠지만 코트를 안 입고 나왔다.
④ 날씨가 추울 줄 모르고 코트를 안 입고 나왔다.

 '-ㄴ데도'는 앞말의 상황에 관계없이 뒷말의 상황이 일어남을 나타내는 말로, 날씨가 추운 상황임에도 이와 관계없이 코트를 입지 않고 나왔다는 말이다. 이와 같은 의미의 문장은 어떤 사실이나 내용을 말하면서 그와 반대되는 내용을 말하거나 조건을 붙여 말할 때 쓰는 말인 '-지만'을 사용한 ③이다.

**13**

> 친구가 도와주지 않았더라면 이 일을 끝내기가 정말 힘들었을 것이다.

① 친구가 도와주지 않아서 이 일을 끝내기가 정말 힘들었다.
② 친구가 도와주지 않는다면 이 일을 끝내기가 정말 힘들 것 같다.
③ 친구가 도와줘서 힘들지 않게 이 일을 끝낼 수 있었다.
④ 친구가 도와줬을 뿐 아니라 이 일을 끝내 줘서 힘들지 않았다.

 '-더라면'은 과거의 일을 실제와 다르게 가정해 보는 뜻을 나타내는 말이다. 즉, 친구가 도와주지 않은 상황을 가정해 보고 만약 그 상황이라면 일을 끝내기가 힘들었을 것이라고 이야기하고 있다. 이와 같은 의미의 문장은 이유나 근거를 나타내는 말인 '-어서'를 사용하여, 일을 끝낼 수 있었던 이유가 친구가 도와주었기 때문이라고 이야기하는 ③이다.
① 친구가 도와주지 않은 상황이다.
② 친구가 아직 도와주지 않은 상황에서 만약 도와주지 않는다면 힘들 것 같다고 말하고 있다.
④ 친구가 도움뿐만 아니라 일도 모두 끝낸 상황이다.

**정답** 12 ③   13 ③

**14**

> 할머니께서 조금 이따가 집에 오시겠대요.

① 할머니께서 조금 이따가 집에 오라고 하셨어요.
② 할머니께서 조금 이따가 집에 오시겠다고 말씀하셨어요.
③ 할머니께서 조금 이따가 집에 오면 좋겠다고 하셨어요.
④ 할머니께서 조금 이따가 집에 오겠느냐고 물어보셨어요.

 '-대요'는 '-다고 해요'가 줄어든 말로 다른 사람에게 들어서 알고 있는 사실을 상대방에게 전할 때 쓰는 말이다. 할머니께서 '조금 이따가 집에 가겠다'고 말씀하신 것을 상대방에게 전달하고 있는 것이다. 이와 같은 의미의 문장은 다른 사람이 말한 내용을 간접적으로 인용할 때 사용하는 말인 '-다고'를 사용하여 할머니의 말을 상대방에게 전달하고 있는 ②이다.
①, ③, ④ 조금 이따가 할머니 댁으로 방문하라는 의미이다.

**15**

> 민수 씨, 다음 달에 결혼한다면서요?

① 민수 씨, 다음 달에 결혼할 줄 몰랐지요?
② 민수 씨, 다음 달에 결혼할 게 뻔해요?
③ 민수 씨, 다음 달에 결혼할 줄 알고 있었어요?
④ 민수 씨, 다음 달에 결혼한다고 들었는데, 정말이에요?

 '-다면서'는 들어서 아는 사실을 상대에게 다시 확인하여 물을 때 쓰는 말이다. 결혼한다는 사실을 들어 알게 되고, 그것을 다시 상대방인 민수 씨에게 물어 확인하고 있다. 이와 같은 의미의 문장은 ④이다.

**16**

> 플라스틱 쓰레기의 양을 줄이지 않으면 환경오염은 점점 더 심해질 것이다.

① 플라스틱 쓰레기를 줄일 겸 환경오염은 더욱 심해질 것이다.

② 플라스틱 쓰레기를 줄이도록 환경오염은 더욱 심해질 것이다.

③ 플라스틱 쓰레기를 줄이지 않는다면 환경오염은 더욱 심해질 것이다.

④ 플라스틱 쓰레기를 줄이지 않았더니 환경오염은 더욱 심해질 것이다.

 '-으면'은 아직 이루어지지 아니한 사실을 가정하여 말할 때 쓰는 말로 플라스틱 쓰레기의 양을 줄이지 않을 때 환경오염이 심해진다는 말이다. 이와 같은 의미의 문장은 앞의 이루어지지 아니한 경우를 가정하면서 그에 따른 결과를 말하는 '-다면'을 사용한 ③이다.

## [17~18] 다음을 읽고 (    )에 알맞은 것을 고르시오.

**17**

> 가 : 주말에 현장 체험 학습을 간다고 들었는데 어디로 가는 거예요?
> 나 : 10월 21일에 '아침 햇살 수목원'으로 간대요.
> 가 : 저도 가고 싶은데 어떻게 신청해요? 그리고 뭘 준비해야 해요?
> 나 : 가고 싶은 사람은 이번 주 토요일까지 사무실로 신청하면 된대요. 자세한 준비 내용은 홈페이지에 공지 중이니까 (              ).

① 게시판을 보시면 돼요

② 신청서를 쓰시면 돼요

③ 현장 체험 학습을 가시면 돼요

④ 체험비를 준비하시면 돼요

 대화 마지막 문장을 보았을 때 자세한 준비내용은 홈페이지에 공지 중이라고 하였다. '공지'는 세상에 널리 알린다는 말로 현장 체험 학습에 대한 궁금증을 확인하기 위한 '가'의 질문에 대한 알맞은 문장은 ①이다.

**18**

> 나는 영화 보는 것을 좋아한다. 그중 기억에 남는 영화는 'A'이다. 이 영화는 범죄 조직을 쫓는 경찰에 대한 이야기로 주·조연들의 (            )이/가 뛰어나고 줄거리가 아주 흥미롭다. 이 영화는 유명한 배우들이 많이 출연해서 개봉 전부터 화제가 되었는데 주말마다 매진이 될 정도로 인기가 많았다.

① 영상미　　　　② 배경 음악　　　　③ 줄거리　　　　④ 연기력

 '연기력'은 배우의 연기 기술과 연기에 대한 역량을 의미하므로, '주·조연들의'의 뒤에 들어갈 말로 가장 적절하다.
① 영상미 : 영상을 통하여 드러나는 아름다움
② 배경 음악 : 영화나 연극에서 분위기를 조성하기 위하여 대사나 동작의 배경으로 연주하는 음악
③ 줄거리 : 이야기, 소설, 영화, 프로그램 시나리오 등에서 군더더기를 제외한 핵심이 되는 내용

**19** 다음 글의 내용과 일치하는 것은?

> 다음 주에 한국어 교실에서 한마음 잔치가 열린다. 오전에는 말하기 대회를 하는데 한국 생활이라는 주제로 누구나 자유롭게 말할 수 있다. 그리고 오후에는 여러 종류의 게임을 하고 이긴 사람에게는 선물도 준다. 행사 중 제일 인기가 있는 것은 장기자랑이다. 자신이 잘할 수 있는 노래나 춤 등을 보여 줄 수 있기 때문이다. 말하기 대회나 장기자랑에 참가하고 싶은 사람은 내일까지 사무실에 신청해야 한다.

① 말하기 주제는 정해져 있지 않다.
② 한마음 잔치는 다음 달에 진행된다.
③ 장기자랑에 나가려면 사무실에 신청해야 한다.
④ 게임에 참가하는 사람은 모두 선물을 받게 된다.

정답 **18** ④　　**19** ③

PART 01

PART 02

PART 03

PART 04

PART 05

PART 06

PART 07

 본문 마지막 줄에서 말하기 대회나 장기자랑에 참가하고 싶은 사람은 사무실에 신청하여야 한다고 언급했으므로 ③의 내용이 옳다.
① 한국 생활이라는 주제로 진행하기로 했다.
② 한마음 잔치는 다음 주에 진행된다.
④ 게임에서 이긴 사람만 선물을 받게 된다.

## 20 이 글의 내용과 같은 것을 고르시오.

> 예전에는 연말 불우 이웃 돕기를 하면 기업들은 성금만 전달하곤 했다. 그러나 요즘은 성금 전달뿐만 아니라 다양한 방법으로 봉사 활동을 하는 기업들이 늘고 있다. 어떤 기업에서는 직원들로 이루어진 봉사 단체를 만들어 직접 물품을 전달하고 주기적으로 복지 시설을 방문하기도 한다. 또 자기 회사의 물건을 구매하면 자동으로 판매 금액의 일부를 불우 이웃을 위해서 사용하도록 만든 기업도 있다. 이렇듯 불우 이웃을 돕는 방법은 다양해지고 있다.

① 요즘 기업들은 불우 이웃 돕기를 거의 하지 않는다.
② 봉사 단체는 성금을 전달하기 위해 만들어졌다.
③ 물건 판매 금액의 일부를 불우 이웃 돕기에 쓰는 회사가 있다.
④ 복지 시설을 도우려면 성금보다는 물품으로 돕는 것이 낫다.

 본문 네 번째 줄에서 회사의 물건을 구매하면 자동으로 판매 금액의 일부를 불우 이웃을 위해 사용하는 기업도 있다고 했으므로 ③의 내용은 옳다.
① 요즘 기업들은 성금 전달뿐만 아니라 다양한 방법으로 봉사 활동을 하고 있다.
② 봉사 단체는 직접 물품을 전달하고 주기적으로 복지 시설을 방문하기 위해 만들어졌다.
④ 해당 내용은 주어진 글만으로는 알 수 없다.

정답 20 ③

**[21~22]** 다음을 읽고 질문에 답하시오.

> 아리랑은 가장 유명한 한국의 민요 중 하나다. 아리랑은 지역과 시기에 따라 다양하게 불려 왔는데 대략 60여 종이 된다. 원래 아리랑은 일을 하면서 겪는 힘듦을 이겨내기 위해서 부른 노동요였다. 그래서 아리랑의 노랫말에는 한국인의 정서와 한이 담겨 있다. 한국인의 동질성을 확인하고 단결이 필요할 때 자주 불리어 왔다. 현대에도 아리랑은 새롭게 편곡되어 영화, 뮤지컬, 드라마, 춤, 문학 등을 비롯한 여러 예술 장르와 매체에서 활용되며 여전히 사랑받고 있다.

**21** 다음을 읽고 '아리랑'에 대한 설명으로 적절한 것을 고르시오.

① 한국인들은 아리랑을 통해 전통적인 한국 사회를 그리워한다.
② 아리랑은 기본적으로 단순한 노래이고 동요로서 그 가치가 있다.
③ 한국의 젊은이들은 아리랑의 슬픈 정서를 더 이상 공감하지 못한다.
④ 아리랑은 한국인을 하나로 묶고 소통을 가능하게 하는 힘을 가진다.

 본문의 네 번째 줄에서 아리랑은 한국인의 동질성을 확인하고 단결이 필요할 때 부른다고 언급하였으므로 한국인을 하나로 묶고 소통하게 한다는 ④의 내용이 옳다.
① 해당 주어진 내용으로 알 수 없다.
② 아리랑은 동요가 아닌 노동요이다.
③ 현대에도 아리랑은 편곡되고 이용되는 만큼 젊은이들 또한 공감할 수 있다.

**22** 이 글의 제목으로 알맞은 것을 고르시오.

① 한국의 민요 아리랑
② 일할 때는 아리랑을 부르자
③ 현대에 살아남은 아리랑의 종류
④ 아리랑의 가사와 그 뜻

 본문 첫 번째 줄에서 아리랑은 가장 유명한 한국의 민요임을 알려주고 있다. 추가적으로 아리랑의 종류의 다양성, 아리랑의 목적, 의미, 현대에서의 아리랑의 가치 등에 대한 내용을 포함하고 있어 제목은 ①이 가장 적절하다.

**정답** **21** ④ **22** ①

**23** 다음 글의 ㉠과 ㉡에 들어갈 단어를 순서대로 나열한 것은?

> 한국에서는 일반적으로 ( ㉠ )에는 떡국, 추석에는 송편, 동지에는 팥죽, ( ㉡ )에는 오곡밥과 부럼을, 그리고 생일에는 미역국을 먹습니다.

① ㉠ 설날 ㉡ 한가위       ③ ㉠ 단오 ㉡ 한가위
② ㉠ 단오 ㉡ 정월 대보름    ④ ㉠ 설날 ㉡ 정월 대보름

 설날에는 맑은 장국에 가래떡을 얇게 썰어 넣고 끓인 음식인 떡국을 먹고, 정월 대보름에는 약밥, 오곡밥, 부럼 등을 먹는다. 따라서 ㉠은 설날, ㉡은 정월 대보름이 들어간다. 참고로 추석은 한가위라고도 한다.

**24** 한국에서 긴급한 상황이 생겼을 때 필요한 전화번호와 그 서비스의 내용이 맞지 않게 짝지어진 것은?

① 112 – 범죄 신고
② 114 – 일기예보 안내 서비스
③ 1366 – 여성 긴급 전화
④ 119 – 화재 발생 신고

 '114'를 누르면 각 통신사의 고객센터와 연결된다. 일기예보 안내 서비스는 131이다.

정답 **23** ④   **24** ②

PART 01
PART 02
PART 03
PART 04
PART 05
PART 06
PART 07

**25** 한국의 전통 가옥인 한옥에 대한 설명으로 **틀린** 것은?

① 더운 여름을 이겨내기 위해 아궁이를 설치했다.

② 온돌을 설치하여 겨울을 따뜻하게 보냈다.

③ 지붕의 재료에 따라 초가집과 기와집으로 나뉜다.

④ 대청마루는 바닥과 사이를 띄우고 나무판을 깐 큰 마루이다.

 '아궁이'는 방이나 솥 따위에 불을 때기 위하여 만든 구멍으로 여름보다는 겨울의 추위를 이겨내기 위해 설치했다.

**26** 다음 글에서 설명하고 있는 한국인들이 자주 찾는 장소는?

> 이곳에서는 물건 값을 깎을 수도 있고, 물건을 살 때 덤을 얻을 수도 있어 쇼핑하는 재미를 느낄 수 있습니다.

① 재래시장　　　② 편의점　　　③ 백화점　　　④ 슈퍼마켓

 '재래시장'은 예전부터 있어 오던 곳으로 상품을 사고 파는 시장이다. 이곳에서 파는 물건은 가격이 싼 편이라 사람들이 많이 이용하고 있다.
② 편의점 : 편리성을 바탕으로 도입된 소형 소매점포로 연중무휴, 24시간 영업 등의 특징을 갖고 있다.
③ 백화점 : 한 건물 안에 의식주에 관련된 여러 가지 상품을 부문별로 진열하고 조직 · 판매하는 근대적 대규모 소매상이다.
④ 슈퍼마켓 : 식료품을 중심으로 생활용품을 판매하는 셀프서비스 방식의 대규모 소매점이다.

**27** 한국의 가족과 관련된 기념일에 대한 설명으로 <u>틀린</u> 것은?

① 어버이날 – 부모의 사랑에 감사하고 효를 강조하기 위해 만들어진 날
② 어린이날 – 모든 아이들이 차별 없이 건강하고 행복하게 지내도록 하기 위해 만들어진 날
③ 부부의 날 – 부부가 서로 소중함을 깨닫고 가족의 행복을 위해 노력하도록 만들어진 날
④ 입양의 날 – 바쁜 직장생활로 가족과 시간이 부족한 현대인을 위해 만들어진 날

 '입양의 날'은 국내에 건전한 입양문화를 정착시키고 입양을 활성화하기 위해 보건복지부에서 제정한 날로, 매년 5월 11일이다.

**28** 다음 (　　) 안에 공통적으로 들어갈 알맞은 말은?

> 한국 사람에게는 따뜻함과 배려, 그리고 나눔이 함께 하는 독특한 (　　) 문화가 있다고 한다. 그래서 이것과 관련된 표현이 일상생활에서 자주 쓰일 정도로 한국인에게 (　　)을/를 베푼다는 것은 일상적인 생활 방식이라 할 수 있다.

① 행복　　　　　② 충성　　　　　③ 정　　　　　④ 봉사

 '정'은 사랑이나 친근감을 느끼는 마음으로 특히 한국인들에게는 정 문화가 있다.
① 행복 : 생활에서 충분한 만족과 기쁨을 느끼어 흐뭇함
② 충성 : 마음속에서 우러나오는 정성. 특히 임금이나 국가에 대한 것을 말함
④ 봉사 : 국가나 사회 또는 남을 위하여 자신을 돌보지 아니하고 힘을 바쳐 애씀

**[29~30 : 작문형]** 다음 내용을 포함하여 '대기오염의 원인과 해결 방법'이라는 제목으로 100자 내로 글을 쓰시오.

※ 작문 시험 시간은 10분이며, 답안지에는 제목을 쓰지 말고 본문만 쓰시오. (글자 수 및 평가 항목별로 채점되니 유의하시기 바랍니다.)

| • 대기오염의 원인이 무엇이라고 생각합니까? |
|---|
| • 그 문제를 해결하기 위해 어떤 노력을 해야 합니까? |

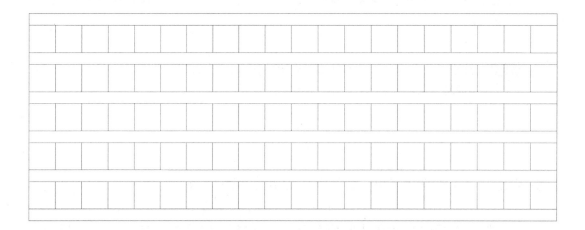

**작문형 예시 답안**

|   | 대 | 기 | 오 | 염 | 의 |   | 가 | 장 |   | 주 | 된 |   | 원 | 인 | 은 |   | 자 | 동 | 차 |
|---|---|---|---|---|---|---|---|---|---|---|---|---|---|---|---|---|---|---|---|
| 에 | 서 |   | 발 | 생 | 되 | 는 |   | 매 | 연 | 이 | 라 | 고 |   | 할 |   | 수 |   | 있 | 습 |
| 니 | 다 | . |   | 가 | 까 | 운 |   | 거 | 리 | 는 |   | 걸 | 어 | 가 | 고 |   | 멀 | 리 |   |
| 이 | 동 | 할 |   | 때 | 는 |   | 대 | 중 | 교 | 통 | 을 |   | 이 | 용 | 한 | 다 | 면 |   | 대 |
| 기 | 오 | 염 | 을 |   | 해 | 결 | 할 |   | 수 |   | 있 | 을 |   | 것 | 입 | 니 | 다 | . |   |

# 사회통합프로그램 중간평가 견본 문항
# 구술시험

※ 질문 내용은 제외한 지문만 수험생에게 제공됨(질문 내용은 견본과 비슷한 유형으로 변경 가능하며
　평가 감독관에게만 제공됨)

[01~03 : 구술형] 다음 사진을 보고 구술감독관의 질문에 답하여 주시기 바랍니다.

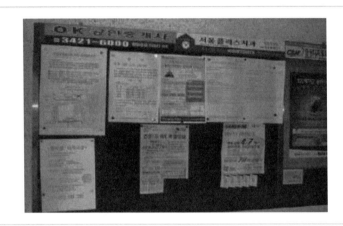

**01** 사진은 무엇을 나타내고 있는지 설명해 보세요.

**02** 사진과 같은 방식의 광고는 어떤 장점이 있나요?

**03** ○○씨가 한국이나 고향 나라에서 봤던 광고 중에서 재미있었거나 특별히 기억
에 남는 것은 무엇인지 말해 보세요.

PART 01　PART 02　PART 03　PART 04　PART 05　PART 06　PART 07

**04** 현대인의 잘못된 생활 습관으로 인해서 걸리는 병에는 어떤 것이 있나요?

**05** 한국에서 경범죄에 해당하는 행동 2가지를 말해 보세요.

# 사회통합프로그램 귀화용 종합평가 견본 문항 필기시험

※ 법무부에서 제공하는 견본 문항을 수정 · 보완하여 수록함

PART 01

PART 02

PART 03

PART 04

PART 05

PART 06

PART 07

**[01~03]** 다음 (　　)에 알맞은 것을 고르시오.

**01**

> 내가 문자로 우리 집에 찾아오는 (　　　)을/를 알려 줄게요.

① 승급 　　　② 잔액 　　　③ 방법 　　　④ 반응

 '방법'은 어떤 일을 하거나 목적을 이루기 위해 취하는 수단이나 방식을 말한다. '집에 찾아오는 방식'을 알려주겠다는 의미이므로 괄호 안에 들어갈 말은 '방법'이 가장 알맞다.
① 승급 : 급수나 등급이 오름
② 잔액 : 금액 혹은 물품에서 일정한 액수나 양을 뺀 나머지
④ 반응 : 자극에 대하여 어떤 현상이 일어나는 것 혹은 그 현상

**02**

> 다음 주에 급한 일이 있으면 먼저 부장님하고 (　　　) 보세요.

① 대피해 　　　② 상의해 　　　③ 대여해 　　　④ 개통해

 '상의하다'는 어떤 일을 서로 의논한다는 의미이다. '급한 일'에 대해 부장님과 이야기해 보라는 의미이므로 괄호 안에 들어갈 말은 '상의해'가 가장 알맞다.
① 대피하다 : 위험이나 피해를 입지 않도록 일시적으로 피하다.
③ 대여하다 : 물건이나 돈을 나중에 돌려받거나 대가를 받기로 하고 얼마 동안 내어 주다.
④ 개통하다 : 길이나 다리, 철로, 전기 등을 완성하거나 이어 통하게 하다.

**정답** 　01 ③ 　　02 ②

**03**

한국에 처음 왔을 때는 무엇을 해야 할지 몰라서 (            ).

① 반가웠어요        ② 막막했어요        ③ 훌륭했어요        ④ 미안했어요

 '막막하다'는 의지할 데 없이 외롭고 답답하다는 의미이다. 한국에 처음 와서 아무것도 할 줄 몰라 답답하고 외로웠다는 의미이므로 괄호 안에 들어갈 말은 '막막했어요'가 가장 알맞다.
① 반갑다 : 그리워하던 사람을 만나거나 원하던 일이 이루어져서 마음이 즐겁고 기쁘다.
③ 훌륭하다 : 썩 좋아서 나무랄 곳이 없다.
④ 미안하다 : 남에게 대하여 마음이 편하지 못하고 부끄럽다.

**[04~06]** 다음 대화의 (    )에 알맞은 것을 고르시오.

**04**

가 : 축제 때 그동안 제가 집에서 (        ) 춤을 춰 보고 싶어요.
나 : 어떤 춤이에요? 지금 한번 춰 보세요.

① 연습하는        ② 연습하니까        ③ 연습할        ④ 연습한

 '–ㄴ'은 앞말이 의미하는 사건이나 행위가 완료되어 그 상태가 유지되고 있음을 나타내는 어미이다. 연습이라는 행위를 완료하였고, 관형어로서 '춤'을 꾸며야 하므로 괄호 안에 들어갈 말로 가장 알맞은 것은 '연습한'이다.
① –는 : 앞말의 사건이나 행위가 지금 일어나고 있음을 나타내는 어미
② –니까 : '–니'를 강조하는 말로, 앞말이 원인이나 근거, 전제 등이 됨을 나타내는 연결 어미
③ –ㄹ : 앞말이 의미하는 행위가 확정된 현실이 아닌 추측, 예정, 의지, 가능성 등임을 나타내는 어미

**05**

> 가 : 그 영화는 끝까지 봤어요?
> 나 : 아뇨, 너무 무서워서 (          ) 포기하고 극장에서 나왔어요.

① 보다가          ② 보고 나서          ③ 보기 때문에          ④ 봐야

 '−다가'는 어떤 행동이나 상태가 중단되고 다른 행동이나 상태로 바뀜을 나타내는 연결 어미이다. 영화를 보는 행위를 중단하고 극장에서 나왔으므로 괄호 안에 들어갈 말로 가장 알맞은 것은 '보다가'이다.
② −고 나서 : 앞말이 뜻하는 행동이 끝났음을 나타내는 말
③ −기 때문 : 앞말이 어떤 일의 원인이나 까닭이 됨을 나타내는 말
④ −아야 : 앞 절의 조건이 뒤 절의 조건임을 나타내는 연결 어미

**06**

> 가 : 학교에 입학한 지 세 달 됐지요? (               )?
> 나 : 네, 집도 가깝고 수업도 재미있어서 좋아요.

① 다닐 만해요                    ② 다닐 뻔했어요
③ 다니게 됐어요                    ④ 다니려던 참이에요

 '만하다'는 앞말이 뜻하는 행동을 하는 것이 가능함을 나타내는 말이다. 학교에 다니는 것이 어렵지는 않은지 물어보는 것이므로 괄호 안에 들어갈 말로 가장 알맞은 것은 '다닐 만해요'이다.
② 뻔하다 : 앞말이 뜻하는 상황이 실제 일어나지는 않았지만 그럴 가능성이 매우 높았음을 나타내는 말
③ −게 되다 : 어떤 상황이나 사태에 이름을 나타내는 말
④ −던 참 : 앞말이 뜻하는 것을 할 생각이나 의향이 있음을 나타내는 말

정답  **05** ①    **06** ①

[07~08] 다음을 한 문장으로 알맞게 연결한 것을 고르시오.

**07**

> 매일 숙제를 하다 / 복습할 시간도 없다

① 매일 숙제를 할 뿐만 아니라 복습할 시간도 없어요.
② 매일 숙제는커녕 복습할 시간도 없어요.
③ 매일 숙제를 하더라도 복습할 시간도 없어요.
④ 매일 숙제야말로 복습할 시간도 없어요.

 '-ㄴ커녕'은 앞말을 지정하여 어떤 사실을 부정하는 뜻을 강조하는 말이다. 숙제를 할 시간뿐만 아니라 복습할 시간도 없다는 말이므로 '-ㄴ커녕'으로 두 문장을 연결하는 것이 적절하다.
　① -뿐만 아니라 : 어떤 일이 그것만으로 그치지 않고 나아가 다른 일이 더 있음을 나타내는 말
　③ -더라도 : 가정이나 양보의 뜻을 강하게 나타내는 말
　④ (이)야말로 : 강조하여 확인하는 뜻을 나타내는 말

**08**

> 요즘 안 보이다 / 많이 바쁘다

① 요즘 안 보이는데 많이 바쁘곤 했어요.
② 요즘 안 보이면 많이 바쁘려고 했어요.
③ 요즘 안 보여서 많이 바쁜 줄 알았어요.
④ 요즘 안 보이지만 많이 바쁜 법이에요.

 '-어서'는 앞말이 이유나 근거가 됨을 나타내는 연결 어미이다. 많이 바쁘다고 생각한 이유가 요즘 안 보였던 것이므로 '-어서'로 두 문장을 연결하는 것이 가장 적절하다.
　① -ㄴ데 : 뒤에서 어떤 일을 설명하거나 제안하기 위해 그와 상관 있는 상황을 미리 말할 때 쓰는 연결 어미
　② -면 : 일반적으로 분명한 사실을 어떤 일에 대한 조건으로 말할 때 쓰는 연결 어미
　④ -지만 : 어떤 사실이나 내용을 말하면서 그에 반대되는 내용을 말하거나 조건을 붙여 말할 때 쓰는 연결 어미

**정답** 07 ②　08 ③

PART 01

PART 02

PART 03

PART 04

PART 05

PART 06

PART 07

**[09~10]** 다음을 읽고 질문에 답하시오.

**09** 이 집의 좋은 점이 <u>아닌</u> 것은?

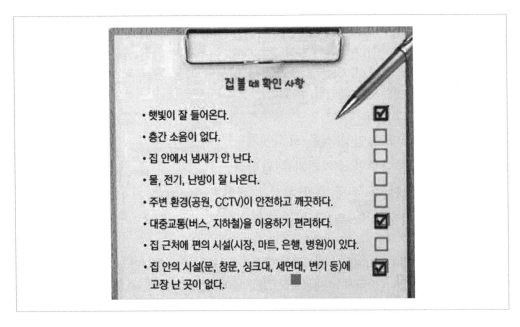

① 교통이 좋다.　　　　　　　② 변기가 잘 작동한다.

③ 물이 잘 나온다.　　　　　　④ 집 안이 밝다.

 확인 사항 목록 중 '물, 전기, 난방이 잘 나온다'에는 표시가 되어 있지 않다. 따라서 '물이 잘 나온다'는 집의 좋은 점이라고 볼 수 없다.

　① '대중교통(버스, 지하철)을 이용하기 편리하다'에 표시가 되어 있으므로 교통이 좋다는 것을 알 수 있다.

　② '집 안의 시설(문, 창문, 싱크대, 세면대, 변기 등)에 고장 난 곳이 없다'에 표시가 되어 있으므로 변기가 잘 작동한다는 것을 알 수 있다.

　④ '햇빛이 잘 들어온다'에 표시가 되어 있으므로 집안이 밝다는 것을 알 수 있다.

**정답** **09** ③

**10** 이 글에서 설명한 인공 지능의 기능의 예로 맞는 것은?

> 인공 지능은 음성으로 정보 검색이 가능하다. 인공 지능 스피커는 궁금한 것을 말하면 알아서 대답해 준다. 또한 요즘 많이 사용되는 로봇 청소기 외에 의료 분야에서도 로봇이 주목받고 있다. 그리고 사물 인터넷은 휴대전화만으로 집안의 모든 것을 제어할 수 있다. 한편, 가상 현실(VR)은 우리가 가상 공간에서 실제처럼 보고, 듣고, 느낄 수 있게 하는 기술이다. 집에서도 가상 현실 기기를 이용해 가고 싶은 여행지를 현실처럼 체험할 수 있다.

① 식당에서 로봇이 음식을 고객에게 가져다준다.
② 날씨를 물어보면 스피커가 대답한다.
③ 사물 인터넷을 통해 가상 현실을 체험할 수 있다.
④ 자동차가 스스로 운전한다.

 두 번째 문장에서 '인공 지능 스피커는 궁금한 것을 말하면 알아서 대답해 준다.'라고 설명하였다. 따라서 날씨(궁금한 것)를 물어보면 스피커가 대답한다는 것은 글에서 설명한 인공 지능의 예로 맞는 것이다.
① 식당에서 인공 지능이 어떤 역할을 하는지는 글에 나타나 있지 않다.
③ 가상 현실은 사물 인터넷이 아니라 가상 현실 기기를 통해 체험할 수 있다.
④ 자동차가 스스로 운전한다는 내용은 글에 나타나 있지 않다.

**[11~14]** 다음 질문에 답하시오.

**11** 최근 한국의 가족 형태 변화에 대한 설명으로 옳은 것은?

① 결혼하는 연령이 점차 낮아지고 있다.
② 결혼한 자녀가 부모와 함께 사는 비율이 증가하고 있다.
③ 1인 가구의 비율이 높아지고 있다.
④ 결혼 후 아이 없이 부부만 사는 비율이 감소하고 있다.

 최근 한국의 가족 형태 변화로 대표적인 것은 1인 가구의 비율이 높아지고 있다는 것이다.
① 결혼하는 연령은 점차 높아지고 있다.
② 결혼한 자녀가 부모와 함께 사는 비율은 낮아지고 있다.
④ 결혼 후 아이 없이 부부만 사는 비율은 증가하고 있다.

**정답** **10** ② **11** ③

**12** 한국의 도시화 과정에 대한 설명으로 옳은 것은?

① 한국의 도시화는 2000년대 이후 본격적으로 시작되었다.

② 1970년에는 역도시화 현상이 많이 나타났다.

③ 대도시에 집중된 기능을 분산시키기 위해 서울 인근에 위성도시를 만들었다.

④ 부산, 대구, 춘천 등과 같은 수도권에 총인구의 약 50%가 살고 있다.

 서울에 집중된 기능을 분산시키기 위해 인근에 성남, 일산, 구리 등 위성도시를 만들었다.

①, ② 한국의 도시화는 1960년대 말, 1970년대 초부터 본격적으로 시작되었다.

④ 수도권은 수도인 서울과 그 인근 도시들을 가리킨다. 부산과 대구는 경상도에, 춘천은 강원도에 위치해 있다.

**13** 한국의 의무 교육 기간에 해당하는 교육과정으로 바르게 짝지은 것은?

① 초등학교 6년, 중학교 3년

② 초등학교 6년, 고등학교 2년

③ 중학교 2년, 고등학교 3년

④ 초등학교 6년, 중학교 1년

 한국의 의무 교육 기간은 초등학교 6년 과정, 중학교 3년 과정까지이다. 고등학교 3년 과정은 의무교육은 아니지만 무상교육이 이루어지고 있다.

정답  **12** ③   **13** ①

PART 01
PART 02
PART 03
PART 04
PART 05
PART 06
PART 07

**14** 한국 음식에 대한 설명으로 옳은 것을 〈보기〉에서 모두 고른 것은?

〈보기〉
ㄱ 한국 음식은 기본적으로 밥, 국, 반찬 등으로 구성된다.
ㄴ 김치는 넣는 재료와 만드는 방식이 모든 지역에서 동일하다.
ㄷ 국에 밥을 말아 먹는 음식을 '전골'이라 한다.
ㄹ 장류나 젓갈류는 다른 반찬을 만드는 데에도 많이 사용된다.

① ㄱ, ㄴ      ② ㄴ, ㄷ      ③ ㄷ, ㄹ      ④ ㄱ, ㄹ

 ㄴ 김치는 넣는 재료와 만드는 방식이 각 지역별로 차이가 있다.
　　ㄷ 국에 밥을 말아 먹는 음식은 '국밥'이라고 한다. '전골'은 고기와 해산물, 채소 등의
　　　 재료를 넣고 국물을 조금 부어 끓인 음식을 말한다.

---

**[15~20]** 다음 질문에 답하시오.

**15** 다음 글의 ( )에 공통으로 들어갈 종교로 옳은 것은?

( )는 석가모니가 만든 종교로, 중국을 거쳐 4세기 무렵 삼국 시대에 들
어왔다. 자비를 강조하는 ( )는 왕과 귀족은 물론 서민의 삶에도 깊숙이
파고들었다. 절, 탑, 불상 등은 ( )와 관련된 문화유산이다.

① 유교      ② 이슬람교      ③ 불교      ④ 천주교

 '불교'는 인도의 석가모니가 만든 후 동양의 여러 나라에 전파된 종교이다. 세상의 고통
으로부터 벗어나 부처가 되는 것을 궁극적인 이상으로 삼는다.
　① 유교 : '유학'을 종교적 관점에서 말하는 것으로, 삼강오륜을 덕목으로 하며 사서삼경
　　 을 경전으로 한다.
　② 이슬람교 : 아라비아의 예언자 마호메트가 만든 종교로 코란을 경전으로 한다.
　④ 천주교 : 가톨릭교를 그리스 정교회와 구별하여 이르는 말이다.

**16** 한국의 국회와 국회의원에 대한 설명으로 옳은 것은?

① 5년에 한 번씩 실시되는 총선거를 통해 선출된다.

② 고위공직자로서 나라보다 개인의 이익을 먼저 생각한다.

③ 국회가 열리는 회기 중에는 국회의 동의가 없어도 체포될 수 있다.

④ 재산의 변동 사항을 국민이 알 수 있도록 재산을 공개해야 한다.

 한국은 공직자윤리법 제10조에 의해 대통령과 국무위원 등 국가의 정무직 공무원, 1급 이상의 국가공무원, 국회의원, 지방자치단체장 및 지방의원 등의 재산 변동 사항을 관보 등을 통해 공개하고 있다.
① 국회의원 총선거는 4년에 한 번씩 실시된다.
② 국회와 국회의원은 고위공직자로서 나라의 이익을 먼저 생각해야 한다.
③ 국회의원은 회기 중에는 국회의 동의 없이 체포되지 않는다.

**17** 다음 설명에 해당하는 공정한 선거의 원칙으로 옳은 것은?

성별 · 재산 · 학력 · 권력 등의 조건에 관계없이 공평하게 1인 1표씩 투표한다.

① 직접 선거　　② 비밀 선거　　③ 평등 선거　　④ 보통 선거

 평등 선거는 성별이나 재산, 학력, 교육 정도, 종교, 문화 등의 조건에 관계없이 모든 유권자가 동등하게 1인당 1표의 투표권을 갖는 것을 말한다.
① 직접 선거 : 선거는 다른 사람이 대신할 수 없고 선거권을 가진 사람이 직접 투표해야 한다.
② 비밀 선거 : 누구에게 투표하였는지 다른 사람이 알지 못하도록 비밀이 보장되어야 한다.
④ 보통 선거 : 일정한 나이가 되면 어떤 조건에 따른 제한 없이 누구에게나 선거권이 주어져야 한다.

**18** 한국의 경제 성장 과정에 대한 설명으로 옳지 <u>않은</u> 것은?

① 1950년대에 6 · 25 전쟁을 겪으면서 많은 산업 시설이 파괴되었다.

② 1950~1960년대에는 옷, 신발, 가방, 가발 등을 주로 수출하였다.

③ 1980년대에는 드라마나 노래와 같은 문화 콘텐츠를 주로 수출하였다.

④ 1990~2010년대를 지나면서 반도체, 휴대폰 등으로 수출 품목을 늘렸다.

 드라마나 노래와 같은 문화 콘텐츠는 1990년대 이후 '한류'라는 이름으로 수출되기 시작하였으며, 2020년이 되면서 전 세계적인 인기를 끌게 되었다.


**19** 외국인의 정착을 돕는 한국의 법과 제도에 대한 설명으로 옳지 <u>않은</u> 것은?

① 국가 및 지방자치단체는 다문화에 대한 이해를 증진하기 위해 노력해야 한다.

② 외국인이 인권을 침해당한 경우 신고할 수 있다.

③ 외국인 근로자의 경우 긴급의료지원 서비스를 받을 수 없다.

④ 매년 5월 20일은 '세계인의 날'로 법으로 정한 기념일이다.

 외국인 근로자 역시 의료보장제도에 의해 긴급의료지원 서비스를 받을 수 있다.

**20** 다음 글의 (㉠), (㉡)에 각각 들어갈 내용으로 옳은 것은?

> 한국으로 들어오고자 하는 외국인은 유효 기간이 남아 있는 ( ㉠ )과 ( ㉡ )을/를 가지고 있어야 한다. ( ㉠ )은 외국을 여행하는 사람의 국적이나 신분을 증명해 주는 문서이다. ( ㉡ )은/는 '사증'이라고도 하는데 한국 정부가 외국인의 입국을 허가하는 증명서를 의미한다.

| | ( ㉠ ) | ( ㉡ ) |
|---|---|---|
| ① | 여권 | 비자 |
| ② | 영주증 | 여권 |
| ③ | 여권 | 영주증 |
| ④ | 영주증 | 비자 |

해설 여권은 외국을 여행하는 사람의 신분이나 국적을 증명하는 서류이고, 비자는 외국인에 대한 출입국 허가의 증명서를 말한다.

[21~26] 다음 질문에 답하시오.

**21** 한국의 가족과 관련된 설명으로 옳지 <u>않은</u> 것은?

① 가족 중 부부간에 서로를 부르는 호칭이 있다.
② 전통적인 한국의 가족은 유교, 효 사상 등의 영향을 많이 받았다.
③ 남편과 아내는 동일한 위치에 있다고 보기 때문에 1촌이 된다.
④ 산업화 이후 공부나 취업으로 인해 부모와 떨어져 사는 경우가 많아졌다.

해설 한국에서 부부는 무촌이다. 혈연관계가 아니므로 무촌이라고 하기도 하고, 어떤 혈육보다도 더 가까운 관계이므로 무촌이라고 하기도 한다.

**22** 다음 글의 (    )에 공통으로 들어갈 내용으로 옳은 것은?

> 한국의 형법은 타인에게 피해를 주고 사회에 위협이 되는 행위를 (    )으로/로 규정하고, (    )을/를 저지른 사람들에 대한 형벌을 정해 놓았다.

① 범죄              ② 의무              ③ 처벌              ④ 권리

 한국의 형법에서는 타인에게 피해를 주거나 사회에 위협이 되는 행위를 범죄로 규정하고, 이를 저지른 사람들에 대한 형벌을 정해 두고 있다.


**23** 삼국 시대를 이룬 세 나라의 이름으로 옳은 것은?

① 고구려, 백제, 신라              ② 백제, 신라, 조선
③ 고려, 백제, 신라                ④ 고구려, 백제, 가야

해설  한국의 삼국 시대는 고구려, 백제, 신라가 한반도에 자리하던 시기를 말한다.


**24** 다음 글의 내용에 해당하는 한국의 역사적 인물은?

> 임진왜란 당시, 뛰어난 전술과 거북선, 화포 등의 무기를 사용하여 일본군과 바다에서 벌인 전투를 모두 승리로 이끌었다. 이 인물의 활약은 조선에게 불리했던 전쟁 분위기를 바꾸고 마침내 일본군이 물러나도록 하는 데 큰 역할을 하였다.

① 서희              ② 장보고              ③ 이순신              ④ 을지문덕

이순신 장군은 대한민국에서 가장 존경받는 위인 중 한 명으로, 거북선과 화포 등을 이용한 전술에 뛰어났다. 임진왜란 당시 왜군을 상대로 한 모든 해전을 승리로 이끌었으며, 왜군의 보급을 차단해 전쟁의 흐름을 바꾸었다.

① 서희 : 고려의 외교가로, 거란의 침략 당시 소손녕과 담판을 벌여 거란군을 철수시키고 오히려 강동 6주를 받아내어 영토를 확장하였다.

② 장보고 : 신라 시대 장수로 청해진을 건설하여 서남해안의 해적을 평정하고 당과 일본을 상대로 국제무역을 주도하였다.

④ 을지문덕 : 고구려의 장수로 고구려와 수의 전쟁 당시 수나라의 대군을 살수에서 몰살시켜 전쟁을 승리로 이끌었다.

**25** 서울에 대한 설명으로 옳은 것은?

① 서울은 한국 제1의 항구 도시이다.

② 서울에는 한국 최대의 공항이 있다.

③ 서울은 전체 국토 면적의 10% 정도를 차지하고 있다.

④ 서울은 한국의 수도이며 특별시라 불린다.

 서울은 대한민국의 수도로서 대한민국의 도시 중 유일하게 특별시로 불린다.

① 대한민국 제1의 항구 도시는 부산광역시이다.

② 한국 최대의 공항인 인천국제공항은 인천광역시에 있다.

③ 서울특별시의 면적은 605.2km²로 한반도 면적 220,748km²의 약 0.2%에 불과하다.

**26** 경상 지역에 있는 광역시로 옳은 것은?

① 광주광역시　　② 대전광역시　　③ 인천광역시　　④ 부산광역시

 부산광역시, 울산광역시, 대구광역시 등은 경상 지역에 위치해 있다.

① 광주광역시는 전라 지역에 위치해 있다.

② 대전광역시는 충청 지역에 위치해 있다.

③ 인천광역시는 경기 지역에 위치해 있다.

**[27~32]** 다음 질문에 답하시오.

**27** 대한민국 헌법에 대한 설명으로 옳은 것은?

① 1946년 7월 17일에 제정되었다.

② 국가를 어떻게 조직하고 통치할 것인지를 정해 놓은 법이다.

③ 제1조 제2항에는 대한민국의 주권이 대통령에게 있음을 명시하였다.

④ 정책이나 법률이 헌법에 어긋나더라도 지속적으로 유지될 수 있다.

 대한민국 헌법은 대한민국을 통치하는 헌법으로서, 대한민국의 모든 법의 상위에 있는 최상위 법이다.

　① 대한민국의 헌법은 1948년 7월 17일에 제정되었다.

　③ 대한민국 헌법 제1조 제2항의 내용은 "대한민국의 주권은 국민에게 있고, 모든 권력은 국민으로부터 나온다."이다.

　④ 어떤 정책이나 법률이 헌법에 어긋난 것으로 밝혀진 경우 그 정책이나 법률은 효력이 없어진다.

**28** 대한민국 국민의 '납세의 의무'에 대한 설명으로 옳은 것은?

① 세금을 내야 하는 의무이다.

② 자녀에게 교육을 받게 할 의무이다.

③ 나라를 지켜야 하는 의무이다.

④ 자신이 맡은 일을 열심히 해야 하는 의무이다.

 대한민국 국민의 의무 중 '납세의 의무'는 헌법 제38조에 정해져 있으며, '모든 국민은 법률이 정하는 바에 의하여 납세의 의무를 진다.'가 그 내용이다.

　② 헌법 제31조 제2항에서 정하는 교육의 의무이다.

　③ 헌법 제39조 제1항에서 정하는 국방의 의무이다.

　④ 헌법 제32조 제2항에서 정하는 근로의 의무이다.

**29** 한국이 일본으로부터 광복을 맞이한 날로 옳은 것은?

① 1919년 3월 1일 　　　　　　　② 1945년 8월 15일

③ 1948년 5월 10일 　　　　　　　④ 1960년 4월 19일

 한국은 1945년 8월 15일 일제로부터 광복을 맞이하였다. 이를 기념하는 날로서 매년 8월 15일을 광복절로 정하였다.
① 1919년 3월 1일은 항일 운동인 3·1 운동이 일어난 날이다.
③ 1948년 5월 10일은 한국의 해방 이후 첫 선거가 실시된 날이다.
④ 1960년 4월 19일은 반독재 민주주의 운동인 4·19 혁명이 일어난 날이다.

**30** 다음은 대한민국 헌법에 정해져 있는 국민의 기본적 권리이다. 관계가 있는 것은?

> 대한민국 국민은 인간다운 생활을 할 권리, 교육을 받을 권리, 깨끗한 환경에서 살 관리를 갖는다. 국가는 국민의 행복한 삶을 위하여 노력해야 한다.

① 평등권 　　　　　② 참정권 　　　　　③ 사회권 　　　　　④ 자유권

 사회권은 국민이 인간답게 살 수 있도록 국가에 요구할 수 있는 권리를 말한다. 여기에는 교육을 받을 권리, 근로의 권리, 노동3권, 환경권, 보건권 등이 포함된다.
① 평등권 : 사회생활에서 합리적인 이유 없이 불평등한 대우를 받지 않을 권리
② 참정권 : 국민의 한 사람으로서 정치에 적극적으로 참여할 수 있는 권리
④ 자유권 : 국가로부터 간섭받지 않고 행동하고 생각할 수 있는 권리

**31** 한국에서의 정치 과정에 대한 설명으로 옳지 <u>않은</u> 것은?

① 개인이나 집단의 요구를 반영하여 정책을 만드는 과정을 뜻한다.

② 과거에 비해 오늘날에는 정치 과정에서 정당 및 이익집단의 역할이 점점 커지고 있다.

③ 정책이 시행된 이후에 문제가 발생해도 수정이나 보완 없이 추진된다.

④ 과거에는 정치 과정에서 입법부 등 국가 기관의 비중이 큰 편이었다.

 정책이 시행된 이후 문제가 발생할 경우 수정 및 보완되어 추진된다.


**32** 다음 글의 (    )에 들어갈 내용으로 옳은 것은?

> 외교란 한 국가가 자기 나라의 이익을 달성하기 위해 국제 사회에서 펼치는 평화적인 대외 활동을 말한다. (        )의 영향으로 한국과 국제 사회의 협력과 교류, 외교의 중요성이 더욱 커지고 있다.

① 세계화                ② 고립화                ③ 도시화                ④ 민주화

 세계화는 정치, 경제, 문화 등 여러 분야에서 국가 간의 교류가 활발해지면서 전 세계가 하나의 집단으로 변해 가는 것을 말한다.

[33~36] 다음 질문에 답하시오.

**33** 한국의 경제체제에 대한 설명으로 옳은 것은?

① 기본적으로 계획경제체제를 채택하고 있다.
② 정부의 계획 혹은 명령을 통한 제한적 거래만 이루어진다.
③ 국가가 개인의 재산권을 함부로 침해할 수 있다.
④ 능력과 필요에 따라 열심히 일한 대가를 자신이 가질 수 있다.

 한국은 기본적으로 시장경제체제를 추구하며, 이에 따라 자신이 일한 대가를 자신이 가질 수 있다.

**34** 다음 글의 (㉠), (㉡)에 각각 들어갈 내용으로 옳은 것은?

> 한국은 반도체, 조선, 자동차, 철강, 기계, 석유화학제품 등과 같은 ( ㉠ )과 통신, 인터넷 등과 같은 ( ㉡ )이 발달해 있다.

|  | ( ㉠ ) | ( ㉡ ) |
|---|---|---|
| ① | 제조업 | 서비스업 |
| ② | 관광업 | 운수업 |
| ③ | 운수업 | 제조업 |
| ④ | 서비스업 | 제조업 |

 한국은 제조업과 서비스업이 발달해 있다. 제조업은 반도체나 자동차, 철강과 같이 각종 원료를 가공하여 제품을 만들어내는 산업을 말하며, 서비스업은 금융업이나 통신업 등과 같이 생활의 편의를 높여 주는 것을 산업을 말한다.

**35** 한국에서 '인척'에 해당하는 사람으로 옳은 것은?

① 부모 　　　 ② 장모 　　　 ③ 외조부모 　　　 ④ 형제자매

 한국에서 인척은 혈연 관계가 없는 가족으로서, 자기의 혈족(혈연 관계의 가족)의 배우자, 배우자의 혈족, 배우자의 혈족의 배우자를 말한다. 장모는 자신의 배우자의 어머니를 말하는 것이므로 인척에 해당한다.

**36** 한국에서 경범죄에 해당하지 <u>않는</u> 것은?

① 줄을 서지 않고 끼어드는 행위
② 쓰레기를 아무 곳에나 버리는 행위
③ 거리에서 함부로 침을 뱉는 행위
④ 대중교통에서 노약자에게 자리를 양보하지 않는 행위

 대중교통에서 노약자에게 자리를 양보하는 것은 법으로 정해진 것이 아니라 배려에 의한 것이며, 따라서 노약자에게 자리를 양보하지 않는 것은 범죄에 해당하지 않는다.

**[37~40 : 작문형]** 다음 내용을 포함하여 '내가 좋아하는 음식의 요리 방법과 건강'이라는 제목으로 200자 내로 글을 쓰시오.

※ 작문 시험 시간은 10분이며, 답안지에는 제목을 쓰지 말고 본문만 쓰시오.

---

- ○○ 씨가 좋아하는 음식은 무엇입니까?
- 그 음식은 어떻게 요리합니까?
- 그 음식은 어떤 면에서 건강에 좋습니까?

---

PART 01

PART 02

PART 03

PART 04

PART 05

PART 06

PART 07

**작문형 예시 답안**

　　제가　좋아하는　음식은　닭볶음탕입니다.
닭볶음탕은　닭을　토막내어　손질하고,　감
자나　당근,　파　등의　야채도　손질하여
냄비에　넣은　뒤　고추장과　간장,　고춧가
루　등으로　만든　양념과　함께　자작하게
끓이는　음식입니다.　닭볶음탕은　단백질이
풍부한　닭고기가　주재료이므로　단백질
보충에　효과적이어서　건강에　좋습니다.
또　비타민　B도　많아　피부에도　좋습니
다.

# 사회통합프로그램 귀화용 종합평가 견본 문항
# 구술시험

※ 질문 내용은 제외한 지문만 수험생에게 제공됨(질문 내용은 견본과 비슷한 유형으로 변경 가능하며 평가 감독관에게만 제공됨)

## [01~03 : 구술형] 다음 글을 읽고 구술감독관의 질문에 답하여 주시기 바랍니다.

문화재는 조상들의 문화 중에서 후손들에게 물려줄 만한 가치가 있는 것을 말한다. 생활 도구, 유물과 유적, 성터와 궁터, 전통 음악, 춤, 놀이, 굿이나 마을 축제 등이 있다. 이러한 문화재는 크게 유형 문화재와 무형 문화재로 나눌 수 있다. 유형 문화재는 형태가 있는 문화재로 궁궐이나 성곽, 불상 등을 말하고, 무형 문화재는 형태가 없는 것으로 공예 기술이나 무용, 연극, 탈춤 등을 말한다. 이러한 문화재를 통해 조상들의 의식주 생활 모습, 조상들이 사용한 생활 도구, 옛날 사람들의 생각, 조상들이 즐기던 여가 생활과 종교 등에 대해 알 수 있다. 그렇기 때문에 문화재를 함부로 훼손하거나 관리를 소홀히 해서는 안 된다. 한국에서는 이러한 문화재를 국보로 지정하여 나라에서 관리하고 보존하려고 노력하고 있으며 문화재 발굴과 연구에도 많은 노력을 기울이고 있다. 2024년 기준으로 한국은 유네스코 세계유산 16개, 세계 기록유산 18개, 무형 문화유산 22개가 있다.

(01~03번 질문은 위 지문의 내용과 관련됩니다.)

## 01  유형 문화재란 무엇인가요?

## 02  문화재를 잘 관리해야 하는 이유는 무엇인가요?

## 03  ○○ 씨 나라의 대표적인 문화유산을 소개하고 그 특징을 이야기해 보세요.

(04~05번 질문은 각각 개별 질문입니다.)

**04** 한국의 전통 가옥인 '한옥'의 특징(장·단점 등)에 대하여 말해 보세요.

**05** 국민의 4대 기본의무에는 무엇이 있는지 이야기하고, 그중 하나를 택해서 구체적으로 설명해 보세요.

---

**예시 답안**

**01** 유형 문화재는 문화재 중 형태가 있는 문화재로서 궁궐이나 성곽, 불상 등을 말합니다.

**02** 문화재를 통해 조상들의 의식주 생활 모습이나 조상들의 생각, 종교 등에 대해 알 수 있기 때문입니다.

**03** 우리 태국의 대표적인 문화유산에는 아유타야가 있습니다. 아유타야는 태국의 옛 수도로 아름다운 궁전과 사원, 불상 등이 있어서 경관이 매우 좋습니다.

**04** 한옥은 한국의 전통 가옥으로 지붕의 재료에 따라 크게 초가집과 기와집으로 구분됩니다. 온돌이 있어 겨울에 따뜻하게 지낼 수 있고, 나무로 지어져 온도와 습도가 쾌적하게 유지됩니다. 그러나 나무로 지어져 관리가 어렵고, 벽이 황토와 짚으로 만들어져 단열 성능도 떨어지는 것이 단점입니다.

**05** 국민의 4대 기본의무에는 국방의 의무, 납세의 의무, 교육의 의무, 근로의 의무가 있습니다. 이 중 국방의 의무는 모든 국민은 국방의 의무를 져야 한다는 것입니다. 국방의 의무를 수행하는 방법 중 대표적인 것이 입대입니다. 한국의 모든 남성은 신체검사를 받은 뒤 입대하여 일정 기간 동안 군인으로 복무합니다.

**PART** 02 | **기초실력 평가**

# 사회통합프로그램 영주용 종합평가 견본 문항 필기시험

※ 법무부에서 제공하는 견본 문항을 수정·보완하여 수록함

PART 01

PART 02

PART 03

PART 04

PART 05

PART 06

PART 07

**[01~10]** 다음 (　　)에 가장 알맞은 것을 고르시오.

**01**

> 옆집에서 피아노를 치는 (　　)이/가 들려서 잠을 못 잤다.

① 느낌 　　　　　 ② 냄새 　　　　　 ③ 소리 　　　　　 ④ 모양

 '소리'란 물체의 진동에 의해 생긴 음파가 귀에 들리는 것을 말한다.

**02**

> 은행에서 (　　)을/를 개설할 때는 신분증이 있어야 돼요.

① 계좌 　　　　　 ② 납부 　　　　　 ③ 출금 　　　　　 ④ 환전

 '개설'이란 은행 또는 금융 기관에서 새로운 계좌를 마련하는 것을 말한다.
　　　② 납부 : 세금이나 공과금 등을 관계 기관에 내는 것을 말한다.
　　　③ 출금 : 돈을 내어 쓰거나 내어주는 것, 내어주는 돈을 말한다.
　　　④ 환전 : 서로 종류가 다른 화폐와 화폐 등을 교환하는 것을 말한다.

**03**

> 한국어를 처음 배울 때에는 내 발음이 (　　　　　) 한국 사람들이 내 말을 알아
> 듣지 못했었다.

① 뿌듯해서 　　　 ② 서먹해서 　　　 ③ 유창해서 　　　 ④ 부정확해서

 '부정확하다'는 바르지 않거나 확실하지 않다는 의미이다.

**정답**　**01** ③　**02** ①　**03** ④

**04**

공장에서 나오는 더러운 물 때문에 강물이 (　　　　　).

① 빠졌다　　　　② 오염됐다　　　　③ 말랐다　　　　④ 위반했다

 '오염되다'는 더럽게 물든다는 의미이다.

**05**

가 : 라만 씨, 지금 무슨 일을 하고 있어요?
나 : 아까 (　　　　　) 물건들을 옮기고 있습니다.

① 도착한　　　　② 도착하는　　　　③ 도착할　　　　④ 도착하려면

 본문 내용 속 '아까'라는 단어를 통해 과거 일어난 일인 것을 알 수 있다. '-ㄴ'은 앞말이 관형어 구실을 하게 하고, 사건이나 행위가 과거 또는 기준 시점보다 과거에 일어남을 나타내는 어미이므로 ①이 가장 알맞다.

**06**

가 : 내일은 아침에 회의가 있으니까 평소보다 30분 일찍 깨워 주세요.
나 : 네, 일찍 (　　　　　).

① 깨우기로 해요　　　　　　　② 깨웠어요
③ 깨울게요　　　　　　　　　④ 깨운 적이 있어요

 '-ㄹ게'는 어떤 행동에 대한 약속이나 의지를 나타내는 종결 어미이다.

**07**

> 우리 회사는 주말에 (　　　　　) 평일에 쉰다.

① 일해도 　　　　　　　　② 일하는 대신에

③ 일하자마자 　　　　　　④ 일하는 데다가

 '대신에'는 앞말이 나타내는 행동이나 일 따위에 상응하는 대가임을 나타내는 말이다. 따라서 글은 주말에 일하는 것에 대한 대가로 평일에 쉰다는 말이다.

**08**

> 가 : 주말인데 할 일도 없고 심심해요.
> 나 : 그래요? 이 영화가 정말 재미있다고 하던데 같이 (　　　　　　　)?

① 볼래요 　　　　　　　　② 봤어요

③ 보라고 해요 　　　　　④ 볼 수밖에 없어요

 '-ㄹ래'는 상대의 의사를 묻는 데 쓰는 종결 어미이다. 괄호 앞에 '같이'가 있으므로 같이 보겠냐는 상대의 의사를 묻고 있다고 보아야 한다.

**09**

> 나는 아무리 바쁜 일이 있어도 (　　　　　　　).

① 약속을 지키지 못한다

② 약속을 꼭 지킨다

③ 약속을 취소했다

④ 약속을 지키기 때문이다

 '아무리'는 '비록 그렇다 하더라도'라는 의미의 부사이다. 괄호 앞의 말이 '비록 바쁜 일이 있다고 하더라도'라는 의미이므로 괄호 안에 들어갈 말은 ②이다.

정답 　07 ② 　08 ① 　09 ②

PART 01

PART 02

PART 03

PART 04

PART 05

PART 06

PART 07

**10**

> 친구가 찾아왔을 때 나도 막 그 친구에게 (                    ).

① 전화하려던 참이었다

② 전화하려야 할 수가 없었다

③ 전화하곤 했다

④ 전화할지도 모른다

 의존명사 '참'은 '–은' 혹은 '–던' 뒤에 쓰여 무엇을 하는 경우나 때를 의미한다. 친구가 찾아왔을 때 나도 막 그 친구에게 전화를 하려고 했다는 의미이므로 괄호에는 ①이 들어가야 한다.

**[11~12]** 다음을 한 문장으로 알맞게 연결한 것을 고르시오.

**11**

> 수요가 많이 늘다 / 가격이 비싸지다

① 수요가 많이 늘되 가격이 비싸지는 것 같아요.

② 수요가 많이 늘던 가격이 비싸지는 것 같아요.

③ 수요가 많이 늘수록 가격이 비싸지는 것 같아요.

④ 수요가 많이 늘다시피 가격이 비싸지는 것 같아요.

 '–ㄹ 수록'은 앞의 일의 어떤 정도가 더하여 가는 것이 뒷 일의 정도에 더하거나 덜하게 되는 것을 말로 수요가 늘어나는 일에 따라 가격이 비싸지는 일을 말하는 ③이 가장 자연스럽다.

**12**

> 오래간만에 고향에 가다 / 기쁘다

① 오래간만에 고향에 가더니 기뻐졌다.

② 오래간만에 고향에 가더니 기쁜 적이 있다.

③ 오래간만에 고향에 가게 돼서 기쁠래야 기쁠 수가 없다.

④ 오래간만에 고향에 가게 돼서 얼마나 기쁜지 모르겠다.

 '모르다'가 '얼마나' 또는 '어찌' 등과 함께 쓰여 '-ㄴ지 모르다'와 같은 형태로 쓰일 경우 감탄적으로 강조하여 '매우 그러하다'의 뜻을 나타낸다.

## [13~14] 다음 (　　)에 알맞은 것을 고르시오.

**13**

> 　안녕하세요? 다음 주 토요일 오전 10시, 서울숲에서 체육대회를 합니다. 오전에 남자들은 축구를 하고, 여자들은 배구를 합니다. 그리고 장기자랑도 열립니다. 오후에는 음식 축제에서 만든 음식을 다 같이 먹고 가장 맛있는 음식을 만든 팀을 뽑습니다. 각종 경기와 음식 축제에 참가하고 싶은 사원들은 이번 주 금요일까지 신청을 해 주십시오. (　　　　　　　　).

① 초대해 주셔서 감사합니다

② 참석하지 못해서 죄송합니다

③ 여러분의 많은 참가를 바랍니다

④ 토요일까지 신청을 받겠습니다

 체육대회의 일정 및 프로그램에 대해 소개하고 신청을 독려하고자 하는 글이다. 따라서 '많은 참가를 바란다'는 의미의 문장으로 마무리가 되어야 한다.

**정답** 12 ④　13 ③

**14**

우리 회사에서는 일할 때 작업복을 입습니다. 그래서 직원들은 모두 같은 티셔츠, 같은 바지, 같은 조끼를 입고 일을 합니다. 티셔츠와 바지는 시원하고 편합니다. 그리고 땀도 빨리 말라서 아주 좋습니다. 조끼에는 주머니가 많이 있습니다. 그래서 일할 때 필요한 (                ). 저는 이 옷이 아주 마음에 듭니다.

① 직원들이 좋아합니다.　　　　② 사람을 뽑으려고 합니다.

③ 작업을 합니다.　　　　　　　④ 물건을 넣습니다.

 빈칸의 앞 문장에서 조끼에 주머니가 많이 있는 것을 말하였다. 따라서 주머니에 관한 이야기가 이어지는 것이 자연스럽다.

**[15~16]** 다음을 읽고 물음에 답하시오.

---

우리 사회는 끊임없이 발전하고 있다. 사람들이 더 나은 삶을 위해 계속해서 새로운 것을 개발하고 발전시키기 때문이다. 그 결과 과학 기술의 개발과 발전은 우리의 삶을 편리하게 만들었다. 다시 말해 과학 기술이 ( ㉠ ). 어떠한 기술이 이런 일을 가능하게 만들어 줄까?

먼저 인공지능(AI) 스피커는 음성으로 정보검색이 가능하므로 궁금한 것을 말하면 알아서 대답해 준다. 또한 최근에는 로봇이 의료 분야에서 주목을 받고 있는데, 실버 로봇은 몸이 불편한 노인들의 식사와 샤워를 돕기도 한다. 사물 인터넷은 휴대폰 하나로 불을 켜거나 끌 수 있는 등 집안의 많은 것을 제어할 수 있다.

---

**15** 위 글의 제목으로 가장 알맞은 것을 고르시오.

① 의료 분야에서 주목받는 로봇
③ 생활 속에서 편리함을 주는 물건
② 인간과 가까워진 인공지능
④ 과학 기술의 발전과 생활의 편리함

 첫 번째 문단 두 번째 줄에 화학 기술의 개발과 발전이 삶을 편리하게 만들어 주었다는 것을 언급하였다. 또한, 두 번째 문단은 과학 기술을 통한 생활의 편리함을 알려주고 있다. 따라서 위 글의 제목으로는 ④이 적절하다.

**16** 위 글의 ㉠에 들어갈 내용으로 알맞은 것을 고르시오.

① 우리의 편리함을 위해서 발전하도록 도와야 한다.
② 계속해서 발전하도록 연구해 온 결과이다.
③ 좀 더 다양한 분야에 사용되게 될 것이다.
④ 사람의 일을 대신하게 된 것이다.

 '다시 말해'를 통해 빈칸 ㉠은 앞선 내용을 정리하는 의미가 들어간다는 것을 알 수 있다. 따라서 빈칸은 과학 기술이 생활을 편리하게 만들어 준다는 내용인 ①이 들어가야 한다.

**정답** **15** ④ **16** ①

[17~36] 다음 물음에 맞는 답을 고르시오.

**17** 다음은 한국의 상징에 대한 설명이다. ㉠과 ㉡에 들어갈 알맞은 것끼리 짝지어 놓은 것은?

> 한국의 정식 국가명은 대한민국이다. 한국의 국기를 ( ㉠ )라고 부른다. 한국을 상징하는 노래는 애국가이고, 한국을 상징하는 꽃은 ( ㉡ )이다.

① ㉠ 태극기 ㉡ 들국화　　　　② ㉠ 만국기 ㉡ 무궁화
③ ㉠ 만국기 ㉡ 들국화　　　　④ ㉠ 태극기 ㉡ 무궁화

 한국의 국기는 태극기이고 한국의 국화는 무궁화이다.

**18** 한국의 전통적인 가족의 모습으로 맞는 것은?

① 과거에는 자녀를 보통 3~5명 정도씩 낳았다.
② 첫째 딸은 결혼한 후에도 부모와 같이 사는 경우가 많았다.
③ 한 집에 부모와 미혼 자녀만 사는 핵가족이 많았다.
④ 고등학교를 졸업하면 부모와 떨어져 사는 것이 일반적이었다.

 한국의 전통적인 대가족은 자녀를 보통 3~5명, 혹은 그보다 더 많이 낳기도 했다. 반면 오늘날의 핵가족에서는 자녀를 1~2명만 낳거나 아예 낳지 않는 경우도 많다.
② 딸은 결혼한 후에는 시집에 들어가 사는 경우가 많았다.
③ 핵가족은 전통적인 가족이 아니라 오늘날 일반적인 가족의 형태이다.
④ 결혼하기 전까지, 그리고 첫째 아들의 경우 결혼한 후에도 부모와 함께 사는 것이 일반적이었다.

**정답** 17 ④　18 ①

**19** 한국의 출산 및 보육 지원 제도에 관한 설명으로 맞는 것은?

① 중앙 정부에서는 임산부의 출산 비용을 전액 지원해 준다.

② 지자체에서는 따로 출산 지원금이나 장려금을 지원하지 않는다.

③ 출산 이후 영 · 유아 보육비도 일부 지원받을 수 있다.

④ 집에서 자녀를 양육할 경우, 아무런 지원을 받을 수 없다.

 출산 이후 국민행복카드를 통해 정부로부터 양육비나 보육수당 등을 지원받을 수 있다.
① 정부에서는 임신과 출산에 필요한 비용을 일부 지원하고 있다.
② 지자체별로 출산 지원금이나 장려금을 지원하고 있다.
④ 집에서 자녀를 양육할 경우 양육수당 등을 지원받을 수 있다.

**20** 한국에서 대학수학능력시험이나 입사시험 등을 보는 사람에게 흔히 주는 선물이 <u>아닌</u> 것은?

① 찹쌀떡          ② 장미          ③ 엿          ④ 포크

 찹쌀떡이나 엿 등은 시험에 단번에 딱 붙으라는 의미를 담은 선물이며, 포크는 정답을 잘 찍으라는 의미의 선물이다.

**21** 한국의 일반적인 식사 예절에 해당하는 것은?

① 밥그릇을 손에 들고 먹는다.

② 큰 소리를 내며 음식을 먹는다.

③ 윗사람과 식사를 할 때는 아랫사람이 먼저 수저를 든다.

④ 기침을 할 때는 얼굴을 옆으로 돌리고 손으로 입을 가린다.

 식사 도중 기침이 나올 경우 침 등이 식탁으로 튀지 않도록 얼굴을 옆으로 돌리고 손으로 입을 가리는 것이 예절이다.

① 밥그릇은 손에 들지 않고 식탁 위에 올려 둔 채 먹는다.

② 음식을 먹을 때는 큰 소리를 내지 않도록 한다.

③ 윗사람과 식사를 할 때는 윗사람이 먼저 수저를 든다.

**22** 오늘날 한국 가족의 특징으로 알맞은 것을 〈보기〉에서 모두 고르시오.

〈보기〉

ㄱ. 최근 들어 결혼하는 연령이 점점 높아지고 있다.

ㄴ. 결혼 후에도 부모와 같이 사는 자녀들이 증가하였다.

ㄷ. 1인 가구나 부부만 사는 경우의 비율이 점점 감소하고 있다.

ㄹ. 공부나 취업을 위해 부모와 떨어져 생활하는 자녀들이 증가하고 있다.

① ㄱ, ㄴ      ② ㄱ, ㄹ      ③ ㄴ, ㄷ      ④ ㄴ, ㄹ

 현대의 한국은 결혼 연령은 점차 높아지고 있으며, 학업이나 취업을 이유로 부모와 떨어지는 경우도 점차 증가하고 있다.

ㄴ : 결혼 후 부모와 같이 사는 것이 아닌 독립해 사는 자녀의 수가 증가하고 있다.

ㄷ : 1인 가구나 부부만 사는 경우의 비율이 점점 증가하고 있다.

**23** 다음은 대한민국 헌법 제1조 제1항의 내용이다. (    ) 안에 들어갈 말은 무엇인 가?

> 대한민국은 민주공화국이다. 대한민국의 주권은 (                )에게 있고, 모든 권력은 (                )으로부터 나온다.

① 대통령          ② 국회의원          ③ 국민          ④ 시민혁명

 대한민국의 주권은 국민에게 있고, 모든 권력은 국민으로부터 나온다.

**24** 다음 내용과 관계가 있는 사람은?

> 행정부의 각 부처의 책임자로서 대통령과 국무총리의 지휘 감독을 받는다.

① 차관          ② 국회의원          ③ 장관          ④ 국무총리

 장관은 행정 각부의 책임자로서 국무총리의 제청으로 대통령이 임명한다.

**25** 한국에서 1970년대에 발전하기 시작한 중화학공업에 속하지 않는 것은?

① 조선          ② 제철          ③ 석유화학          ④ 옷과 신발

 중화학공업은 철강, 배, 자동차, 기계 등과 같이 무거운 제품을 생산하는 중공업과 석유화학 공업을 아울러 이르는 말이다. 옷과 신발 등의 섬유 공업은 경공업에 해당한다.

정답   23 ③   24 ③   25 ④

PART 01
PART 02
PART 03
PART 04
PART 05
PART 06
PART 07

**26** 한국의 시중은행에 속하지 <u>않는</u> 것은?

① 한국은행      ② 하나은행      ③ 신한은행      ④ 우리은행

 시중은행이란 전국적인 점포망을 가지고 있는 상업은행을 말한다. 한국은행은 시중은행이 아니라 한국의 중앙은행이다.

**27** 다음과 관계가 있는 곳은?

> 동네 가까이에 있다. 물건 값이 싸고 상인들의 인심이 좋아서 사람들이 많이 몰린다. 소비자와 상인이 물건 값을 흥정하는 일이 흔히 벌어진다.

① 재래시장      ② 대형마트      ③ 슈퍼마켓      ④ 편의점

 재래시장의 경우 상인과 소비자가 서로 물건 값을 흥정하기도 하고 단골 손님에게는 상인이 덤을 더 얹어 주기도 한다. 대형마트와 슈퍼마켓, 편의점 등은 가격이 정해져 있는 정찰제로 운영된다.

**28** 외국인의 한국 내 체류에 대한 설명으로 옳은 것은?

① 한국에 30일 이상 체류하려면 외국인 등록을 해야 한다.

② 한국에 3년 이상 계속 체류하고 있으면 영주권 신청이 가능하다.

③ 미화 10만 달러 이상을 투자한 외국인의 경우 영주권을 신청할 수 있다.

④ 체류지 변경 신고는 관할 출입국외국인청(사무소)와 시 · 군 · 구청에서도 할 수 있다.

 체류지 변경 신고는 전입한 날부터 새로운 체류지의 시 · 군 · 구 또는 읍 · 면 · 동의 장이나 그 체류지 관할 지방출입국 · 외국인관서의 장에게 해야 한다.
① 외국인이 한국에 90일을 초과하여 체류하려면 외국인 등록을 해야 한다.
② 한국에 5년 이상 체류하고 있는 사람은 영주권의 신청이 가능하다.
③ 미화 50만 달러를 투자한 외국인투자가로서 5명 이상의 국민을 고용하고 있는 사람은 영주권을 신청할 수 있다.

**29** 외국인이 대한민국 국민이 되는 법적 절차인 귀화에 대한 설명으로 맞지 <u>않는</u> 것은?

① 한국 국민인 배우자와 혼인한 상태로 2년 이상 계속 한국에 살아 온 외국인은 귀화를 신청할 수 있다.

② 한국 국민과의 국제결혼을 통한 혼인귀화는 특별귀화에 해당한다.

③ 귀화에는 일반귀화, 간이귀화, 특별귀화의 세 가지 유형이 있다.

④ 일반귀화는 대한민국과 아무런 혈연적, 지연적 관계가 없는 외국인이 대한민국 국적을 취득하는 절차이다.

 한국 국민과의 국제결혼을 통한 혼인귀화는 간이귀화에 해당한다.

**정답** 28 ④  29 ②

**30** 한국의 법 집행 기관끼리 나열해 놓은 것은?

① 경찰과 군대　　　　　　② 검찰과 국회

③ 국회와 경찰　　　　　　④ 경찰과 검찰

 대한민국의 법 집행 기관은 경찰과 검찰이다.


**31** 한반도에 가장 먼저 세워진 국가는?

① 고려　　　② 신라　　　③ 고조선　　　④ 고구려

 고조선은 기원전 2333년 단군왕검에 의해 건국된 한반도 최초의 국가이다.
① 고려 : 태조 왕건에 의해 918년 건국된 국가
② 신라 : 기원전 57년 박혁거세가 건국한 국가로 고구려와 백제를 멸망시키고 삼국을 통일한 국가
④ 고구려 : 기원전 37년 한반도 북부에 주몽이 건국한 고대국가


**32** 〈보기〉의 내용이 가리키는 학문은?

┌─〈보기〉─────────────────────────────
• 조선 후기에 등장한 새로운 학문
• 정치 개혁, 상공업 발달, 백성의 생활에 도움을 주는 것 등을 목적으로 함
└────────────────────────────────────

① 과학　　　② 유학　　　③ 동학　　　④ 실학

실학은 조선 후기 나타난 새로운 사상으로서 백성들의 실제 생활에 도움이 되고자 했던 학문을 말한다. 대표적인 학자로는 정약용이 있다.
② 유학 : 공자의 가르침을 근본으로 하여 공자와 그 제자들의 가르침인 경전을 연구하는 학문
③ 동학 : 1860년 최제우가 창시한 민족 종교로 1905년 천도교로 개칭함


정답　30 ④　31 ③　32 ④

**33** 한국의 고대 국가 중 특히 일본에 많은 문화를 전파해 준 나라는?

① 백제        ② 신라        ③ 발해        ④ 고구려

 백제는 기원전 18년 온조왕이 세운 고대 국가로, 백제의 문화는 왜(일본)에 전해져 일본의 고대 문화 발전에 큰 영향을 미쳤다.

**34** 경상 지역을 가리키는 다른 이름은?

① 영남        ② 경남        ③ 호남        ④ 충남

 영남 지방은 현재의 경상남·북도를 가리키는 말이다.
③ 호남 : 전라남도와 전라북도를 아울러 가리키는 말

**35** 일반적으로 지역 주민들이 자기 지역에 설치되는 것을 반대하는 시설은?

① 지하철역        ② 고속도로
③ 하수도 처리 시설        ④ 공공기관

 일반적으로 하수도 처리 시설 등 혐오 시설은 자기 지역에 설치되는 것을 반대한다. 이러한 현상을 님비(NIMBY)라고 한다.

정답   **33** ①    **34** ①    **35** ③

**36** 〈보기〉의 관광지가 속해 있는 지역은?

┌─〈보기〉─────────────────────────────────────────────┐
│ • 정동진          • 설악산          • 대관령          │
└─────────────────────────────────────────────────────┘

① 강원          ② 경기          ③ 제주          ④ 충청

해설　정동진은 강원도 강릉시에, 설악산은 강원도 인제군에, 대관령은 강원도 평창군에 위치해 있다.

**[37~40 : 작문형]** 다음 내용을 포함하여 '<u>환경보호</u>'라는 제목으로 200자 내로 글을 쓰시오.

※ 작문 시험 시간은 10분이며, 답안지에는 제목을 쓰지 말고 본문만 쓰시오. (글자 수 및 평가 항목별로 채점되니 유의하시기 바랍니다)

- 환경오염에는 어떤 종류가 있습니까?
- 왜 환경보호를 해야 합니까?
- 환경이 오염된 곳을 본 적 있습니까?
- ○○ 씨는 환경보호를 위해 어떤 노력을 합니까?

(실제 시험에서는 3~4문항이 출제될 수 있음)

**작문형 예시 답안**

　　환경오염의　종류로는　토양오염,　해양오염,　대기오염　등이　있습니다.　한번 오염된　환경은　생태계를　바꿔버리고　환경은　다시　되돌리기가　매우　어려우므로 환경은　보호되어야　합니다.　동네　산책로　옆　하천에　일회용　컵이　음료와　함께 버려져　하천이　오염된　것을　보았습니다.　이러한　환경오염을　막기　위해　카페를 이용할　때　항상　텀블러를　챙기는　노력을　하고　있습니다.

# 사회통합프로그램 영주용 종합평가 견본 문항
# 구술시험

※ 질문 내용은 제외한 지문만 수험생에게 제공됨(질문 내용은 견본과 비슷한 유형으로 변경 가능하며 평가 감독관에게만 제공됨)

## [01~03 : 구술형] 다음 글을 읽고 구술감독관의 질문에 답하여 주시기 바랍니다.

지금은 스마트폰이 없는 일상을 상상하기 어려운 시대가 되었다. 아침에 일어나면 스마트폰으로 날씨나 뉴스를 확인하고 외출할 때는 스마트폰을 이용해서 어떤 길이 덜 막히는지, 지하철이 언제 도착하는지 알 수 있다. 지갑이 없어도 스마트폰만 있으면 계산도 할 수 있다. 이와 같이 스마트폰 의존도가 높아진 것은 그만큼 편리하기 때문이다. 굳이 은행이나 가게에 가지 않고도 스마트폰으로 금융 거래를 하고 물건을 살 수 있다. 전 세계 누구하고도 어디에서나 스마트폰으로 연락을 주고받을 수 있다. 이와 같은 편리함 때문에 앞으로도 스마트폰 사용은 더욱 증가할 것으로 예상된다.

한편, 스마트폰 사용이 늘어나면서 문제점도 나타났다. 사람들이 직접 만나는 대신 문자로 간단히 연락하는 과정에서 오해가 생기기도 한다. 또한, 게임 등을 하면서 스마트폰에 중독되는 사람도 있다. 이와 같은 현상으로 인해 다른 사람과 대화가 줄어들고 소통이 단절되는 일이 생기기도 한다. 또한, 스마트폰 사용 증가와 함께 개인 정보 노출, 사생활 노출, 불법 촬영, 금융 사기 등과 같이 다른 사람들에게 피해를 주는 윤리적 문제가 나타나기도 한다.

**01** 스마트폰으로 인해 생활이 편리해진 사례를 말해 보세요.

**02** 스마트폰 사용이 늘어나면서 대화가 줄어들고 소통이 단절되는 원인은 무엇인가요?

**03** ○○ 씨는 개인 정보 노출, 사생활 노출, 불법 촬영 등과 같은 피해를 겪지 않기 위해 어떤 노력을 하고 있나요?

**04** 한국에서 소비자가 피해를 입고 분쟁이 발생하면 어떻게 해결할 수 있는지 그 방법에 대해 말해 보세요.

**05** 국민들이 선거나 투표에 참여하지 않을 경우에는 어떤 일이 생길까요?

---

**예시 답안**

**01** 스마트폰을 통해 은행을 가지 않고 금융 거래를 할 수 있고, 전 세계 누구와도 연락을 주고받을 수 있게 되었습니다.

**02** 직접 만나야만 대화할 수 있는 환경에서 언제든 연락할 수 있는 환경으로 바뀌어 연락에 대한 중요성이 줄어들고 소통의 단절이 생기고 있다.

**03** 주기적으로 비밀번호 바꾸기, SNS 내용 공개 대상 설정하기, 노트북과 스마트폰 주기적 초기화 하기 활동을 하고 있습니다.

**04** 구매처로 연락해 본인의 피해 내용을 말하고 이에 대한 해결을 요청한다. 해결이 되지 않았을 때는 한국소비자원 등의 기관에 해결을 요청한다.

**05** 선거나 투표는 국민이 가지고 있는 민주주의 정치의 가장 큰 권한이자 의무이다. 선거나 투표를 하지 않았을 때 개인의 정치적 권한은 사라지게 될 것이다.

PART **03**

# 한국어

조선전기 제4대 세종대왕이 훈민정음(백성을 가르치는 바른 소리)이라는 이름으로 창제하여 반포한 우리나라 고유의 문자이다. 세계 문자 가운데 유일하게 한글만이 그것을 만든 사람과 반포일을 알며, 글자의 만든 원리까지 알 수 있다. 국보 제70호이며 유네스코 세계기록유산에 등재되었다.

귀화시험
**사회통합프로그램 종합평가 한권완성**

# 한글의 기본

## 1. 한글의 기본

### 훈민정음의 의미

- 우리나라의 글자
  - '백성을 가르치는 바른 소리'라는 뜻
  - 1443년 세종대왕이 창제한 우리나라 글자를 이르는 말
- 훈민정음의 해설서
  - 훈민정음을 반포하면서 만든 훈민정음의 해설서
  - 훈민정음 창제의 위치와 운용 방법, 해설 등이 수록
  - 1997년 세계 기록 유산으로 지정
- 창제한 사람과 시기가 밝혀진 문자이다.
- 소리를 내는 발음 기관의 모양을 따라 만들어진 문자이다.
- 일반 백성들의 문자 생활을 편리하게 할 목적으로 만들어졌으며 그 체계가 과학적이다.

**훈민정음 해례본**
한글 창제의 원리를 설명한 책으로 국보 70호, 유네스코 세계기록유산으로 지정되어 있다.

## 2. 자음과 모음

### 자음과 모음

- 자음
  - 목 안 또는 입안에서 장애를 받고 나는 소리

| ㄱ | ㄴ | ㄷ | ㄹ | ㅁ | ㅂ | ㅅ | ㅇ | ㅈ | ㅊ |
|---|---|---|---|---|---|---|---|---|---|
| 기역 | 니은 | 디귿 | 리을 | 미음 | 비읍 | 시옷 | 이응 | 지읒 | 치읓 |

| ㅋ | ㅌ | ㅍ | ㅎ | ㄲ | ㄸ | ㅃ | ㅆ | ㅉ |
|---|---|---|---|---|---|---|---|---|
| 키읔 | 티읕 | 피읖 | 히읗 | 쌍기역 | 쌍디귿 | 쌍비읍 | 쌍시옷 | 쌍지읒 |

PART 01
PART 02
PART 03
PART 04
PART 05
PART 06
PART 07

**더 알고가기** 자음의 구분

| 구분 | | | 양순음 | 치조음 | 경구개음 | 연구개음 | 후음 |
|---|---|---|---|---|---|---|---|
| 무성음 | 파열음 | 예사소리 | ㅂ | ㄷ, ㅅ | ㅈ | ㄱ | ㅎ |
| | | 된소리 | ㅃ | ㄸ, ㅆ | ㅉ | ㄲ | |
| | | 거센소리 | ㅍ | ㅌ | ㅊ | ㅋ | – |
| 유성음 | 비음 | | ㅁ | ㄴ | – | ㅇ | |
| | 유음 | | – | ㄹ | – | – | – |

• 모음
　– 입안에서 장애를 받지 않고 나는 소리
　– 단모음

| ㅏ | ㅑ | ㅓ | ㅕ | ㅗ | ㅛ | ㅜ | ㅠ | ㅡ | ㅣ |
|---|---|---|---|---|---|---|---|---|---|
| 아 | 야 | 어 | 여 | 오 | 요 | 우 | 유 | 으 | 이 |

　– 이중모음

| ㅐ | ㅒ | ㅔ | ㅖ | ㅘ | ㅙ | ㅚ | ㅝ | ㅞ | ㅟ | ㅢ |
|---|---|---|---|---|---|---|---|---|---|---|
| 애 | 얘 | 에 | 예 | 와 | 왜 | 외 | 워 | 웨 | 위 | 의 |

**더 알고가기** 국어사전에서 단어 찾는 순서

• 자음 : ㄱ, ㄲ, ㄴ, ㄷ, ㄸ, ㄹ, ㅁ, ㅂ, ㅃ, ㅅ, ㅆ, ㅇ, ㅈ, ㅉ, ㅊ, ㅋ, ㅌ, ㅍ, ㅎ
• 모음 : ㅏ, ㅐ, ㅑ, ㅒ, ㅓ, ㅔ, ㅕ, ㅖ, ㅗ, ㅘ, ㅙ, ㅚ, ㅛ, ㅜ, ㅝ, ㅞ, ㅟ, ㅠ, ㅡ, ㅢ, ㅣ

## 받침

• 받침에 쓸 수 있는 자음

| 홑받침(16개) | ㄱ, ㄴ, ㄷ, ㄹ, ㅁ, ㅂ, ㅅ, ㅇ, ㅈ, ㅊ, ㅋ, ㅌ, ㅍ, ㅎ, ㄲ, ㅆ |
|---|---|
| 겹받침(11개) | ㄳ, ㄵ, ㄶ, ㄺ, ㄻ, ㄼ, ㄽ, ㄾ, ㄿ, ㅀ, ㅄ |

• 받침의 소리
　– 음절 끝소리 법칙 : 받침의 소리가 ㄱ, ㄴ, ㄷ, ㄹ, ㅁ, ㅂ, ㅇ의 7개 자음으로만 소리나는 것

- 받침과 대표음

| 받침 | 대표음 | 예 |
|---|---|---|
| ㄱ, ㄲ, ㅋ | [ㄱ] | 수박[수박], 밖[박], 부엌[부억] |
| ㄴ | [ㄴ] | 판단 |
| ㄷ, ㅌ, ㅅ, ㅆ, ㅈ, ㅊ, ㅎ | [ㄷ] | 곧[곧], 맡다[맏다], 맛[맏], 있다[읻다], 낮[낟], 꽃[꼳], 히읗[히읃] |
| ㄹ | [ㄹ] | 발[발] |
| ㅁ | [ㅁ] | 맨몸[맨몸] |
| ㅂ, ㅍ | [ㅂ] | 잎사귀[입사귀] |
| ㅇ | [ㅇ] | 장기[장기] |

01 세종대왕이 창제한 (　　)은/는 '백성을 가르치는 바른 소리'라는 뜻을 가지고 있다.

02 표준어 규정에 따른 한글의 자음, 모음의 총합은 (　　)개이다.

03 'ㅐ'나 'ㅙ'처럼 다른 모음과 합쳐진 모음을 (　　　)(이)라고 한다.

04 한글에서 받침에 쓸 수 있는 자음은 모두 합쳐 (　　)개이다.

05 실제 한국어에서 받침은 (　　)개의 자음으로만 소리가 난다.

정답　01 훈민정음　02 40　03 이중모음　04 27　05 7

# 단원 정리 문제

**01** 목, 입, 혀 등의 발음 기관에 의해 구강 통로가 좁아지거나 완전히 막히는 등의 장애를 받으며 나는 소리는?

① 모음 　　　　② 자음 　　　　③ 비음 　　　　④ 묵음

 반대로 입안에서 장애를 받지 않고 나는 소리를 모음이라고 한다.

**02** 다음 중 국어사전에서 가장 마지막에 나오는 단어는?

① 엄마 　　　　② 아빠 　　　　③ 삼촌 　　　　④ 고모

 국어사전에는 '고모 → 삼촌 → 아빠 → 엄마'의 순으로 나온다.

**03** 다음 중 읽었을 때 다른 소리가 나는 단어는?

① 답 　　　　② 닻 　　　　③ 닫 　　　　④ 닸

 한국어의 받침은 한국어의 받침은 'ㄱ, ㄴ, ㄷ, ㄹ, ㅁ, ㅂ, ㅇ'의 7개 자음으로만 소리 나며, 받침 표기 중 'ㄷ, ㅌ, ㅅ, ㅆ, ㅈ, ㅊ, ㅎ'은 모두 [ㄷ]으로 소리 난다. 따라서 ①은 [답], ②, ③, ④는 [닫]으로 발음된다.

**04** 다음 중 된소리가 **아닌** 것은?

① ㅃ 　　　　② ㄸ 　　　　③ ㅋ 　　　　④ ㅉ

 한국어의 된소리는 ㅃ, ㄸ, ㅆ, ㅉ, ㄲ 등이다. ㅋ은 된소리가 아닌 거센소리이다.

**정답** 　01 ② 　02 ① 　03 ① 　04 ③

# 문법

## 1. 문법 기초

### 조사 [기출]

- 조사 : 명사나 대명사, 수사에 붙어 자격을 갖게 하거나 뜻을 더해 주는 단어
- 격조사 : 문법적 자격을 갖게 만드는 조사

| 명칭 | 역할 | 종류 | 활용 |
|---|---|---|---|
| 주격 조사 | 주어 | 이/가 | 주어임을 나타냄 |
| | | 께서 | 동작의 주체 혹은 대상이 높은 사람임을 나타냄 |
| 목적격 조사 | 목적어 | 을/를 | 동작이 미치는 대상, 어떤 재료나 수단이 되는 사물, 동작이 이루어지는 장소 등을 나타냄 |
| 관형격 조사 | 관형어 | 의 | 소유, 소속, 속성 등을 나타냄 |
| 보격 조사 | 보어 | 이/가 | 바뀌거나 부정하는 대상임을 나타냄 |
| 부사격 조사 | 부사어 | 에 | 장소나 위치, 시간, 진행 방향, 원인, 움직임을 일으키게 하는 대상을 나타냄 |
| | | 에서/에게 | 어떤 물건의 소속이나 위치, 행동이 미치는 대상, 행동을 일으키는 대상을 나타냄 |
| | | 같이 | '앞말이 보이는 어떤 전형적인 특징처럼'의 뜻 |
| | | 처럼 | '~와 비슷하거나 같음'의 뜻 |
| | | 와/과 | 다른 것과 비교하거나 기준으로 삼는 대상, 무언가를 함께하거나 상대하는 대상임을 나타냄 |
| | | (으)로 | 움직임의 방향, 변화의 결과, 재료, 어떤 일의 도구 · 수단 · 방법 · 원인, 지위나 신분을 나타냄 |
| | | 보다 | '어떤 수준에 비하여 한층 더'의 뜻 |
| | | 로부터 | 어떤 행동의 출발점이나 비롯되는 대상임을 나타냄 |
| | | 만큼 | 앞말과 비슷한 정도나 한도임을 나타냄 |
| | | 밖에 | '그것 말고는', '그것 이외에는'의 뜻 |
| 호격 조사 | 호칭 | 아/야 | 아랫사람을 부를 때 사용 |
| 서술격 조사 | 서술어 | 이다 | 문장의 서술어가 되게 하는 조사 |

- 접속조사 : 두 단어나 구를 같은 자격으로 이어 주는 기능을 하는 조사

| 문어체 | 와, 과 |
| --- | --- |
| 구어체 | 하고, (에)다, (이)나, (이)랑 |

- 보조사 : 어떤 특별한 뜻을 더해 주는 조사

| 형태 | 활용 |
| --- | --- |
| 은/는 | 대조, 강조의 뜻 |
| 도 | '역시', '또한'의 뜻 |
| 만 | 오직 그것만을 한정함 |
| 부터 | 어떤 일이나 상태 등과 관련된 범위의 시작임을 나타냄 |
| 까지 | 어떤 일이나 상태 등과 관련된 범위의 끝임을 나타냄 |
| 은커녕 | 앞말을 지정하여 어떤 사실을 부정하는 뜻을 강조하는 말 |
| 대로 | 앞에 오는 말에 근거하거나 달라짐이 없어짐을 나타냄 |
| 마다 | '낱낱이 모두'의 뜻 |
| 밖에 | '그것 말고는', '그것 이외에는'의 뜻 |
| 뿐 | '그것만이고 더는 없음' 또는 '오직 그렇게 하거나 그러하다는 것'의 뜻 |
| 나/이나 | • 최소한 허용되어야 할 선택이라는 뜻<br>• 예상보다 수량이 크거나 많음 혹은 정도가 높음을 강조함<br>• 수량이나 정도를 어림잡는 뜻 |
| 란/이란 | 어떤 대상을 특별히 집어서 화제로 삼을 때 사용 |
| 치고 | • '그 전체가 예외 없이'의 뜻으로 흔히 부정을 뜻하는 말이 뒤따름<br>• '그중에서는 예외적으로'의 뜻 |
| (이)야말로 | 강조하여 확인하는 뜻을 나타내는 말 |

## 수사  기출

- 사물의 수량이나 순서를 나타내는 단어를 수사라고 한다.
  - 양수사는 수량을 나타냄 예 사과 하나, 커피 한 잔
  - 서수사는 순서를 나타냄 예 셋째 딸, 첫 번째 손님

| | 숫자 | 1 | 2 | 3 | 4 | 5 |
| --- | --- | --- | --- | --- | --- | --- |
| 읽기 | 양수사 | 일 / 하나 | 이 / 둘 | 삼 / 셋 | 사 / 넷 | 오 / 다섯 |
| | 서수사 | 첫(번)째 | 둘(번)째 | 셋(번)째 | 넷(번)째 | 다섯(번)째 |
| | 숫자 | 6 | 7 | 8 | 9 | 10 |
| 읽기 | 양수사 | 육 / 여섯 | 칠 / 일곱 | 팔 / 여덟 | 구 / 아홉 | 십 / 열 |
| | 서수사 | 여섯(번)째 | 일곱(번)째 | 여덟(번)째 | 아홉(번)째 | 열(번)째 |

**단위명사와 결합**
숫자 '1, 2, 3, 4, 20' 뒤에 단위명사가 오면 각각 '한, 두, 세, 네, 스무'라고 읽는다.

PART 01

PART 02

PART 03

PART 04

PART 05

PART 06

PART 07

| 숫자 | | 20 | 30 | 40 | 50 | 60 |
|---|---|---|---|---|---|---|
| 읽기 | 양수사 | 이십 / 스물 | 삼십 / 서른 | 사십 / 마흔 | 오십 / 쉰 | 육십 / 예순 |
| | 서수사 | 스무(번)째 | 서른(번)째 | 마흔(번)째 | 쉰(번)째 | 예순(번)째 |
| 숫자 | | 70 | 80 | 90 | 100 | 1,000 |
| 읽기 | 양수사 | 칠십 / 일흔 | 팔십 / 여든 | 구십 / 아흔 | 백 | 천 |
| | 서수사 | 일흔(번)째 | 여든(번)째 | 아흔(번)째 | 백(번)째 | 천(번)째 |
| 숫자 | | 10,000 | 100,000 | 1,000,000 | 10,000,000 | 100,000,000 |
| 읽기 | 양수사 | 만 | 십만 | 백만 | 천만 | 억 |
| | 서수사 | 만(번)째 | 십만(번)째 | 백만(번)째 | 천만(번)째 | 억(번)째 |

## 2. 어미

### 연결 어미

**어간**
활용어가 활용할 때 변하지 않는 부분으로 '보다', '보니', '보고' 등에서 '보-'와 '먹다', '먹고', '먹으니' 등에서 '먹-' 등을 말한다.

- 어간에 붙어 다음 말에 연결하는 구실을 하는 말이다.

| | | |
|---|---|---|
| **-고 보니** | 의미 | 앞말이 뜻하는 행동을 하는 과정에서 뒷말이 뜻하는 상태가 됨 |
| | 활용 | 시간이 지나고 보니 어제의 행동이 후회가 된다. |
| **-기(가) 무섭게** | 의미 | '그렇게 하자마자 곧바로'의 뜻 |
| | 활용 | 문을 열기가 무섭게 손님들이 모여들었다. |
| **-기에** | 의미 | 뒤에 오는 말의 원인이나 이유를 나타냄 |
| | 활용 | 이미 늦은 시간이었기에 집으로 돌아가기로 했다. |
| **-ㄴ 김에** | 의미 | 앞의 말이 어떤 일의 기회나 계기가 됨을 뜻하는 말 |
| | 활용 | 일을 하기로 마음을 먹은 김에 당장 시작하기로 했다. |
| **-ㄴ 데다** | 의미 | 앞말과 관련되어 뒤의 내용이 덧붙을 때 사용하는 말 |
| | 활용 | 구잘 씨는 성격이 좋은 데다 성실하기도 해요. |
| **-ㄴ 바람에** | 의미 | 뒤에 이어지는 말의 이유나 원인을 나타내는 말 |
| | 활용 | 급히 먹는 바람에 체했다. |
| **-ㄴ 채로** | 의미 | '이미 있는 상태 그대로 있다'라는 뜻 |
| | 활용 | 옷을 입은 채로 물에 들어갔다. |
| **-ㄴ다니까** | 의미 | 'ㄴ다고 하니까'가 줄어든 말로 자신의 말이나 다른 사람의 말을 뒤에 오는 말의 이유 혹은 근거로 활용할 때 사용하는 말 |
| | 활용 | 손님이 오신다니까 집안 청소를 해야겠다. |
| **-ㄴ다면** | 의미 | 어떤 사실을 가정해 조건으로 삼는 뜻 |
| | 활용 | 오늘도 물고기가 많이 잡힌다면 좋겠다. |

| | | |
|---|---|---|
| **-느니** | 의미 | 앞의 상황보다는 뒤의 상황을 선택하겠다는 뜻을 l 타내는 말 |
| | 활용 | 가만히 앉아서 놀기만 하느니 나가서 뭐라도 해야겠다. |
| **-느라고** | 의미 | 앞의 사태가 뒤의 사태의 목적이나 원인이 됨을 나타내는 말 |
| | 활용 | 쓰엉 씨는 웃음을 참느라고 아버님을 똑바로 보지 못했다. |
| **-는 동안** | 의미 | 어떤 일이 어느 한때에서 다른 한때까지 이어질 때 쓰는 말 |
| | 활용 | 일을 하는 동안 웃음이 끊이지 않았다. |
| **-ㄴ데도** | 의미 | 앞말의 상황에 상관없이 뒷말의 상황이 일어남을 나타내는 말 |
| | 활용 | 날씨가 이렇게 더운데도 거리는 사람으로 가득했다. |
| **-다 보면** | 의미 | 어떤 행동을 하면서 새로운 사실을 알게 되거나 새로운 상태가 됨을 나타내는 말 |
| | 활용 | 대화를 많이 하다 보면 한국말도 늘게 되어 있다. |
| **-더라도** | 의미 | 가정이나 양보의 뜻을 강하게 나타내는 말 |
| | 활용 | 무슨 일이 일어나더라도 오늘 안에 일을 끝내야 한다. |
| **-더라면** | 의미 | 과거의 일을 실제와 다르게 가정해 보는 뜻을 나타내는 말 |
| | 활용 | 그때 화를 내지 않았더라면 지금처럼 어색하지 않을 텐데. |
| **-든지** | 의미 | 나열된 동작이나 상태 중에서 어느 것이든 선택될 수 있음을 나타내는 말 |
| | 활용 | 청소를 하든지 설거지를 하든지 해라. |
| **-ㄹ 겸** | 의미 | 두 가지 이상의 행동을 아울러 함을 나타내는 말 |
| | 활용 | 바람도 쐴 겸 잠시 나가보기로 했다. |
| **-ㄹ수록** | 의미 | 앞말의 정도가 더하여 가는 것이 뒷말의 정도가 더하거나 덜해지는 조건이 됨을 나타내는 말 |
| | 활용 | 일이 힘들수록 월급도 높아진다. |
| **-ㄹ 테니** | 의미 | '-ㄹ 터이니'가 줄어든 말로 어떤 일을 추측하거나 어떤 일을 하고자 하는 의지를 나타내면서 그것이 뒷말에 대한 이유나 원인이 됨을 나타내는 말 |
| | 활용 | • 내일은 꼭 연락이 올 테니 너무 걱정하지 마세요.<br>• 제가 다녀올 테니 여기에서 잠시만 기다리세요. |
| **-ㄹ 텐데** | 의미 | 앞말에 대해 강한 추측을 나타내면서 그에 관한 내용을 이어서 말할 때 사용하는 말 |
| | 활용 | 급하게 오느라 많이 더울 텐데 시원한 물 좀 마시세요. |
| **-ㄹ까 봐** | 의미 | 앞말이 뜻하는 상황이 될까 걱정하거나 두려워함을 나타내는 말 |
| | 활용 | 혼이 날까 봐 사실대로 이야기하지 못했어요. |
| **-ㄹ 뿐만 아니라** | 의미 | 앞말의 내용에 더하여 뒷말의 내용이 일어날 때 사용하는 말 |
| | 활용 | 한복은 아름다울 뿐만 아니라 활동하기에도 편하다. |
| **-려야 (-ㄹ래야)** | 의미 | '-려고 하여야'가 줄어든 말로 어떤 일을 할 의도는 있으나 결국 그렇게 하지 못함을 나타내는 말 |
| | 활용 | 항상 웃는 얼굴을 하고 있어 미워하려야 미워할 수가 없다. |

PART 01

PART 02

PART 03

PART 04

PART 05

PART 06

PART 07

| | | |
|---|---|---|
| –(으)려면 | 의미 | • '어떤 의사를 실현하려고 한다면'의 뜻<br>• '어떤 가상의 일이 사실로 실현되기 위해서는'의 뜻 |
| | 활용 | • 기차를 타려면 서둘러야 한다.<br>• 일을 잘 마무리하려면 끝까지 집중해야 한다. |
| –자마자 | 의미 | 앞말의 동작이 이루어지자 잇따라 곧 뒷말의 사건이나 동작이 일어남을 나타내는 말 |
| | 활용 | 속이 안 좋았는지 음식을 먹자마자 토해버렸다. |

> **더 알고가기**    '–려야'와 '–ㄹ래야'
>
> '–ㄹ래야'는 '–려야'의 잘못된 표현이다. 따라서 '감출래야 감출 수 없다'가 아니라 '감추려야 감출 수 없다'라고 하는 것이 정확한 표현이다.

## 종결 어미

• 문장을 끝내는 역할을 하는 말로 평서형, 감탄형, 의문형 등의 형태가 있다.

**부인하다**
어떤 내용이나 사실을 옳거나 그러하다고 인정하지 않다.

| | | |
|---|---|---|
| –고는 하다. | 의미 | 어떤 일이 반복적으로 일어날 때 사용하는 말 |
| | 활용 | 주말이면 다 같이 모여 고기를 구워 먹고는 했어요. |
| –기는요. | 의미 | 상대방의 말을 부인할 때 주로 사용하는 말로 칭찬에 대해 겸손하게 반응하는 의미로 사용하는 말 |
| | 활용 | 능숙하기는요. 저는 더 배워야 해요. |
| –기는 틀렸다. | 의미 | 바라거나 하려는 일이 순조롭게 되지 못함을 나타내는 말 |
| | 활용 | 비가 많이 와서 오늘 바다로 놀러 나가기는 틀렸네요. |
| –ㄴ 척하다. | 의미 | 앞말이 뜻하는 행동이나 상태를 거짓으로 그럴듯하게 꾸밈을 나타내는 말 |
| | 활용 | 해야 할 일은 전혀 하지 않고도 일을 다 한 척했다. |
| –ㄴ가 보다. | 의미 | 상황을 미루어 추측할 때 사용하는 말 |
| | 활용 | 전화가 안 오는 걸 보니 별다른 문제는 없는가 보다. |
| –ㄴ다면서? | 의미 | 들어서 아는 사실을 확인하여 물을 때 사용하는 말 |
| | 활용 | 리나 씨가 된장찌개를 그렇게 좋아한다면서요? |
| –ㄴ대요. | 의미 | '–다고 해요'가 줄어든 말로, 알고 있는 것을 전할 때 사용하는 말 |
| | 활용 | 그쪽 바다에서 물고기가 잘 잡힌대요. |
| –ㄴ지 모르다. | 의미 | 감탄적으로 강조하여 '매우 그러하다'의 뜻을 나타내는 말 |
| | 활용 | 원하는 대학에 다니게 되어서 얼마나 기쁜지 몰라요. |
| –ㄴ지(도) 모르다. | 의미 | 어떤 일이 일어날 것을 추측할 때 사용하는 말 |
| | 활용 | 주말에 비가 많이 올지도 모른대요. |

| | | |
|---|---|---|
| **-더라고요.** | 의미 | 직접 경험한 사실이나 느낀 점을 이야기할 때 사용하는 말 |
| | 활용 | 어제 시장에 갔더니 사람이 정말 많더라고요. |
| **-ㄹ 만하다.** | 의미 | • 앞말이 뜻하는 행동을 할 타당한 이유가 있음을 나타내는 말<br>• 앞말이 뜻하는 행동을 하는 것이 가능함을 나타내는 말 |
| | 활용 | • 순천만은 꼭 한번 가볼 만해요.<br>• 사야 씨 정도면 차를 살 만하죠. |
| **-ㄹ 수밖에 없다.** | 의미 | 앞말이 의미하는 것 말고는 다른 방법이나 가능성이 없음을 나타내는 말 |
| | 활용 | 상품으로 팔 수 없는 작물은 밭에 버릴 수밖에 없어요. |
| **-ㄹ 뻔하다.** | 의미 | 앞말이 뜻하는 상황이 실제 일어나지는 않았지만 그럴 가능성이 매우 높았을 나타내는 말 |
| | 활용 | 조금만 늦었더라면 크게 다칠 뻔했어요. |
| **-ㄹ 걸 그랬다.** | 의미 | 지난 행동을 후회하면서 하지 않은 일을 가정할 때 사용하는 말 |
| | 활용 | 이럴 줄 알았으면 화장실을 미리 다녀올 걸 그랬어요. |
| **-ㄹ래요.** | 의미 | 앞으로 할 일에 대하여 자신의 의사를 나타내는 말 |
| | 활용 | 형님이 가시면 저도 따라 갈래요. |
| **-ㄹ 리가 없다.** | 의미 | 앞말이 나타내는 행동 등이 일어나는 이유나 이치 등이 없음을 나타내는 말 |
| | 활용 | 그런 일이 일어날 리가 없다. |
| **-(어)지다.** | 의미 | 앞말이 뜻하는 상태가 됨을 나타내는 말 |
| | 활용 | 어학당에 다니면서 친구가 많아졌어요. |
| **-으나 마나 하다.** | 의미 | 앞말이 뜻하는 행동을 하여도 하지 않은 것과 다를 것이 없는 상황임을 나타내는 말 |
| | 활용 | 그 사람은 솔직히 있으나 마나 했어요. |
| **-으려나?** | 의미 | 추측을 가볍게 물을 때 사용하는 말 |
| | 활용 | 아직 도착하지 않았으려나? |
| **-으려던 참이다.** | 의미 | • 어떤 일을 하는 경우나 때를 뜻하는 말<br>• 어떤 행동을 할 생각이나 의향을 나타내는 말 |
| | 활용 | • 마침 저도 집에 가려던 참이었어요.<br>• 이번 과목까지만 공부하고 갈 참이에요. |

**가정하다**
사실이 아니거나 또는 사실인지 아닌지 분명하지 않은 것을 임시로 인정하다.

PART 01
PART 02
PART 03
PART 04
PART 05
PART 06
PART 07

## 3. 기타 문법

### 사동사

- 문장의 주체가 스스로 행하지 않고 남에게 행동이나 동작 등을 하게 함을 나타내는 동사이다.
- 사동 접미사 '-이-', '-히-', '-리-', '-기-' 등이 결합되어 나타난다.
  - 아기에게 밥을 먹이다.
  - 초에 불을 붙여 방을 밝히다.
  - 물고기를 살리다.
  - 서랍장을 다른 곳으로 옮기다.

### 피동사

- 남의 행동으로 인해 행해지는 동작을 나타내는 동사이다.
- 피동 접미사 '-이-', '-히-', '-리-', '-기-' 등이 결합되어 나타난다.
  - 멀리 바다가 보이다.
  - 친구에게 목덜미를 잡히다.
  - 이웃집 개에게 다리를 물리다.
  - 아이가 아버지의 품에 안기다.

**01** 빈칸에 들어갈 조사로 적절한 것은?

> 안녕하세요. 저는 에리이입니다. 일본(　　　　　) 왔습니다.

**02** 숫자 90은 한국어로 (　　　　) 혹은 (　　　　)으로 읽는다.

**03** '늦은 시간이었기에 집으로 돌아갔다.'에서 '−기에'는 뒤에 오는 말의 (　　　　)(이)나 (　　　　)을/를 나타내는 말이다.

**04** '−고 보니', '−기에' 등은 어간에 붙어 다음 말에 (　　　　)하는 구실을 하는 어미이다.

**05** '−ㄴ가 보다.', '−ㄴ대요.' 등은 문장을 끝내는 역할을 하는 (　　　　) 어미이다.

---

**정답** **01** 에서　**02** 구십, 아흔　**03** 원인, 이유　**04** 연결　**05** 종결

**01** 다음 중 조사의 사용이 적절하지 <u>않은</u> 것은?

① 저는 지금 집<u>으로</u> 가고 있어요.
② 봄인데 벌써 여름<u>처럼</u> 덥네요
③ 할 일이 산<u>밖에</u> 쌓여 있어요.
④ 메이 씨<u>보다</u> 제 키가 더 커요.

> 해설　'밖에'는 '그것 말고는'의 뜻을 나타내는 조사이므로 의미상 적절하지 않다. '할 일이 산 처럼 쌓여 있다'와 같이 조사 '처럼'을 사용하는 것이 가장 적절하다.

**02** 다음 (　　　　)에 가장 알맞은 것을 고르시오.

> 가 : 와! 정말 잘하시네요. 이번 한국어 시험은 만점을 받으시겠어요.
> 나 : 만점이라뇨. (　　　　) 통과나 할 수 있을지 걱정인걸요.

① 만점부터　　　　　　　② 만점마다
③ 만점이야말로　　　　　④ 만점은커녕

> 해설　'은커녕'은 앞말을 지정하여 어떤 사실을 부정하는 뜻을 강조하는 말이다.

**03** 다음 (　　　　)에 가장 알맞은 것을 고르시오.

> 말이 많은 (　　　　) 실제로 일을 잘하는 사람이 없어.

① 사람치고　　　　　　　② 사람까지
③ 사람밖에　　　　　　　④ 사람대로

**정답**　01 ③　02 ④　03 ①

보조사 '치고'는 '그 전체가 예외 없이'라는 뜻으로 흔히 부정을 뜻하는 말이 뒤따른다. 말이 많은 사람은 모두 일을 못한다는 의미이므로 '사람치고'가 들어가야 한다.

04 다음 중 수사의 사용이 적절하지 <u>않은</u> 것은?

① 이 아이가 우리 <u>첫째</u> 아들입니다.
② 저희 아버지께서는 올해 <u>일흔</u>이십니다.
③ 선착순 <u>백</u> 명에게 사은품을 나누어 준다고 해요.
④ 제 나이는 올해로 <u>스물</u> 살입니다.

 숫자 20 뒤에 단위명사가 올 경우 '스물'이 아니라 '스무'라고 읽는다. 따라서 '스물 살'이 아니라 '스무 살'이라고 써야 한다.

05 다음을 한 문장으로 알맞게 연결한 것을 고르시오.

> 대청소하기로 마음먹다 / 이불 빨래를 했다

① 대청소하기로 마음먹은 김에 이불 빨래를 했다.
② 대청소하기로 마음먹느라고 이불 빨래를 했다.
③ 대청소하기로 마음먹는다면 이불 빨래를 했다.
④ 대청소하기로 마음먹을수록 이불 빨래를 했다.

 '-ㄴ 김에'는 앞의 말이 어떤 일의 기회나 계기가 됨을 뜻하는 말이다.

정답 04 ④  05 ①

**06** 다음을 한 문장으로 알맞게 연결한 것을 고르시오.

> 내가 조금 손해를 보다 / 이 일을 끝마치다

① 내가 조금 손해를 보다 보면 이 일은 끝마쳤다.
② 내가 조금 손해를 보더라도 이 일은 끝마쳐야 한다.
③ 내가 조금 손해를 보는 바람에 이 일은 끝마칠 것이다.
④ 내가 조금 손해를 보든지 이 일은 끝마쳤다.

**해설** '-더라도'는 가정이나 양보의 뜻을 강하게 나타내는 말이다. 내가 손해를 보는 일이 있
다고 해도 이 일은 끝낼 것임을 말하고 있으므로 '보더라도'를 사용해야 한다.

**07** 다음 (            )에 알맞은 것을 고르시오.

> 천천히 드세요. 어제도 급하게 (            ) 체하셔서 고생하셨잖아요.

① 먹다 보면                    ② 먹는 동안
③ 먹는 바람에                  ④ 먹는 김에

**해설** '-는 바람에'는 뒷말의 이유나 원인을 나타내는 말이다. 체한 이유가 급히 먹은 것이므
로 '먹는 바람에'를 써야 한다.

**08** 다음 (            )에 알맞은 것을 고르시오.

> 가 : 날이 (            ) 점점 더워지네요.
> 나 : 그래도 다음주에 비가 오고 나면 조금 시원해질 거예요.

 **정답** **06** ② **07** ③ **08** ②

① 지나더라면            ② 지날수록

③ 지나는 바람에       ④ 지난다면

 '-ㄹ수록'은 앞말의 정도가 더하여 가는 것이 뒷말의 정도가 더해지거나 덜해지는 조건이 됨을 나타내는 말이다. 날이 지나는 정도가 점점 더워지는 조건이 되므로 '지날수록'을 써야 한다.

**09** 다음 (　　　　　)에 알맞은 것을 고르시오.

> 가 : 이번 주말이 크리스마스인데 눈이 올까요?
> 나 : 뉴스를 보니 이번 주말에 눈이 (　　　　　).

① 올지도 모른대요        ② 오곤 해요

③ 올 걸 그랬대요        ④ 올 뻔했어요

 크리스마스에 눈이 올 것인가 추측하고 있으므로 어떤 일이 일어날 것을 추측할 때 사용하는 '-ㄴ 지(도) 모르다'를 사용하여야 한다. 따라서 빈칸에는 ①이 들어가야 한다.

**10** 다음 (　　　)에 알맞은 것을 고르시오.

> 원래 가려던 식당이 손님으로 가득 차서 우리는 다른 식당으로 (　　　　　).

① 갈 리가 없다         ② 가나 마나 했다

③ 갈 만했다            ④ 갈 수밖에 없었다

 '-ㄹ 수밖에 없다'는 앞말이 의미하는 것 말고는 다른 방법이나 가능성이 없음을 나타내는 말이다. 다른 식당으로 가는 것 말고는 다른 방법이 없는 상황이므로 '갈 수밖에 없었다'가 들어가야 한다.

PART 01
PART 02
PART 03
PART 04
PART 05
PART 06
PART 07

# 어휘

## 1. 명사

### 꼭 알아야 할 명사

• 명사는 사물의 이름을 나타내는 말이다.

| | | | | |
|---|---|---|---|---|
| **가사** | 의미 | 살림살이에 관한 일 | | |
| | 활용 | 가사를 돌보다. | | |
| | 유의어 | 집안일 | 반의어 | – |
| **가장** | 의미 | 한 가정을 이끌어 나가는 사람 | | |
| | 활용 | 어머니께서 가장의 역할을 하고 계세요. | | |
| | 유의어 | 호주 | 반의어 | – |
| **간호** | 의미 | 다쳤거나 앓고 있는 환자나 노약자를 보살피고 돌봄 | | |
| | 활용 | 할머니께서 몸이 불편하셔서 제가 <u>간호</u>를 해야 해요. | | |
| | 유의어 | 병시중 | 반의어 | – |
| **격차** | 의미 | 가격이나 자격, 품등 따위의 서로 다른 정도 | | |
| | 활용 | 현재 1위를 하고 있는 선수와의 <u>격차</u>가 매우 크다. | | |
| | 유의어 | 차이 | 반의어 | – |
| **경쟁** | 의미 | 같은 목적에 대하여 이기거나 앞서려고 서로 겨룸 | | |
| | 활용 | 그들은 서로 선의의 <u>경쟁</u>을 이어 나갔다. | | |
| | 유의어 | 경합, 다툼 | 반의어 | 독점 |
| **경제력** | 의미 | 경제 행위를 해 나가는 힘. 개인의 경우 보통 재산의 정도를 말함 | | |
| | 활용 | 도저히 새 차를 감당할 <u>경제력</u>이 되지 않아요. | | |
| | 유의어 | – | 반의어 | – |
| **계약** | 의미 | 법률 효과의 발생을 목적으로 두 사람의 의사를 표시하는 것 | | |
| | 활용 | 이사할 집의 전세 <u>계약</u>을 오늘 완료했어요. | | |
| | 유의어 | 약정 | 반의어 | – |
| **공공 장소** | 의미 | 사회의 여러 사람이나 여러 단체에 공동으로 속하거나 이용되는 곳 | | |
| | 활용 | 우리는 <u>공공장소</u>에서 예절을 지켜야 합니다. | | |
| | 유의어 | | 반의어 | – |

**품등**
품질과 등급을 아
울러 이르는 말

| | | |
|---|---|---|
| **공해** | 의미 | 매연, 폐수, 쓰레기 등으로 공기와 물이 더럽혀지고 자연환경이 파괴되는 것 등 |
| | 활용 | 공장 때문에 농지에 공해가 발생하지 않도록 대책을 세워야 해요. |

| | | 유의어 | – | 반의어 | – |
|---|---|---|---|---|---|
| **낭비** | 의미 | 시간이나 재물 따위를 헛되이 헤프게 씀 | | | |
| | 활용 | 쓸데없는 물건을 사는 낭비를 하지 말아요. | | | |
| | 유의어 | 허비, 사치 | | 반의어 | 절약, 절제 |
| **내향적** | 의미 | 성격이 내성적이고 비사교적인 것 | | | |
| | 활용 | 쯔우 씨는 내향적인 성격이라 처음에는 친해지기 어려웠어요. | | | |
| | 유의어 | 내성적 | | 반의어 | 외향적 |
| **능동적** | 의미 | 다른 것에 이끌리지 않고 스스로 일으키거나 움직이는 것 | | | |
| | 활용 | 여러분 모두 일을 할 때 능동적으로 할 필요가 있어요. | | | |
| | 유의어 | 자발적 | | 반의어 | 수동적, 피동적 |
| **대중** | 의미 | 수많은 사람들의 무리, 사회를 구성하는 대다수의 사람 | | | |
| | 활용 | 우리 동네에도 대중을 위한 문화 시설이 더 필요해요. | | | |
| | 유의어 | 민중, 군중 | | 반의어 | – |
| **등록** | 의미 | 일정한 자격 조건을 갖추기 위해 단체나 학교 등에 문서를 올림 | | | |
| | 활용 | 신입생 등록 기간이 얼마 남지 않았으니 잘 확인해 주세요. | | | |
| | 유의어 | 등기, 등부 | | 반의어 | – |
| **매매** | 의미 | 물건을 사고파는 일 | | | |
| | 활용 | 집을 구할 때는 부동산 매매 계약서를 잘 살펴보아야 해요. | | | |
| | 유의어 | 매수 | | 반의어 | |
| **보상** | 의미 | 남에게 끼친 손해를 갚음 | | | |
| | 활용 | 교통사고로 입은 피해의 보상을 해 준다고 했어요. | | | |
| | 유의어 | 배상, 변상 | | 반의어 | |
| **보육** | 의미 | 어린아이들을 돌보아 기름 | | | |
| | 활용 | 지자체에서 보육 수당을 지급해 준다고 해요. | | | |
| | 유의어 | 양육 | | 반의어 | – |
| **보전** | 의미 | 온전하게 보호하여 유지함 | | | |
| | 활용 | 우리의 소중한 문화유산을 보전할 수 있도록 노력해야 합니다. | | | |
| | 유의어 | 보존, 보호 | | 반의어 | – |
| **분가** | 의미 | 가족의 한 구성원이 결혼 등을 통해 살림을 차려 따로 나감 | | | |
| | 활용 | 저희 형은 5년 전에 결혼해서 분가를 했어요. | | | |
| | 유의어 | 분호, 석산 | | 반의어 | – |
| **분단** | 의미 | 동강이 나게 끊어 가름 | | | |
| | 활용 | 우리나라는 현재 세계 유일의 분단 국가입니다. | | | |
| | 유의어 | – | | 반의어 | – |

**헤프다**
쓰는 물건이 쉽게 닳거나 빨리 없어지는 듯하다.

PART 01
PART 02
PART 03
PART 04
PART 05
PART 06
PART 07

| | | |
|---|---|---|
| **분립** | 의미 | 갈라져서 따로 섬. 또는 따로 나누어서 세움 |
| | 활용 | 우리나라는 삼권 분립의 원칙하에 운영되고 있습니다. |
| | 유의어 | – 　　반의어　　 – |
| **분산** | 의미 | 갈라져서 흩어짐. 또는 그렇게 되게 함 |
| | 활용 | 수도권에 집중된 인구를 지방으로 분산시킬 필요가 있다. |
| | 유의어 | 산재 　　반의어　　 집중 |
| **사태** | 의미 | 일이 되어 가는 형편이나 상황. 또는 벌어진 일의 상태 |
| | 활용 | 이런 긴급한 사태에는 어떻게 대처해야 하나요? |
| | 유의어 | 시국, 사정, 형세 　　반의어　　 – |
| **선출** | 의미 | 여럿 가운데서 뽑아냄 |
| | 활용 | 우리나라는 대통령을 국민의 손으로 직접 선출합니다. |
| | 유의어 | 뽑음, 선발 　　반의어　　 – |
| **소유** | 의미 | 가지고 있음. 또는 그러한 물건 |
| | 활용 | 산에서 나물을 캐기 전에 그 산을 소유하고 있는 사람에게 허가를 받아야 한다. |
| | 유의어 | 소지, 보유 　　반의어　　 – |
| **송년회** | 의미 | 연말에 한 해를 보내며 베푸는 모임 |
| | 활용 | 올해는 각 팀별로 간단하게 송년회를 하기로 하였다. |
| | 유의어 | – 　　반의어　　 – |
| **승진** | 의미 | 직위의 등급이나 계급이 오름 |
| | 활용 | 올해의 성과를 생각하면 내년에는 반드시 승진이 되어야 한다. |
| | 유의어 | 영전, 승계 　　반의어　　 강등 |
| **시험** | 의미 | 재능이나 실력 등을 일정한 절차에 따라 검사하고 평가하는 일 |
| | 활용 | 이번 주말에는 자격증 시험을 보아야 해요. |
| | 유의어 | 평가, 고시 　　반의어　　 – |
| **여가** | 의미 | 일이 없어 남는 시간 |
| | 활용 | 여가 활동으로는 영화를 봐요. |
| | 유의어 | 휴가, 짬 　　반의어　　 – |
| **예의** | 의미 | 존경의 뜻을 표하기 위해 예로써 나타내는 말투나 몸가짐 |
| | 활용 | 웃어른에 대한 예의를 지켜야 해요. |
| | 유의어 | 식례, 격 　　반의어　　 – |
| **예측** | 의미 | 미리 헤아려 짐작함 |
| | 활용 | 올해 딸기 출하량이 얼마나 될지 도저히 예측이 되지 않아요. |
| | 유의어 | 예상, 짐작, 추측 　　반의어　　 – |
| **운동** | 의미 | 사람이 몸을 단련하거나 건강을 위하여 몸을 움직이는 일 |
| | 활용 | 건강하게 살기 위해서 규칙적인 운동을 해야 해요. |
| | 유의어 | 스포츠, 활동 　　반의어　　 – |

| | | | | |
|---|---|---|---|---|---|
| **유형** | 의미 | 성질이나 특징 등이 공통적인 것끼리 묶은 하나의 틀 | | | |
| | 활용 | 학급 학생들을 크게 네 가지 유형으로 나눌 수 있습니다. | | | |
| | 유의어 | 갈래, 타입, 종류 | 반의어 | – | |
| **임금** | 의미 | 노동자가 노동의 대가로 사용자에게 받는 보수 | | | |
| | 활용 | 일이 더 어려워진 만큼 임금도 올라야 해요. | | | |
| | 유의어 | 봉급, 급료, 보수 | 반의어 | – | |
| **장려** | 의미 | 좋은 일에 힘쓰도록 북돋아 줌 | | | |
| | 활용 | 부부들이 아이를 낳을 수 있도록 출산 장려 정책을 펼치고 있다. | | | |
| | 유의어 | 권장, 권유, 조장 | 반의어 | – | |
| **정전** | 의미 | 전쟁 중에 있는 양방이 합의에 따라 일시적으로 전쟁을 중단하는 일 | | | |
| | 활용 | 우리나라는 정전 상태에 있다. | | | |
| | 유의어 | – | 반의어 | – | |
| **주권** | 의미 | 가장 주요한 권리, 국가의 의사를 최종적으로 결정하는 권력 | | | |
| | 활용 | 우리나라의 주권은 국민에게 있다. | | | |
| | 유의어 | 국권 | 반의어 | – | |
| **지원** | 의미 | 지지하여 도움 | | | |
| | 활용 | 냉해로 피해를 입은 농민을 지원해 주어야 해요. | | | |
| | 유의어 | 원조, 원호 | 반의어 | – | |
| **집중** | 의미 | 한곳을 중심으로 하여 모임 혹은 한 가지 일에 모든 힘을 쏟아부음 | | | |
| | 활용 | 인구의 집중으로 인해 주차 문제나 주택 문제 등이 나타나고 있다. | | | |
| | 유의어 | 몰두 | 반의어 | 분산 | |
| **청구** | 의미 | 상대방에 대하여 일정한 행위나 급부를 요구하는 것 | | | |
| | 활용 | 우편함에 카드 요금 청구서가 와 있었다. | | | |
| | 유의어 | 요구, 요청 | 반의어 | – | |
| **할부** | 의미 | 돈을 여러 번에 나누어 냄 | | | |
| | 활용 | 3개월 할부로 냉장고를 샀어요. | | | |
| | 유의어 | 분할 | 반의어 | 일시불 | |
| **협상** | 의미 | 어떤 목적에 부합되는 결정을 하기 위해 여럿이 서로 의논함 | | | |
| | 활용 | 어려운 시기인 만큼 회사와 노동자 측의 협상이 잘 되었으면 합니다. | | | |
| | 유의어 | 협의, 타협 | 반의어 | – | |
| **형벌** | 의미 | 죄에 대한 법률의 효과로서 국가가 범죄자에게 제재를 가하는 것 | | | |
| | 활용 | 죄를 지은 사람에게는 적절한 수준의 형벌이 내려져야 한다. | | | |
| | 유의어 | 처벌, 벌 | 반의어 | – | |
| **호칭** | 의미 | 이름을 지어 부름. 또는 그 이름 | | | |
| | 활용 | 한국어에서 가족 간의 호칭이 정말 어려워요. | | | |
| | 유의어 | 명칭, 칭호 | 반의어 | – | |

**제재**
일정한 규칙이나 관습의 위반에 대하여 제한하거나 금지함. 또는 그런 조치

## 단위명사

**분**
'명'의 높임말로 자신보다 윗사람을 헤아릴 때 쓴다.

- 단위명사는 수나 양의 단위를 나타내는 명사이다.
- 사람은 '명'으로 세며, '사람 한 명'과 같이 쓴다.
- 특정 사물을 세는 단위

**석, 넉**
'대, 달, 잔, 장' 등 일부 단위명사와 쓰여 수량을 나타내는 말이다.
'석'은 세(3), '넉' 은 네(4)로 바꿀 수 있다.

**가닥**
한군데서 갈려 나온 낱낱의 줄

| 구분 | 의미 | 예시 |
|---|---|---|
| 개 | 가장 기본적인 단위명사로 물건을 하나하나 세는 단위 | 사과 한 개 / 모자 두 개 |
| 개비 | 가늘고 짤막하게 쪼갠 토막을 세는 단위 | 담배 한 개비 / 성냥 두 개비 |
| 권 | 책을 세는 단위 | 소설 한 권 |
| 단 | 채소 · 짚 등의 묶음을 세는 단위 | 대파 한 단 / 볏짚 두 단 |
| 대 | • 자동차 · 기계 · 악기를 세는 단위<br>• 담배를 피우는 횟수를 세는 단위<br>• 주사를 놓는 횟수를 세는 단위 | 트럭 넉 대 / 세탁기 두 대<br>담배 한 대만 피우고 싶다.<br>팔에 주사 한 대 놓을게요. |
| 두름 | • 생선을 짚으로 한 줄에 열 마리씩 두 줄로 엮은 것을 세는 단위(1두름 = 20마리)<br>• 산나물을 열 모숨 정도로 엮은 것을 세는 단위(1두름 = 10모숨) | 조기 한 두름 / 굴비 한 두름<br>고사리 세 두름 / 우거지 한 두름 |
| 땀 | 실을 바늘로 한 번 꿴 자국을 세는 단위 | 한 땀 한 땀 공들여 바느질하다. |
| 마리 | 짐승이나 물고기, 벌레 따위를 세는 단위 | 고양이 세 마리 / 개미 한 마리 |
| 모 | 두부나 묵 따위를 세는 단위 | 두부 한 모 |
| 벌 | • 옷을 세는 단위<br>• 그릇 따위가 여러 개 모여 갖추는 덩어리를 세는 단위 | 정장 한 벌 / 바지 두 벌<br>수저 두 벌 / 반상기 한 벌 |
| 사리 | 국수나 실처럼 가늘고 긴 것을 동그랗게 말아 감은 뭉치를 세는 단위 | 국수 한 사리 / 실 두 사리 |
| 손 | 한 손에 잡을 만한 분량을 세는 단위. 일반적으로 생선 두 마리를 지칭한다. | 고등어 한 손 |
| 알 | 작고 둥근 모양의 물건 또는 둥근 열매나 곡식의 낱개를 세는 단위 | 약 한 알 / 감자 세 알 |
| 올 | 실, 줄 등의 가닥을 세는 단위 | 실 한 올 / 머리카락 한 올 |
| 장 | 종이나 유리처럼 얇고 넓적한 물건을 세는 단위 | 종이 한 장 / 수건 두 장 |
| 점 | • 그림과 같은 예술품, 옷 따위를 세는 단위<br>• 잘라 내거나 뜯어낸 고기 살점을 세는 단위 | 작품 한 점 / 의상 열 점<br>회 한 점 / 고기 두 점 |
| 접 | 채소, 과일을 묶어 세는 단위(1접 = 100개) | 마늘 한 접 / 배추 두 접 |
| 제 | 탕약을 세는 단위(1제 = 20첩) | 보약 한 제 |
| 조각 | 떼어 내거나 떨어져 나온 부분을 세는 단위 | 피자 한 조각 / 케이크 두 조각 |
| 죽 | 옷, 그릇 등을 세는 단위(1죽 = 10벌) | 양말 한 죽 |

| | | |
|---|---|---|
| 줄 | 죽 벌이거나 늘여 있는 것을 세는 단위 | 한 줄 서기 |
| 짝 | 둘이 어울려 한 벌이나 한 쌍을 이루는 것의 각각을 세는 단위 | 신발 한 짝 / 장갑 한 짝 |
| 쪽 | 쪼개진 물건의 부분을 세는 단위 | 콩 한 쪽 / 빵 한 쪽 |
| 척 | 배를 세는 단위 | 어선 두 척 / 여객선 한 척 |
| 첩 | 약봉지에 싼 약의 뭉치를 세는 단위 | 한약 한 첩 |
| 축 | 오징어를 세는 단위(1축 = 20마리) | 오징어 한 축 |
| 켤레 | 신발이나 양말 등 짝이 되는 두 개를 한 벌로 세는 단위 | 구두 두 켤레 / 양말 열 켤레 |
| 쾌 | 북어를 세는 단위(1쾌 = 20마리) | 북어 다섯 쾌 |
| 타래 | 실이나 노끈 따위의 뭉치를 세는 단위 | 털실 네 타래 |
| 톨 | 밤이나 곡식 등의 낱알을 세는 단위 | 밤 두 톨 / 쌀 한 톨 |
| 톳 | 김을 세는 단위(1톳 = 100장) | 김 한 톳 |
| 통 | • 배추나 수박 따위를 세는 단위<br>• 편지나 서류, 전화 따위를 세는 단위 | 수박 한 통<br>전화 한 통 / 서류 두 통 |
| 판 | • 달걀을 묶어 세는 단위(달걀 1판 = 30개)<br>• 조각을 내어 먹는 음식을 자르기 전 큰 덩어리로 묶어 세는 단위 | 달걀 한 판<br>두부 한 판 / 피자 두 판 |

• 분량을 나타내는 단위

분량
수효, 무게 따위의 많고 적음이나 부피의 크고 작은 정도

| 구분 | 의미 |
|---|---|
| 줌 | 한 손에 쥘 만한 분량을 세는 단위 예 흙 한 줌 |
| 움큼 | 손으로 한 줌 움켜쥘 만한 분량을 세는 단위 예 머리카락 한 움큼 |
| 모숨 | 길고 가느다란 물건이 한 줌 안에 들어올 정도의 분량 예 푸성귀 한 모숨 |
| 자밤 | 나물이나 양념 따위를 손가락 끝으로 집을 만한 분량을 세는 단위 예 나물 한 자밤 |
| 섬, 말, 되 | 곡식, 가루, 액체 등의 분량을 헤아리는 단위로 한 되는 약 1.8ℓ이며, 1섬 = 10말 = 100되이다. 예 쌀 두 되 |
| 방울 | 작고 둥근 액체 덩어리를 세는 단위 예 비 한 방울 |
| 잔 | 음료나 술을 그릇에 담에 분량을 세는 단위 예 커피 한 잔 |
| 갑 | 작은 물건을 상자에 담아 그 분량을 세는 단위 예 담배 한 갑 |
| 술 | 밥 따위의 음식물을 숟가락으로 떠 그 분량을 세는 단위 예 밥 한 술 |
| 병, 상자 | 물건을 해당 용기(병, 상자)에 담아 그 분량을 세는 단위 예 소주 세 병, 라면 한 상자 |
| 모금 | 액체나 기체를 입안에 한 번 머금는 분량을 세는 단위 예 물 한 모금 |

머금다
삼키지 않고 입 속에 넣고 있다.

PART 01
PART 02
PART 03
PART 04
PART 05
PART 06
PART 07

• 길이를 나타내는 단위

| 구분 | 의미 |
|---|---|
| 뼘 | 엄지손가락과 다른 손가락을 쭉 벌린 길이에 해당하는 단위 |
| 발 | 두 팔을 양옆으로 폈을 때 한쪽 손끝에서 다른 쪽 손끝까지의 길이에 해당하는 만큼을 세는 단위 |
| 자, 치, 푼 | 한 자는 30.3cm(1자 = 10치 = 100푼) |
| 리 | 거리를 나타내는 단위(1리 = 0.393km = 393m) |

# 2. 동사와 형용사

## 꼭 알아야 할 동사

• 동사는 사물의 동작이나 작용 등을 나타내는 말이다.

| | | | | |
|---|---|---|---|---|
| **가입하다** | 의미 | 조직이나 단체 등에 들어가다. | | |
| | 활용 | 취미로 춤을 배워 보고 싶어 동호회에 가입했어요. | | |
| | 유의어 | 들다 | 반의어 | 탈퇴하다 |
| **갈아타다** | 의미 | 타고 가던 것에서 내려 다른 것으로 바꾸어 타다. | | |
| | 활용 | 지하철에서 내려 버스로 갈아탔습니다. | | |
| | 유의어 | 환승하다 | 반의어 | – |
| **극복하다** | 의미 | 악조건이나 고생 등을 이겨 내다. | | |
| | 활용 | 수많은 난관을 극복하고 이 자리에 설 수 있었습니다. | | |
| | 유의어 | 뛰어넘다 | 반의어 | – |
| **긴장하다** | 의미 | 마음을 조이고 정신을 바짝 차리다. | | |
| | 활용 | 시험을 볼 때 너무 긴장하지 말아요. | | |
| | 유의어 | 굳다 | 반의어 | 풀어지다 |
| **노력하다** | 의미 | 목적을 이루기 위해 몸과 마음을 다하여 애를 쓰다. | | |
| | 활용 | 많은 의료진들이 전염병 극복을 위해 노력하고 있다. | | |
| | 유의어 | 힘쓰다, 매진하다 | 반의어 | – |
| **담당하다** | 의미 | 어떠한 일을 맡다. | | |
| | 활용 | 소비자 응대를 담당하고 있어요. | | |
| | 유의어 | 맡다, 도맡다 | 반의어 | – |
| **대비하다** | 의미 | 앞으로 일어날 수 있는 어떤 일에 대응하기 위해 미리 준비하다. | | |
| | 활용 | 만일에 사태에 대비해야 합니다. | | |
| | 유의어 | 대처하다 | 반의어 | – |

| | | | | |
|---|---|---|---|---|
| **대표하다** | 의미 | 전체의 상태나 성질을 어느 하나로 잘 나타내다. | | |
| | 활용 | 히마리 씨는 우리 반을 대표하는 학생입니다. | | |
| | 유의어 | – | 반의어 | – |
| **드시다** | 의미 | '먹다'의 높임말 | | |
| | 활용 | 아버님께서는 벌써 일어나 아침을 드시고 계셨어요. | | |
| | 유의어 | 잡수시다 | 반의어 | |
| **마무리 하다** | 의미 | 일을 끝맺다. | | |
| | 활용 | 올 한 해를 마무리하는 시간이 되었다. | | |
| | 유의어 | 마감하다, 갈무리하다 | 반의어 | – |
| **무시하다** | 의미 | 사람을 깔보거나 업신여기다. | | |
| | 활용 | 다니엘 씨는 항상 저를 무시해요. | | |
| | 유의어 | 경시하다, 멸시하다 | 반의어 | 존경하다, 중시하다 |
| **미루다** | 의미 | 정한 시간이나 기일을 나중으로 넘기거나 늘이다. | | |
| | 활용 | 오늘 할 일을 내일로 미루어선 안 된다. | | |
| | 유의어 | 지연하다 | 반의어 | 앞당기다 |
| **발행하다** | 의미 | 출판물이나 인쇄물을 찍어서 세상에 펴내다. | | |
| | 활용 | 저희 회사는 한 달에 두 번씩 잡지를 발행합니다. | | |
| | 유의어 | 발간하다, 간행하다 | 반의어 | – |
| **밝히다** | 의미 | 드러나게 좋아하다. | | |
| | 활용 | 그분은 너무 심하게 돈을 밝혀요. | | |
| | 유의어 | – | 반의어 | – |
| **번지다** | 의미 | 병이나 불, 전쟁 등이 차차 넓게 옮아가다. | | |
| | 활용 | 작물에 전염병이 번져 농사에 어려움을 겪고 있습니다. | | |
| | 유의어 | 퍼지다, 확산되다 | 반의어 | – |
| **벌다** | 의미 | 일을 하여 돈 등을 얻거나 모으다. | | |
| | 활용 | 가족을 부양하기 위해선 내가 돈을 벌어야 해요. | | |
| | 유의어 | 마련하다, 벌어들이다 | 반의어 | – |
| **보태다** | 의미 | 이미 있던 것에 더하여 많아지게 하다. | | |
| | 활용 | 농사철에는 저도 시댁으로 가 일손을 보태야 해요. | | |
| | 유의어 | 채우다, 더하다, 거들다 | 반의어 | – |
| **부탁하다** | 의미 | 어떤 일을 해 달라고 청하거나 맡기다. | | |
| | 활용 | 저한테 어머님을 데려다 달라고 부탁했어요. | | |
| | 유의어 | 간청하다, 맡기다 | 반의어 | – |
| **분담하다** | 의미 | 나누어서 맡다. | | |
| | 활용 | 저희는 집안일을 분담해요. | | |
| | 유의어 | – | 반의어 | – |

**업신여기다**
교만한 마음에서 남을 낮추어 보거나 하찮게 여기다.

| | | | | |
|---|---|---|---|---|
| **선호하다** | 의미 | 여럿 가운데서 특별히 가려서 좋아하다. | | |
| | 활용 | 저는 기능직보다는 사무직을 선호합니다. | | |
| | 유의어 | – | 반의어 | – |
| **설명하다** | 의미 | 어떤 일이나 대상의 내용을 상대편이 잘 알 수 있도록 밝혀 말하다. | | |
| | 활용 | 과장님께서 오늘 해야 할 작업에 대해 설명해 주셨어요. | | |
| | 유의어 | 밝히다, 말하다 | 반의어 | – |
| **쌓다** | 의미 | 경험, 기술, 업적, 지식 등을 거듭 익혀 많이 이루다. | | |
| | 활용 | 아버님께서는 다양한 일을 하며 많은 경험을 쌓으셨어요. | | |
| | 유의어 | – | 반의어 | – |
| **유지하다** | 의미 | 어떤 상태나 상황을 그대로 보존하거나 변함없이 계속 지탱하다. | | |
| | 활용 | 지금의 수압을 유지해야 합니다. | | |
| | 유의어 | 지속하다, 지탱하다 | 반의어 | 그치다, 그만두다 |
| **육박하다** | 의미 | 바싹 가까이 다가붙다. | | |
| | 활용 | 서울의 인구는 이미 천만 명에 육박한 상태입니다. | | |
| | 유의어 | – | 반의어 | – |
| **이끌다** | 의미 | 사람이나 단체, 사물, 현상 등을 인도해 어떤 방향으로 나가게 하다. | | |
| | 활용 | 새 정당은 많은 이들의 존경을 받는 원로 정치인이 이끌 것이다. | | |
| | 유의어 | 주도하다, 끌다 | 반의어 | 좇다, 따르다 |
| **이루다** | 의미 | 뜻한 대로 되게 하다. | | |
| | 활용 | 그는 드디어 염원하던 꿈을 이루었다. | | |
| | 유의어 | 실현하다, 달성하다 | 반의어 | 실패하다 |
| **자리하다** | 의미 | • 일정한 공간을 차지하다.<br>• 특정 직위나 지위를 차지하다. | | |
| | 활용 | 학교가 자리하던 공간에는 새로운 문화시설이 지어졌다. | | |
| | 유의어 | – | 반의어 | – |
| **저지하다** | 의미 | 막아서 못하게 하다. | | |
| | 활용 | 상대의 접근을 저지해야 한다. | | |
| | 유의어 | 금지하다, 막다 | 반의어 | 허용하다 |
| **주도하다** | 의미 | 주동적인 처지가 되어 이끌다. | | |
| | 활용 | 팀장님이 업무 간소화를 주도하고 있어요. | | |
| | 유의어 | 앞장서다, 이끌다 | 반의어 | – |
| **주문하다** | 의미 | 상품을 만들거나 파는 사람에게 상품의 생산, 제공 등을 요구하다. | | |
| | 활용 | 메이 씨는 아이스 아메리카노를 주문했어요. | | |
| | 유의어 | 청하다 | 반의어 | – |
| **즐기다** | 의미 | 무엇을 좋아하여 자주 하다. | | |
| | 활용 | 장인어른께서는 약주를 즐기십니다. | | |
| | 유의어 | 애호하다, 좋아하다 | 반의어 | – |

**주동적**
어떤 일에 주장이
되어 행동하는 것

| 참석하다 | 의미 | 모임이나 회의 등의 자리에 참여하다. | | |
|---|---|---|---|---|
| | 활용 | 이번 회의에는 마을 남성 모두가 참석했다. | | |
| | 유의어 | 참여하다, 참가하다 | 반의어 | – |
| 책임지다 | 의미 | 어떤 일에 대한 책임을 맡아 안다. | | |
| | 활용 | 저는 가장으로서 우리 집안의 생계를 책임져야 합니다. | | |
| | 유의어 | 걸머지다, 부담하다 | 반의어 | – |
| 추천하다 | 의미 | 어떤 조건에 적합한 대상을 책임지고 소개하다. | | |
| | 활용 | 저는 흐엉 씨를 추천할게요. | | |
| | 유의어 | 소개하다, 밀다 | 반의어 | – |
| 측정하다 | 의미 | 일정한 양을 기준으로 같은 종류의 다른 양의 크기를 재다. | | |
| | 활용 | 밭의 너비를 측정하여 필요한 만큼 비료를 주문해야 해요. | | |
| | 유의어 | 재다, 저울질하다 | 반의어 | – |
| 치르다 | 의미 | • 무슨 일을 겪어 내다.<br>• 주어야 할 돈을 내 주다. | | |
| | 활용 | 무사히 시험을 치르고 돌아왔어요. | | |
| | 유의어 | 치다, 지불하다 | 반의어 | – |
| 퍼지다 | 의미 | 어떤 물질이나 현상 등이 넓은 범위에 미치다. | | |
| | 활용 | 전 세계에 K-pop 유행이 퍼지고 있다. | | |
| | 유의어 | 미치다 | 반의어 | – |
| 확인하다 | 의미 | 틀림없이 그러한가를 알아보거나 인정하다. | | |
| | 활용 | 화를 내기 전에 사실 여부를 먼저 확인해야 한다. | | |
| | 유의어 | – | 반의어 | |
| 후회하다 | 의미 | 이전의 잘못을 깨치고 뉘우치다. | | |
| | 활용 | 이전에 내가 너무 심한 말을 해서 후회하고 있어요. | | |
| | 유의어 | 깨닫다, 뉘우치다 | 반의어 | – |

## 꼭 알아야 할 형용사

• 형용사는 사물의 성질이나 상태 등을 나타내는 말이다.

| 간단하다 | 의미 | 단순하고 간략하다. 간편하고 단출하다. | | |
|---|---|---|---|---|
| | 활용 | 일을 할 때는 간단한 복장이 좋아요. | | |
| | 유의어 | 단조롭다, 단출하다 | 반의어 | 복잡하다, 거추장스럽다 |
| 게으르다 | 의미 | 행동이 느리고 움직이거나 일하기를 싫어하는 성미나 버릇이 있다. | | |
| | 활용 | 동남아 사람이 게으르다는 이야기는 근거 없는 편견이에요. | | |
| | 유의어 | 태만하다, 나태하다 | 반의어 | 근면하다, 부지런하다 |

PART 01
PART 02
PART 03
PART 04
PART 05
PART 06
PART 07

| | | | | |
|---|---|---|---|---|
| **고요하다** | 의미 | 조용하고 잠잠하다. | | |
| | 활용 | 방 안은 텅 비어 고요했다. | | |
| | 유의어 | 잠잠하다, 잔잔하다 | **반의어** | 떠들썩하다, 요란하다 |
| **꼼꼼하다** | 의미 | 빈틈이 없이 차분하고 조심스럽다. | | |
| | 활용 | 메이 씨는 모든 일을 꼼꼼하게 처리해요. | | |
| | 유의어 | 빈틈없다, 철저하다 | **반의어** | – |
| **난감하다** | 의미 | 이렇게 하기도 저렇게 하기도 어려워 처지가 매우 딱하다 | | |
| | 활용 | 예약을 취소할 수도 없어 난감한 상황이에요. | | |
| | 유의어 | 곤란하다, 난처하다 | **반의어** | – |
| **낯설다** | 의미 | 전에 본 기억이 없어 익숙하지 않다. | | |
| | 활용 | 매일 보던 길인데도 오늘따라 낯설게 느껴지네요. | | |
| | 유의어 | 생소하다, 어색하다 | **반의어** | 낯익다, 익숙하다 |
| **넉넉하다** | 의미 | 크기나 수량 등이 기준에 차고 남음이 있다. | | |
| | 활용 | 아직 시간은 넉넉하니까 차분하게 문제를 풀어 봐요. | | |
| | 유의어 | 변변하다, 풍부하다 | **반의어** | 궁하다, 불충분하다 |
| **능숙하다** | 의미 | 능하고 익숙하다. | | |
| | 활용 | 쓰엉 씨는 벌써 한국말이 능숙하시네요! | | |
| | 유의어 | 능란하다, 능하다 | **반의어** | 미숙하다, 서투르다 |
| **단아하다** | 의미 | 단정하고 아담하다. | | |
| | 활용 | 마인 씨도 한복을 단아하게 차려입고 왔네요. | | |
| | 유의어 | 청초하다 | **반의어** | 화려하다 |
| **두툼하다** | 의미 | • 꽤 두껍다. <br> • (비유적으로) 경제적으로 넉넉하다. | | |
| | 활용 | 마리 씨에게 받은 봉투는 꽤 두툼했어요. | | |
| | 유의어 | 두껍다, 넉넉하다 | **반의어** | 얄팍하다 |
| **드물다** | 의미 | 어떤 일이 일어나는 일이 잦지 않다. | | |
| | 활용 | 차는 인적이 드문 공터 끝에 서 있었다. | | |
| | 유의어 | 희귀하다, 드문드문하다 | **반의어** | 숱하다, 허다하다 |
| **따뜻하다** | 의미 | • 덥지 않을 정도로 온도가 알맞게 높다. <br> • 감정, 태도, 분위기 등이 정답고 포근하다. | | |
| | 활용 | 오늘은 날이 따뜻해서 나들이 가기에 좋아요. | | |
| | 유의어 | 따스하다, 뜨듯하다 | **반의어** | 쌀쌀맞다, 싸늘하다 |
| **뜸하다** | 의미 | 자주 있던 왕래나 소식 따위가 한동안 없다. | | |
| | 활용 | 언제부터인가 연락이 뜸해졌어요. | | |
| | 유의어 | 드물다 | **반의어** | 잦다 |
| **말끔하다** | 의미 | 티 없이 맑고 환하게 깨끗하다. | | |
| | 활용 | 오늘은 행사가 있으니까 말끔하게 입고 가요. | | |
| | 유의어 | 단정하다, 말쑥하다 | **반의어** | – |

| | | | | |
|---|---|---|---|---|
| 모자라다 | 의미 | 기준이 되는 양이나 정도에 미치지 못하다. | | |
| | 활용 | 모내기 철에는 항상 일손이 모자라다. | | |
| | 유의어 | 불충분하다, 미달하다 | 반의어 | 가득하다, 남다 |
| 부당하다 | 의미 | 이치에 맞지 않다. | | |
| | 활용 | 회사 측의 부당한 요구가 이어졌다. | | |
| | 유의어 | 부적당하다 | 반의어 | 정당하다 |
| 부지런하다 | 의미 | 일을 꾸물거리거나 미루지 않고 꾸준하게 열심히 하는 태도가 있다. | | |
| | 활용 | 리사 씨는 매우 부지런하고 성실한 사람이에요. | | |
| | 유의어 | 근면하다, 바지런하다 | 반의어 | 게으르다 |
| 비슷하다 | 의미 | 두 대상의 크기, 모양, 상태, 성질 등이 똑같지는 않지만 전체적 혹은 부분적으로 일치하는 점이 많은 상태에 있다. | | |
| | 활용 | 에리이 씨와 마인 씨는 고향은 다르지만 비슷한 점이 많아요. | | |
| | 유의어 | 유사하다, 비등하다 | 반의어 | – |
| 뿌듯하다 | 의미 | 비끔이나 감격이 마음에 차서 벅차다. | | |
| | 활용 | 시험에 합격하니까 정말 뿌듯한 마음이에요. | | |
| | 유의어 | 부듯하다 | 반의어 | – |
| 사소하다 | 의미 | 보잘것없이 작거나 적다. | | |
| | 활용 | 그런 사소한 문제로 화 내지 말아요. | | |
| | 유의어 | 자질구레하다, 하찮다 | 반의어 | 중요하다 |
| 서먹하다 | 의미 | 낯설거나 친하지 않아 어색하다. | | |
| | 활용 | 저도 이 모임에 처음 나왔을 때는 서먹했어요. | | |
| | 유의어 | 어색하다, 겸연쩍다 | 반의어 | – |
| 선명하다 | 의미 | 산뜻하고 뚜렷하여 다른 것과 혼동되지 않다. | | |
| | 활용 | 들판에 푸른 빛이 선명해요. | | |
| | 유의어 | 생생하다, 확실하다 | 반의어 | 불선명하다, 불투명하다 |
| 소중하다 | 의미 | 매우 귀중하다. | | |
| | 활용 | 저는 저희 가족을 무엇보다 소중히 생각해요. | | |
| | 유의어 | 귀중하다, 귀하다 | 반의어 | 하찮다 |
| 수월하다 | 의미 | 까다롭거나 힘들지 않아 일이 하기 쉽다. | | |
| | 활용 | 흐엉 씨가 준비를 잘해 주셔서 일이 수월해요. | | |
| | 유의어 | 손쉽다, 무난하다 | 반의어 | 까다롭다 |
| 시끄럽다 | 의미 | 듣기 싫게 떠들썩하다. | | |
| | 활용 | 밤마다 오토바이 소리가 너무 시끄러워요. | | |
| | 유의어 | 요란하다, 소란스럽다 | 반의어 | 조용하다, 적막하다 |
| 싹싹하다 | 의미 | 눈치가 빠르고 사근사근하다. | | |
| | 활용 | 시어머니께서 친구분들께 제가 싹싹하고 야무지다고 자랑하셨어요. | | |
| | 유의어 | 나긋나긋하다 | 반의어 | – |

**이치**
사물의 정당한 조리(말이나 글 또는 일이나 행동에서 앞뒤가 들어맞고 체계가 서는 갈피). 또는 도리에 맞는 취지

PART 01
PART 02
PART 03
PART 04
PART 05
PART 06
PART 07

| | | |
|---|---|---|
| **쓸쓸하다** | 의미 | 외롭고 적적하다. |
| | 활용 | 가족이 모두 외출해서 저 혼자 쓸쓸히 집에 있어요. |
| | 유의어 | 적적하다, 외롭다, 고독하다　**반의어**　　　　－ |
| **알뜰하다** | 의미 | 일이나 살림을 정성스럽고 규모 있게 하여 빈틈이 없다. |
| | 활용 | 우리 며느리가 얼마나 알뜰한지 몰라요. |
| | 유의어 | 살뜰하다　**반의어**　헤프다 |
| **어색하다** | 의미 | • 잘 모르거나 아니면 별로 만나고 싶지 않던 사람과 마주 대하여 자연스럽지 못하다.<br>• 격식이나 규범, 관습 등에 맞지 않아 자연스럽지 않다. |
| | 활용 | 처음 뵙는 집안 어르신들이 모두 오셔서 저는 너무 어색했어요. |
| | 유의어 | 낯설다, 서먹하다, 겸연쩍다　**반의어**　자연스럽다 |
| **유창하다** | 의미 | 말을 하거나 글을 읽는 것이 물 흐르듯이 거침이 없다. |
| | 활용 | 린 씨는 한국에 온 지 6개월밖에 되지 않았는데 한국말이 유창해요. |
| | 유의어 | 유려하다, 막힘없다　**반의어**　　　　－ |
| **유치하다** | 의미 | 수준이 낮거나 미숙하다. |
| | 활용 | 얘들아, 간식 가지고 유치하게 굴면 안 돼. |
| | 유의어 | 어리다, 조잡하다　**반의어**　성숙하다, 원숙하다 |
| **지저분<br>하다** | 의미 | 정돈이 되어 있지 않고 어수선하다. |
| | 활용 | 교실이 너무 지저분하네요. 다 같이 청소를 할까요? |
| | 유의어 | 너저분하다, 꾀죄죄하다　**반의어**　깨끗하다, 말쑥하다 |
| **친절하다** | 의미 | 대하는 태도가 매우 정겹고 고분고분하다. |
| | 활용 | 유미 씨가 친절하게 대해 주셔서 얼마나 고마웠는지 몰라요. |
| | 유의어 | 나긋나긋하다, 상냥하다　**반의어**　불친절하다, 퉁명스럽다 |
| **태연하다** | 의미 | 마땅히 머뭇거리거나 두려워할 상황에서 태도나 기색이 아무렇지도 않은 듯이 예사롭다. |
| | 활용 | 갑작스러운 엘리베이터 고장에도 그는 태연했다. |
| | 유의어 | 태연스럽다, 태평하다　**반의어**　당황하다 |
| **평범하다** | 의미 | 뛰어나거나 색다른 점이 없이 보통이다. |
| | 활용 | 비결이라니요, 저도 남들처럼 평범하게 공부했어요. |
| | 유의어 | 예사롭다, 무난하다　**반의어**　비범하다, 특이하다 |
| **피곤하다** | 의미 | 몸이나 마음이 지쳐 고달프다. |
| | 활용 | 하루 종일 서 있었더니 너무 피곤하네요. |
| | 유의어 | 노곤하다, 고달프다, 고단하다　**반의어**　　　　－ |
| **한가하다** | 의미 | 겨를이 생겨 여유가 있다. |
| | 활용 | 주말에는 한가하게 집에 누워 있어요. |
| | 유의어 | 유유하다, 한가롭다　**반의어**　분주하다, 바쁘다 |
| **한산하다** | 의미 | 인적이 드물어 한적하고 쓸쓸하다. |
| | 활용 | 제 고향은 바닷가라 겨울에는 사람이 없어 한산해요. |
| | 유의어 | 조용하다　**반의어**　번잡하다 |

**예사롭다**
흔히 있을 만하다.
늘 가지는 태도와
다른 것이 없다.

| 화려하다 | 의미 | 환하게 빛나며 곱고 아름답다. | | |
|---|---|---|---|---|
| | 활용 | 한복은 <u>화려하지는</u> 않지만 단아한 매력이 있어요. | | |
| | 유의어 | 호화롭다, 다채롭다 | 반의어 | 소박하다, 수수하다 |
| 황당하다 | 의미 | 말이나 행동 등이 참되지 않고 터무니없다. | | |
| | 활용 | <u>황당한</u> 거짓말 좀 하지 말아요. | | |
| | 유의어 | – | 반의어 | 진실하다 |
| 흐릿하다 | 의미 | 조금 흐린 듯하다. | | |
| | 활용 | 날씨가 <u>흐릿한</u> 것이 비가 올 것 같아요. | | |
| | 유의어 | 희미하다, 아련하다 | 반의어 | 청명하다, 확연하다 |

단아한
단정하고 아담한

# 3. 부사

## 꼭 알아야 할 부사

• 부사는 다른 말 앞에 놓여서 그 뜻을 분명하게 하는 말이다.

| 가까이 | 의미 | 한 지점에서 거리가 조금 떨어져 있는 상태로 | | |
|---|---|---|---|---|
| | 활용 | 죄송한데 조금 더 <u>가까이</u> 와 주시겠어요? | | |
| | 유의어 | 바싹 | 반의어 | 멀리, 멀찍이 |
| 가장 | 의미 | 여럿 가운데 어느 것보다 정도가 높거나 세게 | | |
| | 활용 | 한국에는 세계에서 <u>가장</u> 오래된 금속활자가 있습니다. | | |
| | 유의어 | 매우, 제일 | 반의어 | – |
| 간신히 | 의미 | 겨우 또는 가까스로 | | |
| | 활용 | 한참을 뛰어서 <u>간신히</u> 제시간에 도착했어요. | | |
| | 유의어 | 겨우, 근근이 | 반의어 | – |
| 거의 | 의미 | 어느 한도에 매우 가까운 정도로 | | |
| | 활용 | 오늘 할 일은 이제 <u>거의</u> 마무리되었어요. | | |
| | 유의어 | 얼추, 대개 | 반의어 | – |
| 결코 | 의미 | 어떤 경우에도 절대로 | | |
| | 활용 | 다음부터는 이런 일이 <u>결코</u> 있어서는 안 돼요! | | |
| | 유의어 | 결단코, 절대로 | 반의어 | |
| 계속 | 의미 | 끊이지 않고 잇따라 | | |
| | 활용 | 장마철이라 그런지 폭우가 <u>계속</u> 이어졌다. | | |
| | 유의어 | 연거푸, 내리, 줄곧 | 반의어 | – |

|  |  |  | | |
|---|---|---|---|---|
| 고작 | 의미 | 기껏 따져 보거나 헤아려 보아야. 아무리 크게 평가하려 해도 별것 아님을 나타내는 말 | | |
| | 활용 | 이번 달에 야근을 그렇게 많이 했는데 월급이 고작 이거라니요? | | |
| | 유의어 | 겨우, 기껏 | 반의어 | – |
| 곧 | 의미 | 시간적으로 머지않아 | | |
| | 활용 | 조금만 기다려 주세요. 곧 올 거예요. | | |
| | 유의어 | 바로, 이내, 곧바로 | 반의어 | |
| 기꺼이 | 의미 | 마음속으로 은근히 기쁘게 | | |
| | 활용 | 디나 씨가 기꺼이 도와주겠다고 해서 정말 고마웠어요. | | |
| | 유의어 | 흔쾌히 | 반의어 | – |
| 나날이 | 의미 | 매일매일 조금씩 | | |
| | 활용 | 치바 씨도 한국어가 나날이 늘고 있어요. | | |
| | 유의어 | 날로, 매일 | 반의어 | |
| 다소 | 의미 | 어느 정도로 | | |
| | 활용 | 그는 다소 들뜬 목소리였다. | | |
| | 유의어 | 약간, 조금 | 반의어 | 매우 |
| 대강 | 의미 | 자세하지 않게 기본적인 부분만 들어 보이는 정도로 | | |
| | 활용 | 일단 지금은 대강 계획만 짜 봐요. | | |
| | 유의어 | 대충, 적당히, 대충 | 반의어 | 꼼꼼히, 일일이 |
| 드디어 | 의미 | 무엇으로 말미암아 그 결과로 | | |
| | 활용 | 드디어 시험이 다 끝났어요! | | |
| | 유의어 | 이윽고, 비로소, 마침내 | 반의어 | – |
| 마침내 | 의미 | 드디어 마지막에는 | | |
| | 활용 | 긴 비행 끝에 마침내 서울에 도착하였다. | | |
| | 유의어 | 비로소, 끝내 | 반의어 | |
| 못 | 의미 | 동사가 나타내는 동작을 할 수 없다거나 상태가 이루어지지 않았다는 부정의 뜻을 나타내는 말 | | |
| | 활용 | 저는 술을 전혀 못 마셔요. | | |
| | 유의어 | – | 반의어 | |
| 무려 | 의미 | 그 수가 예상보다 상당히 많음을 나타내는 말 | | |
| | 활용 | 일주일 사이에 무 값이 무려 두 배가 됐어요. | | |
| | 유의어 | – | 반의어 | |
| 바로 | 의미 | • 비뚤어지거나 굽은 데가 없이 곧게 <br> • 시간적인 간격 없이 곧 | | |
| | 활용 | 바로 서 계세요. 조금이라도 자세가 흐트러지면 바로 탈락이에요. | | |
| | 유의어 | 올바로, 즉시, 곧장 | 반의어 | |
| 반드시 | 의미 | 틀림없이 꼭 | | |
| | 활용 | 이번 주문은 반드시 제시간에 납품해야 해. | | |
| | 유의어 | 꼭, 필히 | 반의어 | – |

**납품**
계약한 곳에 주문받은 물품을 가져다줌. 또는 그 물품

| | | | | |
|---|---|---|---|---|
| 보아하니 | 의미 | 겉으로 보아서 짐작하건대 | | |
| | 활용 | 보아하니 남쪽 지방에서 오신 것 같은데, 춥지는 않으세요? | | |
| | 유의어 | – | 반의어 | – |
| 아마 | 의미 | 단정할 수는 없지만 미루어 짐작하거나 생각해 볼 때 그럴 가능성이 크다는 뜻을 나타내는 말로, '틀림없이'보다는 확신의 정도가 낮음 | | |
| | 활용 | 지금쯤이면 아마 지하철역에서 걸어오고 있지 않을까요? | | |
| | 유의어 | 아마도, 대체로 | 반의어 | 십중팔구 |
| 아울러 | 의미 | 동시에 함께 | | |
| | 활용 | 그는 지혜와 용기를 아울러 갖추었다. | | |
| | 유의어 | 함께, 같이 | 반의어 | – |
| 어렴풋이 | 의미 | 기억이나 생각, 소리, 시야 등이 뚜렷하지 않고 흐릿하게 | | |
| | 활용 | 어렸을 때 일이 어렴풋이 기억나요. | | |
| | 유의어 | – | 반의어 | 선명하게 |
| 어쩌면 | 의미 | 확실하지 않지만 짐작하건대 | | |
| | 활용 | 어쩌면 이번 시험에는 합격할지도 몰라. | | |
| | 유의어 | 아마 | 반의어 | – |
| 이따가 | 의미 | 조금 지난 뒤에 | | |
| | 활용 | 이따가 부를 테니까 잠시 밖에서 기다려 주시겠어요? | | |
| | 유의어 | 이따 | 반의어 | – |
| 일찍 | 의미 | 일정한 시간보다 이르게 | | |
| | 활용 | 평소보다 일찍 집에 왔어요. | | |
| | 유의어 | 일찍이, 빨리 | 반의어 | 늦게 |
| 제발 | 의미 | 간절히 바라건대 | | |
| | 활용 | 제발 부탁이니 담배를 여기서 피우지 말아 주세요. | | |
| | 유의어 | 부디, 아무쪼록 | 반의어 | – |
| 직접 | 의미 | 중간에 아무것도 개재시키지 않고 바로 | | |
| | 활용 | 아무래도 제가 그 사람을 직접 만나 보아야겠어요. | | |
| | 유의어 | 몸소, 바로 | 반의어 | 대신, 간접 |
| 참 | 의미 | 사실이나 이치에 조금도 어긋남이 없이 과연 | | |
| | 활용 | 여기 야경은 언제 봐도 참 좋아요. | | |
| | 유의어 | 정말, 진짜 | 반의어 | – |
| 특히 | 의미 | 보통과 다르게 | | |
| | 활용 | 특히 퇴근 시간이면 지하철에 사람이 가득해요. | | |
| | 유의어 | 유달리, 특별히 | 반의어 | – |
| 함부로 | 의미 | 조심하거나 깊이 생각하지 않고 마음 내키는 대로 마구 | | |
| | 활용 | 함부로 다른 사람을 욕해선 안 돼요. | | |
| | 유의어 | 되는대로, 마구, 분별없이 | 반의어 | – |

## 꼭 알아야 할 접속 부사(접속사)

<table>
<tr><td rowspan="2">순접</td><td>뜻</td><td>앞뒤 문장이나 구를 논리적 모순 없이 이유, 원인, 조건 따위의 관계가 되도록 순조롭게 잇는다.</td></tr>
<tr><td>활용</td><td>• 밥을 너무 많이 먹었다. 그래서 배가 아프다.<br>• 배가 아프다. 그러니 약국에 가야 한다.<br>• 약국에서 약을 받았다. 그러므로 약값을 내야 한다.</td></tr>
<tr><td rowspan="2">역접</td><td>뜻</td><td>앞의 글에서 서술한 사실과 서로 반대되는 사태이거나 그와 일치하지 아니하는 사태가 뒤의 글에서 성립함을 나타내는 것을 말한다.</td></tr>
<tr><td>활용</td><td>• 버스를 타지 못했다. 그러나 지각하진 않았다.<br>• 아이가 음식을 쏟았다. 그렇지만 일부러 그런 것은 아니다.<br>• 시험이 다 끝났다. 하지만 즐겁지 않았다.<br>• 그는 슬펐다. 반면에 그녀는 행복했다.</td></tr>
<tr><td rowspan="2">인과</td><td>뜻</td><td>원인과 결과를 아울러 이르는 말이다.</td></tr>
<tr><td>활용</td><td>• 잠을 자지 못했다. 그래서 피곤하다.<br>• 죄를 저질렀다. 따라서 벌을 받게 된다.<br>• 메달을 따지 못했지만 아쉽지 않다. 왜냐하면, 나는 최선을 다했기 때문이다.<br>• 인간은 생각한다. 그러므로 동물과는 다른 존재이다.<br>• 구름이 낀다. 그러니까 우산을 준비하도록 하자.</td></tr>
<tr><td rowspan="2">병렬</td><td>뜻</td><td>서로 견주어 높고 낮음이나 낫고 못함이 없이 비슷함, 또는 나란히 늘어섬을 말한다.</td></tr>
<tr><td>활용</td><td>• 가위를 샀다. 그리고 풀을 샀다.<br>• 준비물은 신분증 및 사진 2매입니다.<br>• 휴대전화번호 혹은 집 전화번호를 쓰시면 됩니다.<br>• 커피 또는 우유를 주세요.</td></tr>
<tr><td rowspan="2">보충</td><td>뜻</td><td>부족한 것을 보탬, 또는 나중에 더 채워 넣음을 의미한다.</td></tr>
<tr><td>활용</td><td>• 물건도 부수고 게다가 돈도 훔쳤대.<br>• 밥도 적게 먹는데 더구나 잠도 제대로 못 자니 하루가 다르게 야위었다.<br>• 그녀 또한 그 못지않게 씩씩하다.</td></tr>
<tr><td rowspan="2">전환</td><td>뜻</td><td>다른 방향이나 상태로 바뀌거나 바꾸는 것을 의미한다.</td></tr>
<tr><td>활용</td><td>• 그는 이번 시즌 우수한 성과를 거뒀다. 한편 그의 회사에서는...<br>• 시험을 보려고 하는데 아무튼 혼자서는 어렵겠다.<br>• 깜깜한 길을 걷고 있었다. 그런데 멀리서 불빛이 보였다.</td></tr>
<tr><td rowspan="2">예시</td><td>뜻</td><td>예를 들어 보이는 것을 말한다.</td></tr>
<tr><td>활용</td><td>• 대한민국에서 보기 드문 현상, 가령 개기일식 같은 것이 있다.<br>• 그는 가수이면서 배우이다. 이를테면 만능인 셈이다.</td></tr>
</table>

**견주다**
둘 이상의 사물의 품질이나 양이 어떤 차이가 있는지 알기 위하여 서로 대어 보다.

**야위다**
몸의 살이 빠져 파리하게 되다.

# CHAPTER 03 주요 개념 확인

PART 01
PART 02
PART 03
PART 04
PART 05
PART 06
PART 07

**01** '다른 사람에게 끼친 손해를 갚는다'는 뜻의 명사는 (          )이다.

> **해설** 유의어로는 '배상', '변상' 등이 있다.

**02** 신발이나 장갑처럼 둘이 어울려 한 벌이나 한 쌍을 이루는 것의 각각을 세는 단위는 (          )이다.

**03** '사람을 깔보거나 업신여긴다'는 뜻의 동사는 (          )이다.

**04** 지하철에서 내려 버스로 바꾸어 탈 때 '지하철에서 버스로 (          )'라고 한다.

> **해설** 유의어로는 '환승하다'가 있다.

**05** '조용하고 잠잠하다'라는 뜻의 형용사는 (          )이다.

> **해설** 유의어로는 '잠잠하다', '잔잔하다' 등이 있다.

**정답** **01** 보상 **02** 짝 **03** 무시하다 **04** 갈아타다 **05** 고요하다

**06** 자주 있던 소식이 한동안 없는 경우 '요즘은 소식이 ( )'라고 한다.

> 해설 반의어로는 '잦다'가 있다.

**07** '끊이지 않고 잇따라'라는 뜻을 가진 부사는 ( )이다.

> 해설 유의어로는 '연거푸', '내리', '줄곧' 등이 있다.

**08** 약속 장소에 도착을 바로 앞두고 있을 때 '이제 ( ) 도착한다'고 한다.

> 해설 '곧'은 '시간적으로 머지않아'라는 뜻의 부사이다. 유의어로 '바로', '이내', '곧바로'가 있다.

**09** 앞에서 서술한 사실과 서로 반대되는 사태이거나 그와 일치하지 않는 사태가 뒤에서 성립함을 나타낼 때 쓰는 접속 부사는 ( ) 부사이다.

**10** '그래서', '그러니', '그러므로' 등은 ( ) 부사이다.

---

정답 **06** 뜸하다 **07** 계속 **08** 곧 **09** 역접 **10** 순접

# CHAPTER 03 단원 정리 문제

**[01-02]** 다음 (        )에 가장 알맞은 것을 고르시오.

## 01

> 극심한 가뭄으로 피해를 입은 농민에 대한 (        )이 필요하다.

① 복원          ② 극복          ③ 지원          ④ 운동

 '지원'은 지지하여 돕는다는 뜻으로 유의어로는 '원조', '원호' 등이 있다.
① 복원 : 원래대로 회복함
② 극복 : 악조건이나 고생 등을 이겨 냄
④ 운동 : 사람이 몸을 단련하거나 건강을 위하여 몸을 움직이는 일

## 02

> 다음 달에 한국어 (        )을/를 보아야 한다.

① 승진          ② 시험          ③ 예측          ④ 할부

 '시험'은 재능이나 실력 등을 일정한 절차에 따라 검사하고 평가하는 일을 말한다.
① 승진 : 직위의 등급이나 계급이 오름
③ 예측 : 미리 헤아려 짐작함
④ 할부 : 돈을 여러 번에 나누어 냄

## 03 다음 중 머리카락과 같이 손으로 한 줌 움켜쥘 만한 분량을 세는 단위는?

① 모숨          ② 방울          ③ 잔          ④ 움큼

 ① 모숨 : 길고 가느다란 물건이 한 줌 안에 들어올 정도의 분량
② 방울 : 작고 둥근 액체 덩어리를 세는 단위
③ 잔 : 음료나 술 등을 그릇에 담아 그 분량을 세는 단위

**정답**   01 ③   02 ②   03 ④

**04** 다음 중 분량을 세는 단위의 사용이 적절하지 <u>않은</u> 것은?

① 쌀 한 줌      ② 커피 한 잔      ③ 달걀 한 모금      ④ 밥 한 술

> 해설   '모금'은 액체나 기체를 입안에 한 번 머금는 분량을 세는 단위이다.

**[05~15]** 다음 ( )에 가장 알맞은 것을 고르시오.

**05**

> 나는 이번 시험에 합격하기 위해 정말로 ( ).

① 노력했다      ② 운반했다      ③ 담당했다      ④ 해결했다

> 해설   '노력하다'는 목적을 이루기 위해 몸과 마음을 다하여 애를 쓴다는 의미이다.
> ② 운반하다 : 물건 등을 옮겨 나르다.
> ③ 담당하다 : 어떤 일을 맡다.
> ④ 해결하다 : 제기된 문제를 해명하거나 얽힌 일을 잘 처리하다.

**06**

> 저는 돼지고기보다는 소고기를 더 ( ).

① 자리해요      ② 선호해요      ③ 이끌어요      ④ 저지해요

> 해설   '선호하다'는 여럿 가운데서 특별히 가려서 좋아한다는 의미이다.
> ① 자리하다 : 일정한 공간을 차지하다.
> ③ 이끌다 : 목적하는 곳으로 바로 가도록 같이 가면서 따라오게 하다.
> ④ 저지하다 : 막아서 못하게 하다.

정답   **04** ③    **05** ①    **06** ②

**07**

> 선생님께서는 손을 들어 칠판을 (          ).

① 가르쳤다        ② 낭비했다

③ 다렸다          ④ 가리켰다

 '가리키다'는 손가락 등으로 어떤 방향이나 대상을 집어 보이거나 말하거나 알린다는 의미이다.

① 가르치다 : 지식이나 기능, 이치 등을 깨닫게 하거나 익히게 하다.
② 낭비하다 : 시간이나 재물 등을 헛되이 헤프게 쓰다.
③ 다리다 : 옷이나 천 등의 주름이나 구김을 펴고 줄을 세우기 위해 다리미나 인두로 문지르다.

**08**

> 미유 씨는 조금 (          ) 부탁한 일을 제때 처리하지 못할 때가 있어요.

① 난감해서        ② 두툼해서

③ 게을러서        ④ 능숙해서

 '게으르다'는 행동이 느리고 움직이거나 일하기를 싫어하는 성미나 버릇이 있다는 의미이다.

① 난감하다 : 이렇게 하기도 저렇게 하기도 어려워 처지가 매우 딱하다.
② 두툼하다 : 꽤 두껍다.
④ 능숙하다 : 능하고 익숙하다.

**정답**   **07** ④    **08** ③

PART 01

PART 02

PART 03

PART 04

PART 05

PART 06

PART 07

**09**

> 새로 이발을 해서 그런지 머리가 (                    ).

① 말끔하다            ② 모자라다

③ 황당하다            ④ 어지럽다

> **해설** '말끔하다'는 티 없이 맑고 환하게 깨끗하다는 뜻으로 '단정하다'를 대신하여 쓸 수 있다.
> ② 모자라다 : 기준이 되는 양이나 정도에 미치지 못하다.
> ③ 황당하다 : 말이나 행동 등이 참되지 않고 터무니없다.
> ④ 어지럽다 : 몸을 제대로 가눌 수 없이 정신이 흐리고 얼떨떨하다.

**10**

> 날이 쌀쌀해지니 사람들은 모두 집으로 돌아가 거리가 (                    ).

① 친절하다            ② 한산하다

③ 선명하다            ④ 사소하다

> **해설** '한산하다'는 인적이 드물어 한적하고 쓸쓸한 상태를 말한다.
> ① 친절하다 : 대하는 태도가 매우 정겹고 고분고분하다.
> ③ 선명하다 : 산뜻하고 뚜렷하여 다른 것과 혼동되지 않다.
> ④ 사소하다 : 보잘것없이 작거나 적다.

**11**

> 여긴 위험하니까 (                ) 떨어져 있어라.

① 멀리        ② 아마        ③ 소중히        ④ 좀처럼

> **해설** '멀리'는 '한 시점이나 지점에서 시간이나 거리가 몹시 떨어져 있는 상태로'라는 뜻이다.
> ② 아마 : 단정할 수는 없지만 미루어 짐작하거나 생각해 볼 때 그럴 가능성이 큼
> ③ 소중히 : 매우 귀중하게
> ④ 좀처럼 : 여간하여서는

**정답**   09 ①    10 ②    11 ①

**12**

| (        ) 한국에 온 지 얼마 되지 않은 것 같았다. |
|---|

① 무려                            ② 마침내

③ 보아하니                   ④ 어느새

> **해설** '보아하니'는 '겉으로 보아서 짐작하건대'라는 뜻이다.
> ① 무려 : 그 수가 예상보다 상당히 많음
> ② 마침내 : 드디어 마지막에는
> ④ 어느새 : 어느 틈에 벌써

**13**

| 다음 달에 여행가야 하니 우선 (        ) 큰 계획만 세워 볼까요? |
|---|

① 기꺼이          ② 드디어          ③ 무려          ④ 대강

> **해설** '대강'은 자세하지 않게 기본적인 부분만 들어 보이는 정도를 말한다.
> ① 기꺼이 : 마음속으로 은근히 기쁘게
> ② 드디어 : 무엇으로 말미암아 그 결과로
> ③ 무려 : 그 수가 예상보다 상당히 많음을 나타내는 말

**14**

| 새벽에 눈이 많이 내렸다. (        ) 날씨는 그렇게 춥지 않았다. |
|---|

① 그래도          ② 따라서          ③ 더구나          ④ 이를테면

> **해설** '그래도'는 '그렇다 하더라도'의 뜻으로 쓰여 앞 내용을 받아들일 만하지만 그럴 수 없거나 그렇지 않음을 나타낸다.

**정답**   12 ③    13 ④    14 ①

PART 01

PART 02

PART 03

PART 04

PART 05

PART 06

PART 07

**15**

| |
|---|
| 곧 해가 질 것이다. (            ) 손전등을 준비해야 한다. |

① 혹은             ② 그러므로

③ 그런데           ④ 그렇지만

**해설** '그러므로'는 앞의 내용이 뒤의 내용의 이유나 원인, 근거가 될 때 쓰는 말이다.

**정답** 15 ②

04 |PART|

# 핵심이론

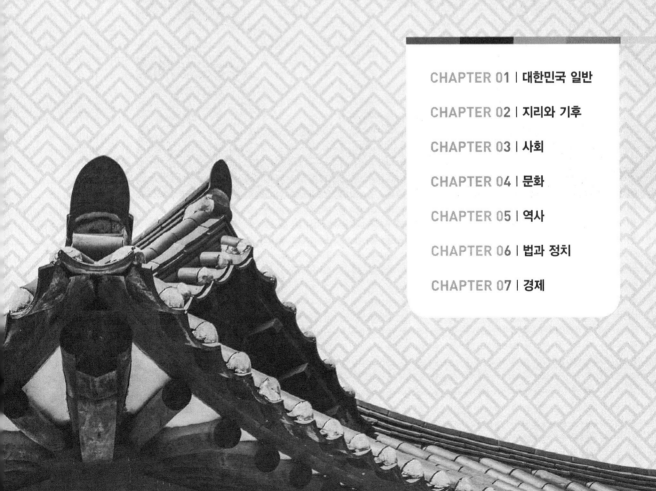

## 광화문

조선의 법궁인 경복궁의 정문이다. 다른 정문보다 웅장하고 화려한 것이 특징이며, 조선 말기의 궁궐 건축을 대표하는 뛰어난 건물로서 위상을 지닌다.

귀화시험
**사회통합프로그램 종합평가 한권완성**

# 대한민국 일반

> ## 국가의 상징

## 국호  기출

- 우리나라의 정식명칭은 '대한민국'이며, 편의상 한국(韓國)으로 줄여 쓰기도 한다.
  - 한자 : 大韓民國
  - 영문 : REPUBLIC OF KOREA
- '대한'이라는 국호는 1897년 고종이 조선의 국호를 대한으로 선포하면서 처음 사용되었다.
- 1919년 4월 10일 임시정부를 수립하기 위한 회의에서 '대한민국'이라는 국호를 처음 사용하였다.

**국호**
'나라 명'의 다른 말

**선포하다**
세상에 널리 알리다.

## 대한민국 국가상징

| 종류 | 국기 | 국가 | 국화 | 나라도장 | 문장 |
|------|------|------|------|----------|------|
| 명칭 | 태극기<br>(太極旗) | 애국가<br>(愛國歌) | 무궁화<br>(無窮花) | 국새<br>(國璽) | 나라문장 |

**문장**
국가의 계보와 권위를 상징하는 장식적인 표시

## 태극기  기출

[태극기]

[태극기의 건·곤·감·리]

- 흰색 바탕에 중앙의 태극문양과 네 모서리의 건곤감리(乾坤坎離) 4괘(四卦)로 구성되어 있다.

**괘**
기호의 일종이다.

PART 01
PART 02
PART 03
PART 04
PART 05
PART 06
PART 07

• 태극기의 의미

| 흰색 바탕 | • 밝음과 순수<br>• 전통적으로 평화를 사랑하는 우리의 민족성 |
|---|---|
| 태극 문양 | • 파랑은 음(陰), 빨강은 양(陽)<br>• 음과 양의 조화를 상징 |
| 4괘 | 건괘(乾卦)는 하늘, 곤괘(坤卦)는 땅, 감괘(坎卦)는 달과 물, 이(리)괘(離卦)는 해와 불을 상징 |

## 국기 게양  기출

**게양**
깃발 따위를 높이
거는 것

• 국기 게양일 : 3 · 1절(3월 1일), 현충일(6월 6일), 제헌절(7월 17일), 광복절
(8월 15일), 개천절(10월 3일), 국군의 날(10월 1일), 한글날(10월 9일) 및
국가장 기간 등

> **더 알고가기**  태극기는 매일 달 수 있다.
> 태극기는 국기이므로 달 수 있는 날이 제한되지 않는다. 국경일이 아니어도 태극기는 매일 달 수 있다. 그러나 눈이나 비, 바람이 심해 국기가 훼손될 우려가 있으면 달지 않는다.

**훼손되다**
헐리거나 깨져 못
쓰게 되다.

• 집 밖에서 바라볼 때를 기준으로 문의 왼쪽 또는 중앙에 단다.

**조기**
조의를 표하기 위해
내려 다는 국기이
다. 현충일과 국가
장 기간에 조기를
게양한다.

 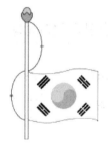

[경축일 및 평일]          [조의를 표하는 날, 조기]

## 국민의례  기출

**의례**
어떤 행사를 치르
는 의식이나 정해
진 방식을 따르는
행사

• 국민의례
 – 국가나 공공단체의 행사에서 가장 먼저 하는 국민적 의례이다.
 – 국기에 대한 경례, 애국가 제창, 순국선열에 대한 묵념의 순서로 진행
  하며 모든 참석자가 애국가를 봉창한다.

- 국가에 대한 존경과 국민으로서의 희생정신을 다짐하게 하고, 많은 국민의 마음과 힘을 한데 뭉치게 한다.
- 국기에 대한 경례
  - 국기를 향하여 오른손을 펴서 왼쪽 가슴에 대고 국기를 주목한다.
  - 모자를 쓴 경우 오른손으로 모자를 벗어 왼쪽 가슴에 대고 국기를 주목한다.
- 국기에 대한 맹세

> "나는 자랑스러운 태극기 앞에
> 자유롭고 정의로운 대한민국의 무궁한 영광을 위하여
> 충성을 다할 것을 굳게 다짐합니다."

**더 알고가기** **국기에 대한 맹세의 변천**

국기에 대한 맹세는 다음과 같이 수정되었다. 특히 1972년 수정문과 현재의 맹세문을 구분할 수 있어야 한다.

- 초기 : 나는 자랑스런 태극기 앞에 조국의 통일과 번영을 위하여 정의와 진실로서 충성을 다할 것을 다짐합니다.
- 수정(1972년 이후) : 나는 자랑스런 태극기 앞에 조국과 민족의 무궁한 영광을 위하여 몸과 마음을 바쳐 충성을 다할 것을 굳게 다짐합니다.
- 현재(2007년 이후) : 나는 자랑스러운 태극기 앞에 자유롭고 정의로운 대한민국의 무궁한 영광을 위하여 충성을 다할 것을 굳게 다짐합니다.

## 애국가

- 애국가(愛國歌)는 '나라를 사랑하는 노래'라는 뜻으로 별도의 제목을 붙이지 않고, 국가(國歌)로 사용하고 있다.
- 조선 말 개화기 이후 조국애와 자주 의식을 북돋우기 위해 만든 노랫말을 스코틀랜드 민요의 곡조에 붙여 불렀다. 1935년 안익태가 오늘날의 곡조를 작곡하였고, 대한민국 정부 수립 이후 실질적인 국가로 자리 잡았다.

| 1절 | 동해물과 백두산이 마르고 닳도록 하느님이 보우하사 우리나라 만세<br>(후렴) 무궁화 삼천리 화려강산 대한 사람 대한으로 길이 보전하세 |
| --- | --- |
| 2절 | 남산 위에 저 소나무 철갑을 두른 듯 바람서리 불변함은 우리 기상일세<br>(후렴) 무궁화 삼천리 화려강산 대한 사람 대한으로 길이 보전하세 |

**봉창**
경건한 마음으로 노래를 부름

**경례**
공경의 뜻을 나타내며 인사하는 것

**북돋우다**
기운이나 정신 따위를 더욱 높여주다.

**보우하다**
보호하고 도와주다.

**보전하다**
온전하게 유지하다.

PART 01
PART 02
PART 03
PART 04
PART 05
PART 06
PART 07

| | 3절 | 가을 하늘 공활한데 높고 구름 없이 밝은 달은 우리 가슴 일편단심일세<br>(후렴) 무궁화 삼천리 화려강산 대한 사람 대한으로 길이 보전하세 |
|---|---|---|
| | 4절 | 이 기상과 이 맘으로 충성을 다하여 괴로우나 즐거우나 나라 사랑하세<br>(후렴) 무궁화 삼천리 화려강산 대한 사람 대한으로 길이 보전하세 |

**공활하다**
텅 비고 매우 넓다.

**기상**
타고난 마음씨나
의지

## 무궁화 기출

- 영원히 피고 또 피어서 지지 않는 꽃이라는 뜻을 지니며, 애국가 후렴구에도 나온다.
- 나라문장과 국기 게양 깃대의 깃봉, 국가기관 깃발, 훈장과 상장, 배지 등에 활용된다.

**훈장**
나라와 사회에 크게 공헌한 사람에게 국가에서 수여하는 메달

[대통령 표장]

[국회의원 배지]

[법원 마크]

## 한글 기출

**창제**
전에 없던 것을
처음으로 만들거나 제정함

- 조선 세종대왕이 창제하고 1446년 반포한 한국의 공식 문자이다.
- 자음 14개와 모음 10개를 조합하여 한 글자를 이룬다.

**반포**
세상에 널리 퍼트려 모두 알게 함

| | 글자 | ㄱ | ㄴ | ㄷ | ㄹ | ㅁ | ㅂ | ㅅ | ㅇ | ㅈ | ㅊ |
|---|---|---|---|---|---|---|---|---|---|---|---|
| 자음 | 이름 | 기역 | 니은 | 디귿 | 리을 | 미음 | 비읍 | 시옷 | 이응 | 지읒 | 치읓 |
| | 글자 | ㅋ | ㅌ | ㅍ | ㅎ | | | | | | |
| | 이름 | 키읔 | 티읕 | 피읖 | 히읗 | | | | | | |
| 모음 | 글자 | ㅏ | ㅑ | ㅓ | ㅕ | ㅗ | ㅛ | ㅜ | ㅠ | ㅡ | ㅣ |
| | 이름 | 아 | 야 | 어 | 여 | 오 | 요 | 우 | 유 | 으 | 이 |

초성 **강** 중성
종성

초성 **앓** 중성
종성

- 한글의 우수성
  - 제자 원리가 독창적이고 과학적이다.
  - 하나의 글자가 하나의 소리만 가지기 때문에 쉽고 빨리 배울 수 있다.
  - 적은 수의 문자로 많은 소리를 적을 수 있다.
  - 기계화에 적합하여 컴퓨터나 휴대 전화에 편리하게 사용할 수 있다.

## 국새

- 대한민국을 상징하는 도장으로 국무에 사용된다.
- 헌법개정공포문의 전문, 대통령이 임용하는 국가공무원의 임명장, 외교문서 등 국가 중요문서에 활용된다.

제5대 국새
현재 사용하고 있는 국새

## 나라문장

- 대한민국의 권위를 상징하는 장식적인 표시로 태극기와 무궁화를 기초로 한다.
- 외국기관에 발신하는 공문서, 훈장과 대통령 표창장, 공무원 신분증, 재외공관 건물, 정부소유 선박 및 항공기, 화폐 등에 활용된다.

권위
특정 권력 또는 위력

# 2. 국토

## 영토

- 나라의 주권이 미치는 땅의 범위를 말한다.
- 대한민국의 영토는 아시아 대륙 북동쪽 한반도에 위치하며 남·북한 전체 면적은 $223,516km^2$(남한 $100,378km^2$)이다.
- 대한민국 영토는 남한과 북한 전체를 포함하는 한반도와 그 부속도서로 한다.
- 한반도는 북서쪽으로는 압록강을 경계로 중국과 경계를 이루고, 북동쪽으로는 두만강을 경계로 중국 및 러시아와 맞닿아 있다.

부속도서
한반도에 속한 섬

PART 01
PART 02
PART 03
PART 04
PART 05
PART 06
PART 07

## 영해

- 주권이 미치는 해역을 말한다.
- 기선(영해 설정 기준선)으로부터 12해리까지를 범위로 한다(1해리는 약 1,852m).
- 대한 해협은 일본과 거리가 가까워 기선으로부터 3해리까지를 영해로 정한다.

**기선**
가장 바깥쪽의 섬을 직선으로 연결한 것

**저조선**
썰물일 때의 해안선

| 해역 | 황해와 남해 | 동해<br>(제주도, 울릉도, 독도 포함) | 대한해협 |
|------|-----------|---------------------------------|---------|
| 기준 | 직선 기선에서<br>12해리 | 해안 저조선에서 12해리 | 3해리<br>(일본과 인접) |

## 영공

- 영토와 영해의 상공에 해당하는 범위를 말한다.
- 여객기는 항공협정 체결 후 지나갈 수 있다.

# 3. 국경일과 기념일

## 국경일 기출

- 국가의 경사를 축하하기 위하여 법으로 정해 모든 국민이 기념하는 날을 말한다.
- 대한민국 국경일

| 명칭 | 날짜 | 특징 |
|---|---|---|
| 3·1절 | 3. 1. | 독립을 위해 애쓴 선열들의 위업을 기리고 애국심을 고취하는 날 |
| 제헌절 | 7. 17. | 자유민주의를 기본이념으로 한 대한민국 헌법의 제정을 축하하는 날 |
| 광복절 | 8. 15. | 국권 회복과 대한민국의 정부 수립을 경축하는 날 |
| 개천절 | 10. 3. | 단군의 개국을 기념하며, 홍익인간의 개국이념을 계승하고 민족의 자긍심을 고취하는 날 |
| 한글날 | 10. 9. | 한글을 반포하신 세종대왕의 위업을 선양하고, 한글의 우수성과 독창성을 대내외에 알리는 날 |

**선열**
나라를 위해 싸우다가 죽은 위인

**홍익인간**
인간을 널리 이롭게 한다는 뜻으로, 단군의 고조선 건국이념이다.

## 법정기념일

- 법정기념일은 국가 법령에서 정한 기념일로 기념식과 각종 행사 등을 진행하는 날이다.
- 주요 법정기념일

| 명칭 | 날짜 | 특징 |
|---|---|---|
| 식목일 | 4. 5. | 산림자원의 중요성을 깨닫고 나무를 심는 날 |
| 4·19혁명 기념일 | 4. 19. | 시민들과 학생들이 중심이 된 민주주의 운동을 기념하는 날 |
| 어린이날 | 5. 5. | 어린이들이 올바르고 씩씩하게 자라길 바라며 기념하는 날 |
| 어버이날 | 5. 8. | 조상과 어버이에 대한 은혜를 헤아리는 날 |
| 스승의 날 | 5. 15. | 스승을 공경하는 사회적 분위기를 조성하고, 스승께 감사하는 날 |
| 5·18민주화운동 기념일 | 5. 18. | 광주 지역에서 민주주의를 위해 전개한 민중항쟁을 기념하는 날 |
| 현충일 | 6. 6. | 국가를 위해 목숨을 바친 이들의 명복을 빌고, 호국정신을 되새기는 날 |
| 6·25전쟁일 | 6. 25. | 6·25 전쟁을 상기하여 국민의 안보의식을 북돋는 날 |
| 국군의 날 | 10. 1. | 국군의 전투력을 대내외로 과시하고, 국군장병의 사기를 높이는 날 |

# 4. 한국문화

## 가족관계와 호칭

• 촌수는 친척이나 가족 간에 멀고 가까운 관계를 숫자로 표현한 것으로 1촌을 기본으로 한다.
• 나와 부모는 1촌, 나와 형제자매는 2촌이나 부부는 무촌이다.

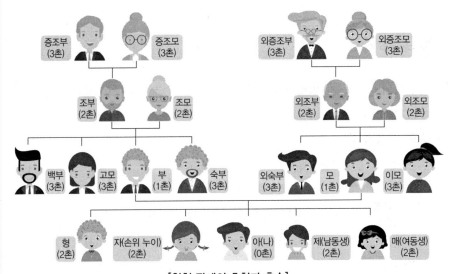

[친척 관계의 호칭과 촌수]

- 남편이 불러야 할 처가댁 호칭

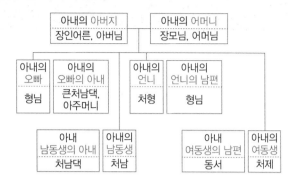

- 아내가 불러야 할 시댁 호칭

## 다양한 축제

- 봄 : 구례 산수유꽃축제, 화개장터 벚꽃축제, 영등포 여의도봄꽃축제, 제주 유채꽃축제 등
- 여름 : 보령 머드축제, 통영 한산대첩축제, 강릉 단오제, 경포 썸머페스티벌 등
- 가을 : 고양 국제꽃박람회, 진주 남강유등축제, 서울 억새축제, 보성 차밭 빛축제 등
- 겨울 : 화천 산천어축제, 태백산 눈꽃축제, 평창 송어축제, 지리산 남원 바래봉 눈꽃축제 등
- 그 외 지역축제 : 창덕궁 달빛기행, 태안 빛축제, 부산 국제판타스틱영화제, 청도 프로방스 빛축제 등

PART 01

PART 02

PART 03

PART 04

PART 05

PART 06

PART 07

01 우리나라의 정식 명칭은 ①(　　　　　)이며, 편의상 ②(　　　　　)으로 줄여 쓰기도 한다.

02 대한민국의 국기는 (　　　　　)이다.

03 태극기는 흰 바탕에 중앙의 ①(　　　　　) 문양과 네 모서리의 ②(　　　　　) 로 구성되어 있다.

04 조의를 표하기 위해 깃봉에서 기의 한 폭만큼 내려 다는 국기를 (　　　　　) 라고 한다.

05 국기에 대한 맹세문은 "나는 자랑스러운 태극기 앞에 (　　　　　　　　) 대한 민국의 무궁한 영광을 위하여 충성을 다할 것을 굳게 다짐합니다."이다.

**정답**  **01** ① 대한민국 ② 한국   **02** 태극기   **03** ① 태극 ② 4괘   **04** 조기   **05** 자유롭고 정의로운

06 애국가의 후렴구는 "무궁화 (                    ) 화려강산 대한 사람 대한으로 길이 보전하세."이다.

07 국가의 경사를 축하하기 위해 법으로 정하여 모든 국민이 기념하는 날을 (                )이라고 한다.

08 한글은 (                    )(이)가 창제하였다.

09 대한민국의 영토는 (                    )와/과 그 부속도서까지이다.

10 대한민국 국경일 가운데 독립을 위해 애쓴 선열들의 위업을 기리고 애국심을 고취하는 날은 (                    )이다.

**정답**  **06** 삼천리    **07** 국경일    **08** 세종대왕    **09** 한반도    **10** 3·1절

PART 01
PART 02
PART 03
PART 04
PART 05
PART 06
PART 07

**01** 다음 중 대한민국의 국기를 가리키는 말은 무엇인가?

① 인공기      ② 태극기
③ 일장기      ④ 북한기

**02** 대한민국의 국화는 무엇인가?

① 장미      ② 개나리
③ 무궁화      ④ 진달래

**03** 태극기의 태극무늬에서 빨간색과 파란색이 의미하는 것은?

① 태극의 빨간색과 파란색은 음과 양의 조화를 나타낸다.
② 태극의 빨간색은 북한을, 파란색은 남한을 상징한다.
③ 태극의 빨간색은 여자를, 파란색은 남자를 상징한다.
④ 태극의 빨간색과 파란색은 세계평화를 나타낸다.

 해설   빨간색은 양의 기운을, 파란색은 음의 기운을 상징한다. '태극'은 '지극히 큰 하나'라는 의미로 음양의 조화와 평등을 상징한다.

**04** 애국가를 작곡한 사람은 누구인가?

① 안익태      ② 홍난파
③ 방정환      ④ 문익점

정답   01 ②    02 ③    03 ①    04 ①

**05** 다음 중 태극기의 4괘가 <u>아닌</u> 것은 무엇인가?

① 건 ② 곤
③ 감 ④ 오

 태극기의 4괘는 '건 · 곤 · 감 · 리(이)'이다.

**06** 다음 중 애국가에 소개되는 산은 무엇인가?

① 금강산 ② 지리산
③ 속리산 ④ 남산

 애국가 2절에서 남산이 소개된다. 애국가에 소개되는 산은 백두산, 남산이다.

**07** 다음은 주요 국경일 또는 기념일을 나타낸 것이다. 이 중 옳게 짝지어지지 <u>않은</u> 것은 무엇인가?

① 한글날 – 10월 9일 ② 어린이날 – 5월 5일
③ 광복절 – 8월 15일 ④ 제헌절 – 7월 27일

 제헌절은 7월 17일이다.

정답 **05** ④ **06** ④ **07** ④

**08** 다음 중 한글날은 언제인가?

① 12월 9일      ② 10월 9일

③ 8월 9일      ④ 6월 9일

**09** 조의를 표하는 날에는 조기를 단다. 이에 해당되는 날은 언제인가?

① 제헌절      ② 광복절

③ 현충일      ④ 한글날

> **해설** 현충일, 국가장 기간 등에는 조기를 단다.

**10** 태극기를 다는 날과 다는 법에 대한 설명이다. 이 중 <u>잘못된</u> 것은 무엇인가?

① 집 밖에서 바라봤을 때 대문의 왼쪽이나 중앙에 단다.

② 국경일에만 달 수 있다.

② 현충일과 국가장 기간에는 조기를 단다.

③ 국기가 훼손될 우려가 있으면 달지 않는다.

> **해설** 태극기는 국경일이 아니어도 언제든 달 수 있다.

**11** 다음 중 애국가 가사에 속하지 <u>않는</u> 단어는 무엇인가?

① 동해      ② 백두산

③ 압록강      ④ 소나무

**정답**   08 ②    09 ③    10 ②    11 ③

**12** 다음은 대한민국 애국가 2절이다. 빈칸에 들어갈 말로 옳은 것은 무엇인가?

> 남산 위에 저 (          ) 철갑을 두른 듯 바람서리 불변함은 우리 기상일세

① 참나무                 ② 소나무
③ 전나무                 ④ 은행나무

**13** 다음에서 설명하는 날은 언제인가?

> 자유민주주의를 기본이념으로 한 대한민국 헌법의 제정을 축하하고 그 이념 수호를 다짐하며 준법정신을 함양할 수 있는 날

① 광복절                 ② 제헌절
③ 한글날                 ④ 3 · 1절

**14** 다음 중 식목일은 언제인가?

① 4월 2일               ② 4월 3일
③ 4월 4일               ④ 4월 5일

**15** 다음 중 대한민국의 5대 국경일에 해당하지 <u>않는</u> 것은 무엇인가?

① 3 · 1절               ② 개천절
③ 제헌절                 ④ 근로자의 날

> **해설** 5대 국경일은 3 · 1절, 제헌절, 광복절, 개천절, 한글날이다.

**정답**   **12** ②    **13** ②    **14** ④    **15** ④

**16** 다음 중 무궁화 문양을 사용하지 <u>않는</u> 것은?

① 국회의원 배지
② 법원 마크
③ 대통령 표장
④ 태극기

> **해설** 태극기에는 무궁화 대신 태극 문양이 있다.

**17** 국민의례의 절차에 속하지 <u>않는</u> 것은?

① 애국가 제창
② 순국선열에 대한 묵념
③ 국기에 대한 경례
④ 대통령에 대한 경례

> **해설** 국민의례는 국기에 대한 경례, 애국가 제창, 순국선열에 대한 묵념 등의 순서로 진행한다.

**18** 우리나라의 국호에 대한 설명으로 옳지 <u>않은</u> 것은?

① 우리나라의 정식명칭은 '대한민국'이다.
② 임시정부는 1919년에 대한민국이라는 국호를 사용했다.
③ 우리나라의 공식 영문명은 'KOREA'이다.
④ 고종은 1897년에 대한이라는 국호를 사용했다.

> **해설** 대한민국의 공식 영문명은 'REPUBLIC OF KOREA'이다.

**정답** 16 ④ 17 ④ 18 ③

**19** 다음은 대한민국 국가상징을 나타낸 것이다. 이 중 옳게 짝지어지지 <u>않은</u> 것은 무엇인가?

① 국기 – 태극기 　　　　　　② 국가 – 애국가
③ 국화 – 장미 　　　　　　　④ 나라 도장 – 국새

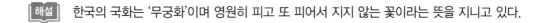 한국의 국화는 '무궁화'이며 영원히 피고 또 피어서 지지 않는 꽃이라는 뜻을 지니고 있다.

**20** 가족과 친족 간에 부르는 호칭으로 옳지 <u>않은</u> 것은?

① 남편은 아내의 언니를 '처형'이라고 부른다.
② 남편은 아내의 여동생을 '동서'라고 부른다.
③ 아내는 남편의 결혼을 하지 않은 남동생을 '도련님'이라고 부른다.
④ 아내는 남편의 형을 '아주버님'이라고 부른다.

[해설] 남편은 아내의 여동생을 '처제'라고 부른다.

PART 01
PART 02
PART 03
PART 04
PART 05
PART 06
PART 07

[정답] 19 ③　20 ②

# 지리와 기후

## 한국의 지리

### 지형적 특징 〈기출〉

**평야**
지표면이 평평하고 넓은 들판

- 동쪽이 높고 서쪽은 낮은 '동고서저'의 비대칭 지형이며, 남부와 서부는 대체로 평야이다.
- 전체 국토의 약 70%가 산지이며, 강 주변에는 평야가 발달하였다.
- 동, 서, 남 삼면은 바다로 둘러싸여 있다.
- 서해와 남해는 수심이 얕고 해안선이 복잡하지만 동해는 수심이 깊고 해안선이 비교적 단조롭다.
- 주로 북동쪽에 함경산맥, 낭림산맥, 태백산맥 등 1,000m가 넘는 높은 산지와 산맥이 위치하고 있다.
- 두만강을 제외하고 대부분의 하천은 황해로 흐르며 길이가 짧고 경사가 급하다.

### 산지 〈기출〉

**칼데라호**
화산 폭발 후 마그마가 굳으면서 생긴 분지에 만들어진 호수

- 태백산맥 : 동해안을 따라 이어지는 우리나라에서 가장 긴 산맥으로 대한민국의 척추로 불린다.
- 백두산 : 한반도에서 가장 높은 산(높이 2,744m)으로 정상에 칼데라호인 천지가 있다.
- 금강산 : 북한에 위치한 산으로 관광특구로 지정되어 민간인 여행이 가능했으나 2008년 잠정 중단되었다.
- 설악산 : 산세가 빼어나고 동해가 인접하여 아름다운 풍경을 자랑한다. 1970년 우리나라 5번째 국립공원, 1982년 유네스코 생물권보존지역으로 지정되었다.

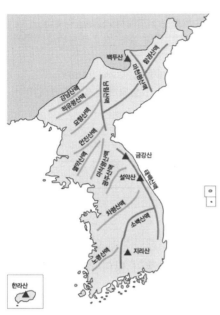

- 북한산 : 서울과 경기도에 걸쳐 있는 산이다. 도시에 위치한 국립공원으로 사람들이 많이 찾는다.
- 지리산 : 남한에서 두 번째로 높은 산이며, 우리나라 국립공원 제1호로 지정되었다.
- 한라산 : 제주도에 위치한 남한에서 가장 높은 산(높이 1,947.269m)이다. 정상에 백록담이 있다.

[한반도의 산과 산맥]

> **더 알고가기** 고개
>
> 한국의 대표적인 고개로 대관령과 문경새재가 있다. 대관령은 태백산맥에 있으며, 서울과 강릉을 연결하는 관문으로 연평균 기온이 낮아 고랭지 농업, 목축업 등이 발달하였다. 문경새재는 소백산맥에 위치한 경상북도와 충청북도를 연결하며, 고개가 험준하기로 유명하다.

**고개**
산봉우리 사이 낮은 부분. 예부터 교통로로 활용되었다.

## 강과 평야

- 동쪽에 산이 몰려 있는 지리 특성상 대부분의 강이 황해와 남해로 흐른다.
- 강을 따라 큰 도시가 분포하고 있으며, 강 하류에는 넓은 평야가 형성되어 있다.
- 한국의 주요 강과 평야

| 강 | 평야 | 특징 |
|---|---|---|
| 한강 | 김포평야 | • 한반도 중심부를 가로지르는 강으로 이용도가 가장 크다.<br>• 강원에서 시작돼 수도인 서울을 거쳐 서해로 흐른다. |
| 금강 | 논산평야 | • 전북 장수에서 시작돼 충청도를 거쳐 서해로 흐른다.<br>• 주변 지역에 해상 교통이 발달했고 호강, 백마강 등으로 부르기도 한다. |
| 영산강 | 나주평야 | • 전남 담양에서 시작돼 전라남도를 지나 서해로 흐른다.<br>• 한강, 낙동강, 금강과 함께 우리나라 4대강에 속한다. |

**남한강과 북한강**
한강은 크게 강원도 태백에서 시작되는 남한강과 금강산 부근에서 시작되는 북한강으로 나뉜다. 이 둘은 양수리에서 하나로 합쳐진다.

| 낙동강 | 김해평야 | • 강원에서 시작돼 남해로 흐르는 남한에서 가장 긴 강이다.<br>• 흐름이 완만하여 모래와 흙이 많이 쌓여 있고 하류의 삼각주가 유명하다. |
|---|---|---|
| 섬진강 | - | • 전북 진안 고원에서 시작돼 남해로 흘러가는 강이다.<br>• 주변에 높은 산지가 많아 평야가 발달하지 않았지만 길이는 212km이다. |

## 바다와 섬 `기출`

**석호**
하천 입구가 모래로 막혀 바다와 분리된 호수

- 동해
  - 우리나라 동쪽에 위치한 바다로 수심이 깊고 해안선이 단조롭다.
  - 해안에 넓은 모래사장과 석호가 발달해 관광객이 많이 찾으며, 난류와 한류가 만나는 지점에 있어 다양한 어종을 볼 수 있다.
- 서해(황해)
  - 우리나라 서쪽에 있는 바다로 해안선이 복잡하고 섬이 많아 간척 사업이 활발하다.

**조차**
밀물일 때 수위와 썰물일 때 수위의 높이 차

  - 수심이 얕고 경사가 완만하며, 조차가 커서 넓은 갯벌이 조성되어 있다.
  - 군산에서 부안까지 방조제를 축조하여 용지를 확보하는 새만금 간척 사업이 2010년에 완공되었다.
- 남해
  - 남쪽에 위치한 바다로 우리나라 섬의 60% 이상이 이곳에 몰려 있다.
  - 수심이 얕고 간만의 차가 크지 않으며 해안선도 복잡하여 항구가 발달하였다.
  - 바닷물 온도가 높아 양식업 등 수산업이 발달하였다.

> **더 알고가기** 갯벌
>
> 갯벌은 육지와 바다 사이에서 밀물 때 물에 잠기고 썰물 때는 드러나는 땅이다. 우리나라 서해와 남해에 조성된 갯벌은 세계 5대 갯벌의 하나로, 멸종 위기에 처한 물새를 비롯하여 다양한 동식물들의 서식한다.

- 한국의 주요 섬

| 섬 | 특징 |
|---|---|
| 제주도 | • 남쪽에 위치한 한국에서 가장 큰 섬이다.<br>• 독특한 지형이 화산섬으로 유네스코 문화유산으로 지정되었다.<br>• 예로부터 바람, 돌, 여자가 많다는 뜻의 삼다도로 불리기도 한다. |

| | |
|---|---|
| 거제도 | • 한국에서 두 번째로 큰 섬으로 거제대교가 있어 교통이 편리하다.<br>• 조선업이 발달하였으며, 경치가 아름다워 관광지로도 유명하다. |
| 진도 | • 한반도 서남쪽에 위치하며, 한국에서 세 번째로 큰 섬이다.<br>• 진도대교로 육지와 연결되며, 해산물이 풍부하고 진돗개로 유명하다. |
| 울릉도 | • 동해안에 위치한 화산섬이다.<br>• 겨울철에 눈이 많이 내리며, 오징어가 유명하다. |
| 독도 | • 대한민국에서 가장 동쪽에 위치한 섬으로 전략적 요충지이다.<br>• 천연기념물 제336호로 지정되어 있으며, 자원이 풍부하다. |
| 마라도 | 한국 최남단에 위치한 섬이다. |

**더 알고가기** **독도는 한국 영토**

일본은 독도를 다케시마라고 부르며 영유권을 주장하지만 이는 근거가 없다. 독도는 경상북도 울릉군 울릉읍 독도리에 속한 대한민국의 영토로, 6세기 신라 지증왕 때부터 한국 영토였음을 증명하는 자료들이 남아 있다. 독도경비대를 비롯한 몇몇 주민들이 거주하고 있다.

**영유권**
일정한 영토에 국가가 가지는 관할권

## 2. 지역적 특색

### 도시와 농촌

• 도시
 – 1960년대 이후 산업화가 진행되면서 농촌에서 도시로 인구가 급속히 이동하였다.
 – 현재 남한 인구의 90% 이상이 도시에 거주하고 있다.
 – 주요 국가기관과 기업이 위치하며, 교육 · 문화 · 의료 시설 등을 이용하기에 편리하다.
 – 비싼 집값과 복잡한 교통, 환경오염 등은 문제점으로 꼽힌다.

• 농촌
 – 청년층은 도시로 이동하여 노인 인구 비중이 높고, 노동력이 부족하다.
 – 의료 · 교육 시설 등도 열악한 경우가 많다.
 – 최근 정부의 지원과 도시에 비해 낮은 물가 등을 이유로 귀농 인구가 증가하고 있다.

**귀농**
도시에서 살던 사람이 농촌으로 이주하는 것

PART 01

PART 02

PART 03

PART 04

PART 05

PART 06

PART 07

**님비(NIMBY) 현상**
혐오시설이 자신의 지역에 설치되는 것을 반대함

**핌피(PIMFY) 현상**
지역 발전에 도움이 되는 시설의 설치를 적극적으로 찬성함

## 수도권 　기출

- 수도인 서울특별시와 그 인근 지역인 경기도, 인천광역시를 가리킨다.
- 산업과 문화가 발달하고 인구가 집중되어 있다.

| 지역 | 특징 | 명소 |
|---|---|---|
| 서울특별시 | • 대한민국의 수도로 정치 · 경제 · 문화의 중심지<br>• 25개의 자치구로 나뉘며, 남한 전체 인구의 약 1/5 거주<br>• 1988년 서울올림픽, 2002년 한일월드컵 대회 개최 | 고궁, 청계천, 동대문, 명동, 홍대, 남산 |
| 경기도 | • 도청소재지 수원 포함 28시와 3군으로 나뉨<br>• 서울과의 접근성이 좋아 인구 분산을 위한 신도시(분당, 일산, 파주, 용인 등) 개발<br>• 교통이 발달해 산업이 발달하였고 주변에 공업 지대가 많음 | 수원화성, 국립수목원 |
| 인천광역시 | • 한국의 대표적인 항구도시<br>• 한국 최대 공항인 인천국제공항은 동아시아 교류의 중심지 역할 담당<br>• 2014년 인천아시안게임 개최 | 차이나타운, 강화도, 송도 |

**신도시**
자연 발생적으로 성장한 도시가 아니라 처음부터 계획적, 인공적으로 만들어진 도시

PART 01

PART 02

PART 03

PART 04

PART 05

PART 06

PART 07

| 더 알고가기 | 도청소재지 |

**도청소재지** 도청소재지는 도청이 위치한 곳을 말한다.

| 도 | 도청소재지 | 도 | 도청소재지 |
|---|---|---|---|
| 경기도 | 수원, 의정부 | 강원특별자치도 | 춘천 |
| 충청북도 | 청주 | 충청남도 | 홍성 |
| 경상북도 | 안동 | 경상남도 | 창원 |
| 전라북도 | 전주 | 전라남도 | 무안 |
| 제주특별자치도 | 제주 | | |

## 중부지방

- 한반도 중부에 해당하는 강원도, 충청도 일대를 가리킨다.
- 강원도는 관동지방으로 부르며, 태백산맥을 기준으로 영동, 영서지방으로 구분하기도 한다.
- 충청도는 의림지 서쪽에 있다는 뜻에서 호서지방이라 부르기도 한다.

| 지역 | 특징 | 명소 |
|---|---|---|
| 강원<br>특별자치도 | • 전체 면적의 80%가 산이며, 자연경치가 아름답고 눈이 많이 내림<br>• 지하광물자원이 풍부하여 남한 제일의 광업 지역<br>• 강릉 단오제, 대관령 눈꽃 축제 등 다양한 축제와 스키장, 목장 체험 등 관광 시설의 증가 | 설악산, 대관령, 경포대, 남이섬, 정동진 |
| 충청<br>남·북도 | • 백제의 수도였던 공주와 부여가 있어 문화유적 풍부<br>• 일조량이 풍부해 배, 포도, 사과 등을 많이 재배 | 단양 팔경, 무령왕릉, 안면도, 공주 공산성 |
| 세종<br>특별자치시 | • 국토 균형 발전을 목표로 건설한 행정 중심 복합도시<br>• 서울에 있던 행정부처 일부를 이전 | 세종호수공원 |
| 대전광역시 | • 남한 중심부에 위치한 교통의 요지<br>• 충청 지역 핵심 도시이며, 과학 산업단지가 형성됨 | 장태산, 대청호 |

**대관령**
강원도 강릉시와 평창군의 경계에 있는 고개이며, 한국에서 가장 먼저 서리가 내리는 지역

**의림지**
충청북도 제천에 있는 저수지이다. 김제 벽골제, 밀양 수산제와 함께 한국에서 가장 오래된 수리시설 중 하나이다.

## 남부지방

- 한반도 남쪽에 위치한 섬 제주도를 포함하여 경상도와 전라도 일대를 가리킨다.
- 경상도 일대는 영남지방, 전라도 일대는 호남지방이라고 부른다.
- 경상도 일대는 국내 최대의 과일 재배지역이며 벼농사가 발달했다.

- 전라도 일대는 최근 새만금 간척지구, 목포항 등에 개발을 집중하고 있다.
- 제주도는 바람, 돌, 여자가 많아 예로부터 삼다도로 불렸으며 최근에는 세 가지 보물(제주 방언, 수중 자원, 식물의 보고)이란 뜻의 삼보의 섬이라고 불린다.

| 지역 | 특징 | 명소 |
|---|---|---|
| 경상 남·북도 | • 일찍부터 공업이 발달하여 대규모 공업단지 조성<br>• 경주는 불교, 안동은 유교 문화유산이 많이 보존됨 | 불국사, 첨성대, 하회마을, 도산서원, 우포늪 |
| 전라 남·북도 | • 비옥한 토지 덕분에 벼농사가 널리 이루어짐<br>• 어업과 수산업도 발달 | 전주 한옥마을, 죽녹원, 순천만, 목포 해상케이블카 |
| 대구광역시 | • 섬유산업 발달<br>• 분지 지형으로 여름에 무더운 날씨 | 동성로, 이월드, 근대골목, 방천시장 |
| 부산광역시 | • 한국 제2의 도시이자 제1의 무역항<br>• 매년 부산국제영화제 개최 | 해운대, 태종대, 감천문화마을 |
| 울산광역시 | • 한국 제1의 공업도시로 경제성장 주도<br>• 자동차·조선·석유화학 산업 등 발달 | 간절곶, 반구대, 영남알프스 |
| 광주광역시 | • 호남 지역의 중심지<br>• 5·18 민주화운동이 전개되었던 도시 | 무등산 |
| 제주 특별자치도 | • 한국에서 가장 큰 섬으로 화산지형<br>• 뛰어난 자연경관과 따뜻한 날씨, 관광자원 풍부 | 한라산, 성산일출봉, 우도, 섭지코지 |

한라산 백록담

## 지역 특산품

| 지역 | 특산물 | | |
|---|---|---|---|
| 경기도 | • 유기(안성)<br>• 인삼(강화) | • 쌀(여주, 이천, 김포)<br>• 막걸리(포천) | • 잣(가평)<br>• 도자기(이천, 여주) |
| 강원도 | • 옥수수(정선)<br>• 고랭지 채소(평창) | • 감자(평창)<br>• 오징어(속초, 동해) | • 한우(횡성)<br>• 황태(인제) |
| 충청도 | • 밤(공주)<br>• 대하(태안)<br>• 딸기(논산) | • 모시(한산)<br>• 호두과자(천안)<br>• 고추(괴산) | • 인삼(금산)<br>• 대추(보은) |
| 전라도 | • 굴비(영광)<br>• 수박(고창)<br>• 고추장(순창)<br>• 대나무(담양) | • 배(나주)<br>• 제기(남원)<br>• 김(완도) | • 김(완도)<br>• 녹차(보성)<br>• 천일염(신안) |
| 경상도 | • 게(울진, 영덕)<br>• 미역(기장)<br>• 사과(청송)<br>• 참외(성주) | • 오미자(문경)<br>• 곶감(상주)<br>• 오징어(울릉도) | • 인삼(영주)<br>• 하회탈(안동)<br>• 마늘(의성) |
| 제주도 | • 귤(서귀포) | • 옥돔(제주) | |

**유기**
놋그릇. 구리와 주석 합금으로 만든 고급 그릇

**고랭지 채소**
상대적으로 기온이 낮은 고산 지대에서 재배하는 채소

**천일염**
바닷물의 수분만 증발시켜 만든 가공하지 않은 소금

**하회탈**
안동 지역에서 전승되어 온 나무 탈

답사란 현장을 방문하여 직접 조사하는 것을 말한다. 책·인터넷 등을 통한 조사보다 자신에게 필요한 정보를 정확하게 얻을 수 있다.

답사의 과정은 다음과 같다.

| 답사 전 단계 | 답사 진행 단계 | 답사 후 단계 |
|---|---|---|
| ① 주제와 목적 정하기<br>② 장소 선택<br>③ 조사 내용과 방법 등 준비(보고서 일부 작성) | 인터뷰·관찰·관련 자료 조사·지도 그리기 등 실제 활동 좌측 실시 | ① 자료를 정리하고 부족한 내용 보충<br>② 답사보고서 완성 |

## 관광명소

한국관광공사는 한국인이 꼭 가봐야 할 관광명소 100선(2023~2024)을 선정하였다.

| 구분 | 지역 | 관광명소 |
|---|---|---|
| 수도권 | 서울 | 서울숲, 서울스카이&롯데월드, 청와대앞길&서촌마을 |
| | 경기 | 자라섬, 재인폭포공원 |
| 강원권 | 강원 | 춘천 삼악산 호수 케이블카, 도째비골 스카이밸리&해랑전망대, 무릉계곡 |
| 충청권 | 대전 | 한밭수목원 |
| | 세종 | 국립세종수목원 |
| | 충북 | 중앙탑사적공원&탄금호무지개길 |
| | 충남 | 수덕사 |
| 전라권 | 광주 | 5.18기념공원 |
| | 전북 | 고창고인돌운곡습지마을, 고군산군도, 왕궁리 유적 |
| | 전남 | 근대역사문화공간&목포해상케이블카, 여수세계박람회장&여수해상케이블카, 상생의길&소나무숲길, |
| 경상권 | 부산 | 엑스더스카이&해운대 그린레일웨이, 광안리해변&SUP존, 오시리아 관광단지 |
| | 대구 | 서문시장&동성로, 앞산공원 |
| | 경북 | 스페이스워크, 경주 대릉원(동궁과 월지, 첨성대)&황리단길, 문경단산모노레일, 죽변해안스카이레일 |
| | 경남 | 김해가야테마파크, 통영 디피랑, 고성 당항포, 여좌천(벚꽃명소), 거창 항노화힐링랜드 |

※ 자세한 정보는 한국관광공사 홈페이지에서 확인

# 3. 교통

## 지하철  기출

**수도권 지하철**
1~9호선, 인천
1·2호선, 분당선,
신분당선, 중앙선,
수인선 등 운영

- 서울과 수도권, 부산, 대구, 대전, 광주에서 운행되고 있다.
- 서울 기준으로 성인 기본요금은 교통카드 이용 시 1,400원이며, 거리에 따라 요금이 추가된다.
- 보통 오전 5시 30분부터 자정 무렵까지 운행하며, 출퇴근 시간에는 운행 간격이 짧아진다.

> **더 알고가기**  **통합환승할인 제도**
> 버스와 지하철, 혹은 다른 노선의 버스를 갈아탈 때, 요금을 할인받는 제도다. 반드시 교통카드를 이용하여 하차 후 30분 이내에 환승해야 할인이 적용된다.

## 버스

**광역버스**
서울 도심과 수도권
주요 위성도시를 연
결하는 버스로 일반
시내버스보다 요금
이 비싸다.

- 가까운 곳을 이동할 때는 정류소를, 장거리를 이동할 때는 버스터미널을 이용한다.
- 시내버스 요금은 지역별로 차이가 있다. 서울 기준으로 성인이 교통카드를 이용할 때 기본요금은 1,500원이다.
- 장거리 버스는 여러 도시를 거치는 시외버스와 목적지까지 한 번에 가는 고속버스로 나뉜다. 구간과 버스의 등급에 따라 가격이 다르며, 미리 표를 구매해야 한다.

> **더 알고가기**  **버스전용차로**
> 버스를 신속·정확하게 운행하기 위해 버스만 다닐 수 있도록 지정한 차로이다. 시내의 전용차로는 오직 버스만 차선을 이용할 수 있으며, 특히 서울에서 2004년 도입한 중앙 버스전용차로가 점차 확대되고 있다. 고속도로는 경부고속도로와 영동고속도로 일부 구간에서 버스전용차로제를 시행하고 있다. 오전 7시부터 오후 9시까지 운영되며, 버스와 9인승 이상의 승합차가 이용할 수 있다.

## 기차와 철도 기출

- 기차는 KTX(고속철), 새마을호, 무궁화호, 누리로 등이 있다.
  - KTX : 최고 운행속도 시속 305㎞의 한국에서 가장 빠른 열차로 2004년 개통하였다.
  - 새마을호 : KTX 신설 이전에 가장 높은 등급의 열차로 편안한 좌석을 제공한다.
  - 무궁화호 : 서민의 발이라는 별명을 가진 노선으로 전국 곳곳에 배치된 열차이다.
  - 누리로 : 무궁화호와 같은 등급이지만 승강단이 움직이는 최신형 열차이다.

> **더 알고가기** SRT
> 2016년 12월 개통된 수서고속철도로 주식회사 SR에서 운영하는 민영 철도이다. 수서에서 부산, 수서에서 목포 구간을 운영한다.

- 주요 철도 노선
  - 경부선 : 서울에서 부산. 우리나라에서 가장 긴 철도이다.
  - 호남선 : 대전에서 목포. 호남지방 평야지대를 남북으로 관통한다.
  - 전라선 : 익산에서 여수. 호남지방 내륙을 남북으로 관통한다.
  - 장항선 : 천안에서 익산. 충청남도 남서부지역의 주요 교통로이다.
  - 경전선 : 밀양에서 광주. 남해안을 동서로 횡단한다.

> **더 알고가기** 경인선
> 우리나라 최초의 철도로 서울 구로에서 인천까지의 노선이다. 현재는 수도권 전철 노선으로 활용되고 있다.

**KTX-산천**
국산 기술로 제작한 고속철도로 2010년 운행을 시작하였다.

**승강단**
층계를 오르내리는 단

PART 01
PART 02
PART 03
PART 04
PART 05
PART 06
PART 07

## 도로  `기출`

- 한국의 도로는 고속국도, 일반국도, 특별 광역시도, 지방도 등으로 나뉜다.
- 고속국도와 일반국도는 국토교통부 장관이, 특별·광역시도, 지방도, 시·군·구도는 각 지역의 장이 관리한다.
- 고속국도 : 중요도시를 연결하는 자동차 전용 도로이다.
- 주요 고속국도

**경인고속국도**
1968년 12월 개통한 우리나라 최초의 고속도로이다. 그러나 2017년 12월부터 일반도로로 전환되었다.

| 도로 | 특징 |
|---|---|
| 경부고속국도 | 서울~부산. 지역 거점 도시를 거치는 최장거리 고속도로 |
| 남해안고속국도 | 전남~부산. 남부지역 동서를 잇는 도로 |
| 서해안고속국도 | 서울~전남. 개발 잠재력이 높은 서해안 라인에 위치 |
| 중부고속국도 | 경기~경남. 남북을 잇는 도로 |
| 호남고속국도 | 전남~충남. 남북을 잇는 도로 |
| 영동고속국도 | 인천~강원. 중부지역 동서를 잇는 도로 |
| 광주대구고속국도 | 광주~대구. 기존 88올림픽고속도로로 도로 확장 후 명칭 변경 |

- 일반국도 : 중요 도시와 지정 항만, 중요한 비행장, 관광지 등을 연결하는 도로이다.

## 공항과 여객기  `기출`

**인천국제공항**
인천 영종도에 위치한 한국을 대표하는 공항이다. 시설과 서비스 측면에서 세계 최고의 공항으로 불린다.

- 한국에는 8개 국제공항과 7개 국내공항이 있다.
  - 국제공항 : 인천, 김포, 제주, 김해, 청주, 대구, 양양, 무안
  - 국내공항 : 군산, 여수, 포항경주, 울산, 원주, 사천, 광주
- 한국의 대형 항공사는 대한항공과 아시아나항공이며, 저가 항공으로 제주항공, 진에어, 에어부산 등이 있다.

## 항구

- 삼면이 바다인 국토의 특성상 항만이 발달하였다.

- 우리나라 주요 항만

| 항만 | 특징 |
|------|------|
| 인천항 | • 서해안의 가장 중요 항만으로 수도권에 근접<br>• 아시아 최대 갑문시설 위치 |
| 부산항 | • 우리나라에서 가장 먼저 개항한 항만<br>• 한국 최대 항만이자 세계 5위의 컨테이너 항구 |
| 여수 · 광양항 | • 인근에 석유화학과 수산물 가공 공단 발달<br>• 원자재 수입과 수출에 유리 |
| 울산항 | • 울산공업단지 조성 후 항만시설 필요에 따라 조성<br>• 중화학공업 주요 항만으로 성장 |

**항만**
선박의 출입, 화물과 여객 등의 승·하선이 가능한 곳

## 4. 기후

### 한국의 기후 기출

- 한국은 봄, 여름, 가을, 겨울 사계절이 뚜렷한 온대기후 지역에 속한다.

| | |
|------|------|
| 봄 | • 3~5월로 기온이 점차 오르며 날씨가 따뜻하다.<br>• 황사현상과 꽃샘추위가 나타나기도 한다.<br>• 꽃이 피는 계절로, 많은 사람들이 나들이를 떠난다. |
| 여름 | • 6~8월로 무덥고 습하며, 열대야가 나타나기도 한다.<br>• 장마와 태풍으로 인한 집중호우에 주의해야 한다.<br>• 더운 날씨를 피해 산이나 바다로 피서를 간다. |
| 가을 | • 9~11월로 선선하고 화창한 날이 많다.<br>• '천고마비의 계절'이라고 부르기도 한다.<br>• 단풍이 아름다워 산에 행락객으로 붐빈다. |
| 겨울 | • 12~2월로 춥고 건조하며, 삼한사온 현상이 나타난다.<br>• 눈이 내리고 찬바람이 많이 분다.<br>• 김장하고, 추운 날씨에 대비해 월동준비를 한다. |

**꽃샘추위**
이른 봄 일시적으로 추워지는 현상

**열대야**
기온이 25℃ 이상 유지되는 밤

**천고마비**
하늘은 높고, 말은 살찐다는 뜻으로 날씨가 좋고 풍족한 계절인 가을을 나타내는 말

**삼한사온**
3일간 춥고 4일간 다소 따뜻한 날씨가 반복되는 현상

## 기상 현상 〈기출〉

**무더위**
습도와 온도가 매우 높아 찌는 듯 견디기 어려운 더위

- 황사 : 중국 사막지역에서 불어오는 모래바람을 말한다. 주로 봄에 빈번하게 발생하여 '봄의 불청객'으로 불린다.
- 가뭄 : 오랫동안 비가 오지 않아 강수량이 부족해져 땅이 마르는 현상이다.
- 폭염 : 여름철 무더위가 극심한 현상을 말한다.
- 장마 : 6, 7월에 지속해서 많이 내리는 비를 말한다.
- 태풍 : 열대저기압으로 인해 강한 바람이 불고 많은 비가 내리는 현상이다.
- 집중호우 : 특정 지역에서 짧은 시간 동안 많은 양의 비가 내리는 것을 말한다.
- 홍수 : 많은 비로 인해 하천이 범람하고, 물에 잠기는 자연 재해다.
- 우박 : 지름 5mm~10cm 정도의 얼음덩어리가 공중에서 떨어지는 현상이다. 농작물이 깨지거나 부서지는 피해가 발생한다.
- 한파 : 겨울철 온도가 급격히 내려가는 현상을 가리킨다.

> **더 알고가기** **미세먼지**
>
> 공기 중에 있는 눈에 보이지 않는 아주 작은 크기의 먼지이다. 미세먼지에 노출되면 천식이나 기관지염 같은 호흡기 질환뿐만 아니라 심혈관 · 피부 · 안구 질환에 걸릴 수 있다. 따라서 미세먼지가 '나쁨' 수준이면 반드시 마스크를 착용해야 한다.

# CHAPTER 02 주요 개념 확인

01 한국은 동쪽이 높고 서쪽은 낮은 (                    )의 지형이다.

02 전체 국토의 70%가 ①(                    )이며, 삼면이 ②(                    )(으)로 둘러싸여 있다.

03 한반도에서 가장 높은 산은 ①(                    )이고, 남한에서 가장 높은 산은 제주도에 있는 ②(                    )이다.

04 남한에서 가장 긴 강인 (                    ) 하류에는 김해평야가 있다.

05 (                    )은/는 수심이 얕고 넓은 갯벌이 조성되어있다. 해안선이 복잡하고 섬이 많아 군산에서 부안까지 방조제를 축조하여 용지를 확보하는 새만금 간척 사업도 이루어졌다.

정답 **01** 동고서저  **02** ① 산지 ② 바다  **03** ① 백두산 ② 한라산  **04** 낙동강  **05** 서해(황해)

**06** (　　　　　　　　　)은/는 국토 균형발전을 목표로 건설한 행정 중심 복합도시이다.

**07** 강원도는 (　　　　　　　　　)을/를 기준으로 영동지방과 영서지방으로 구분한다.

**08** 한국에서 가장 빠른 기차는 (　　　　　　　　　)이다.

**09** 한국에서 가장 긴 고속국도는 (　　　　　　　　　)이다.

**10** 주로 6~8월에 발생하며, 밤에도 기온이 25℃ 이상으로 유지되는 경우를 일컬어 (　　　　　　　　　)라고 한다.

**정답**　**06** 세종특별자치시　　**07** 태백산맥　　**08** KTX(고속철도)　　**09** 경부고속국도　　**10** 열대야

# CHAPTER 02 단원 정리 문제

**01** 대한민국 지리에 대한 설명으로 **틀린** 것은 무엇인가?

① 국토의 70%가 평야로 구성되어 있다.
② 동해는 수심이 깊다.
③ 남해는 해안선이 복잡하다.
④ 강 주변에 평야가 발달하였다.

 **해설**  대한민국은 국토의 약 70%가 산지이다.

**02** 강원도를 영동 · 영서지방으로 구분하는 기준이 되는 산맥은 무엇인가?

① 노령산맥  ② 차령산맥
③ 태백산맥  ④ 소백산맥

**03** 대한민국 중부를 가로지르는 이 강을 중심으로 수도권이 형성되어 있다. 이 강의 이름은 무엇인가?

① 낙동강  ② 한강
③ 영산강  ④ 임진강

**정답**  **01** ①  **02** ③  **03** ②

**04** 전라남도 영산강 근처에 위치한 평야의 이름은 무엇인가?

① 김포평야    ② 논산평야    ③ 나주평야    ④ 김해평야

**05** 다음 기온 현상 중에서 주로 겨울에 발생하는 현상은?

① 황사          ② 꽃샘추위

③ 열대야       ④ 삼한사온

> **해설** 삼한사온은 3일간은 춥고 4일간은 다소 따뜻한 날씨가 반복되는 현상을 말한다.
> ①, ②는 주로 봄에 발생하고, ③은 여름에 발생한다.

**06** 다음 중 동해안의 특징은 무엇인가?

① 수온이 높다.      ② 수심이 깊다.

③ 섬이 많다.       ④ 해안선이 복잡하다.

> **해설** 동해안은 수심이 깊으며 해안선이 단조롭다.

**07** 밀물 때 바닷물이 들어오고 썰물 때 바닷물이 나가는 평평한 지형을 무엇이라고 하는가?

① 석호      ② 방조제      ③ 간척지      ④ 갯벌

> **해설** 갯벌은 간만의 차가 큰 해안에서 육지와 바다 사이에 밀물일 땐 물에 잠기고, 썰물일 땐 드러나는 땅이다.

**정답**  **04** ③   **05** ④   **06** ②   **07** ④

**08** 다음 중 태백산맥에 위치한 고개는 무엇인가?

① 대관령                    ② 문경새재

③ 죽령                      ④ 추풍령

> **해설**   태백산맥에 위치한 주요 고개는 대관령, 미시령, 한계령이다.

**09** 한라산 정상의 화구호를 무엇이라고 하는가?

① 나리분지                ② 천지

③ 백록담                  ④ 개마고원

**10** 일본이 다케시마라 부르며 영유권을 주장하는 대한민국의 영토는 어디인가?

① 제주도                 ② 울릉도

③ 독도                    ④ 마라도

> **해설**   독도는 경상북도 울릉군 울릉읍 독도리에 속한 대한민국 영토이다.

**11** 한국에서 가장 큰 섬의 이름은 무엇인가?

① 제주도                 ② 울릉도

③ 독도                    ④ 마라도

**정답**   **08** ①    **09** ③    **10** ③    **11** ①

PART 01
PART 02
PART 03
PART 04
PART 05
PART 06
PART 07

**12** 한국 농촌의 특징으로 알맞은 설명은 무엇인가?

① 남한 인구의 90% 이상이 거주하고 있다.

② 주요 국가기관과 기업이 몰려 있다.

③ 집값이 비싸고 교통이 복잡하다.

④ 노인 인구 비중이 높아 노동력이 부족하다.

>  청년층이 도시로 이동하면서 농촌은 노인 인구가 많고, 노동력이 부족한 상태이다.

**13** 다음 중 국내공항이 있는 도시가 <u>아닌</u> 곳은?

① 군산       ② 여수

③ 인천       ④ 광주

>  한국은 군산, 여수, 포항, 울산, 원주, 사천, 광주까지 총 7개의 국내공항이 있다. 인천은 국제공항이다.

**14** 굴비가 유명한 지역은 어디인가?

① 영광       ② 나주

③ 강화       ④ 순창

정답   **12** ④    **13** ③    **14** ①

**15** 분지 지형으로 여름철 무더위가 유명한 곳은 어디인가?

① 인천광역시 ② 대구광역시

③ 전라북도 ④ 강원특별자치도

 대구는 대표적인 분지 지형 도시로 여름철 매우 무더운 곳으로 손꼽힌다.

**16** 다음 중 현재 지하철이 개통되지 <u>않은</u> 도시는 어디인가?

① 울산 ② 대전

③ 대구 ④ 부산

 울산은 현재 지하철이 개통되지 않은 유일한 광역시이다.

**17** 대한민국 최초의 철도 노선은 무엇인가?

① 경부선 ② 호남선

③ 경인선 ④ 경춘선

 경인선은 우리나라 최초의 철도 노선으로, 현재는 수도권 전철 노선으로 활용되고 있다.

PART 01
PART 02
PART 03
PART 04
PART 05
PART 06
PART 07

**18** 익산과 여수를 잇는 철도 이름은 무엇인가?

① 호남선          ② 경춘선

③ 전라선          ④ 충북선

> **해설** 호남선은 대전과 목포, 경춘선은 서울과 춘천, 충북선은 대전과 제천을 연결한다.

**19** 서민의 발이라는 별명을 가지고 있으며 전국 곳곳에 배치된 열차는 무엇인가?

① KTX          ② 무궁화호

③ 누리로          ④ 새마을호

> **해설** '무궁화호'는 전국 곳곳에 배치된 열차로 서민의 발이라는 별명을 가지고 있다.

**20** 대한민국 최초의 고속국도는 무엇인가?

① 경부고속국도          ② 영동고속국도

③ 중앙고속국도          ④ 경인고속국도

> **해설** 1968년 12월 개통된 경인고속국도는 서울과 인천을 연결하는 우리나라 최초의 고속국도이다. 그러나 2017년 12월부터 일반국도로 전환되었다.

**정답**    18 ③    19 ②    20 ④

**21** 대한민국 제1의 국제공항 역할을 담당하다가 지금은 국내선 위주로 운항하는 공항은 어디인가?

① 김포공항                  ② 김해공항

③ 제주공항                  ④ 청주공항

 서울에 위치한 김포공항은 우리나라 제1의 국제공항 역할을 담당하였으나 인천국제공항이 개항함에 따라 국내선 위주로 운항한다. 현재 취항하는 국제선은 일본과 중국 일부 지역에 그친다.

**22** 인천국제공항이 위치한 섬의 이름은 무엇인가?

① 백령도                  ② 연평도

③ 대부도                  ④ 영종도

해설 인천국제공항은 인천 중구의 영종도에 위치해 있다.

**23** 대한민국 제1의 항구도시는 어디인가?

① 인천                  ② 제주

③ 부산                  ④ 목포

해설 부산광역시는 대한민국 제2의 도시이자 제1의 항구도시이다.

정답   21 ①    22 ④    23 ③

PART 01

PART 02

PART 03

PART 04

PART 05

PART 06

PART 07

**24** 날씨가 따뜻해지며, 꽃샘추위가 나타나는 계절은 언제인가?

① 봄                    ② 여름
③ 가을                  ④ 겨울

> **해설** 꽃샘추위란 이른 봄 꽃이 필 때 일시적으로 찾아오는 추위이다.

**25** 다음 중 가을의 특징이 <u>아닌</u> 것은 무엇인가?

① 산속 나무들은 단풍이 물들고 산에 행락객이 붐빈다.
② 천고마비의 계절이라고 한다.
③ 장마와 태풍으로 인한 집중호우에 주의해야 한다.
④ 추석이 있으며, 수확이 이뤄진다.

> **해설** 장마와 태풍이 이어지고 집중호우에 주의해야 하는 계절은 여름이다.

**26** 다음에서 설명하는 산으로 옳은 것은?

> 우리나라의 5번째 국립공원이자 경관이 빼어나고 생태적 보존 가치가 높아 1982년 유네스코에서 생물권 보존 지역으로 확정되었다.

① 금강산                ② 설악산
③ 한라산                ④ 북한산

> **해설** 설악산에는 약 1,000종류의 희귀 식물이 자라고 있어 1965년에는 천연 보호 구역으로 지정되었다.

**정답** 24 ①    25 ③    26 ②

**27** 대한민국에서 가장 동쪽에 위치한 섬으로 옳은 것은?

① 제주도        ② 진도

③ 거제도        ④ 독도

 독도는 천연기념물 제336호로 대한민국에서 가장 동쪽에 위치한 전략적 요충지이다.

**28** 주민이 자신들의 거주 지역에 혐오시설이 설치되는 것을 거부하는 현상은?

① 이촌향도 현상        ② 핌피 현상

③ 님비 현상        ④ 열섬 현상

 님비(NIMBY)란 'Not In My Back Yard'라는 말을 줄인 것으로 쓰레기장, 소각장 같은 혐오시설이 자신들의 거주 지역에 설치되는 것을 거부하는 현상이다.

**29** 다음에서 설명하는 광역시로 옳은 것은?

> 대한민국 제1의 무역항이자 매년 국제영화제를 개최한다.

① 부산광역시        ② 대구광역시

③ 광주광역시        ④ 대전광역시

 부산광역시는 대한민국 제2의 도시이자 제1의 무역항으로 매년 10월에 부산국제영화제(Biff)를 개최한다.

**정답**   27 ④    28 ③    29 ①

**30** 서해안의 가장 중요 항만으로 아시아 최대 갑문 시설이 위치한 항만은?

① 인천항 ② 부산항

③ 광양항 ④ 울산항

 인천항은 서해안의 가장 중요 항만으로 수도권에 근접해 있다. 또한, 아시아에서 가장 큰 갑문 시설도 자리 잡고 있다.

MEMO

# 사회

## 1. 사회적 특징

**저출산**
아이를 적게 낳는
현상

**고령화**
전체 인구에서 노인
비율이 증가하는
현상

**고령사회**
국제연합(UN)은
65세 이상 인구가
전체 인구에서 차
지하는 비율이 7%
이상인 경우 고령
화사회, 14% 이상
은 고령사회, 20%
이상은 초고령사
회로 구분한다.

**국민행복카드**
보육료 지원 등
정부에서 지원하
는 국가바우처를
한 장의 카드로
이용할 수 있는
카드

### 저출산 고령화 〈기출〉

- 1960년대 출산율이 증가하고 사망률이 낮아지면서 인구가 급속히 증가하였다. 이에 1960~1980년대 산아제한 운동을 실시하였다.
- 1990년대 이후 여성의 사회참여 비율이 증가하고, 혼인연령이 높아지면서 출산율이 낮아짐에 따라 2022년 기준 0.78명까지 낮아졌다.
- 2023년 12월 기준으로 65세 이상 인구는 약 950만명으로 한국 전체인구 약 5,171만 명의 18%를 넘는다. 한국은 고령사회에 접어들었다고 볼 수 있다.

| **더 알고가기** 임신 · 출산 · 양육 지원 제도 | |
| --- | --- |
| 정부가 출산율을 높이고, 임산부와 태아의 건강한 출산을 돕기 위해 시행하는 제도이다. | |
| **진료비 지원** | 임산부에게 국민행복카드를 지급하여 혈액검사, 기형아검사 등 산전검사비의 일부를 지원하는 제도 |
| **출산비 지원** | 병원이나 조산원이 아닌 장소에서 출산하는 경우 정해진 금액을 지급하는 제도 |
| **영유아 건강검진** | 생후 14일부터 71개월까지 주기별로 건강검진을 무료로 받을 수 있는 제도 |

### 다문화 사회

**다문화 사회**
한 사회 안에 여
러 민족과 문화가
함께 존재하는 사
회이다.

- 한국에 체류하는 외국인 수는 2022년 기준 2,245,912명이다.
- 외국인 근로자의 필요성은 더욱 커지고, 국제결혼도 증가함에 따라 한국 사회는 앞으로 더욱 다문화 사회로 변화할 것이다.

PART 01
PART 02
PART 03
**PART 04**
PART 05
PART 06
PART 07

> **더 알고가기** 연고
>
> 한국인은 처음 만나는 사람에게서 공통점을 찾는 질문을 하는 경우가 많다. 이는 공통된 연결고리, 연고를 중시하기 때문이다. 핏줄로 이어진 인연은 혈연, 출신지역으로 이어진 인연은 지연, 같은 학교 출신으로 이어진 인연은 학연이라고 한다.

## 가족 형태의 변화

- 가장 흔한 가족형태는 핵가족이다.
- 최근에는 학업이나 취업 등의 이유로 일찍부터 독립하거나 결혼하지 않고 혼자 사는 1인 가구도 증가하고 있다.

**핵가족**
부부와 미혼 자녀만으로 구성된 소가족

> **더 알고가기** 대가족
>
> 전통적인 가족 형태이다. 과거에는 자녀를 많이 낳았고, 결혼 후에도 부모님을 모시고 사는 경우가 많아 한 가족이 3대, 많게는 4대가 함께 사는 대가족이 많았다.

## 교육 〈기출〉

- 취학 전 보육기관
  - 어린이집 : 만 0세부터 만 5세까지의 아동을 보육하는 기관이다.
  - 유치원 : 만 3세부터 초등학교 입학 전까지의 아동을 교육하는 기관이다.

**보육**
어린 아이를 돌보아 기르는 일

> **더 알고가기** 보육 지원 제도
>
> - 보육비 지원
>
> | 보육료 지원 | 어린이집을 이용하는 만 0~5세 아동 |
> | --- | --- |
> | 유아학비 지원 | 유치원에 다니는 만 3~5세 아동 |
> | 가정양육수당 지원 | 가정에서 양육하는 취학 전 최대 86개월 미만 아동 |
>
> - 아이돌봄 서비스 : 만 12세 이하의 자녀를 둔 맞벌이 부모 가정에 돌보미가 방문하여 아이를 대신 돌보아 주는 제도이다.
> - 저소득 한부모가족 아동양육비 지원 : 저소득층 한부모가족의 만 18세 미만 아동에게 양육비를 지원하는 제도이다.

**한부모가족**
아버지나 어머니 중 한 사람이 배우자 없이 18세 미만 아동을 양육하는 가족

- 초 · 중등 교육기관
  - 초등학교 : 6년 과정, 의무교육
  - 중학교 : 3년 과정, 의무교육
  - 고등학교 : 3년 과정, 무상교육
  - 고등학교는 일반계 고등학교, 전문계 고등학교, 특수목적 고등학교 등으로 나뉜다.
  - 각 학년은 매년 3월 시작되며, 1학기와 2학기로 되어 있다.
  - 한국에서 고등학교까지 마치는 학생들의 비율은 OECD 평균을 훨씬 웃돈다.
- 고등교육기관
  - 대학교와 대학원은 한국의 고등교육기관이다.
  - 대학교는 분야와 특성에 따라 2년제, 3년제, 4년제 등으로 나뉜다.
  - 대학교에 입학하기 위해서는 일반적으로 대학수학능력시험(매년 11월 실시)을 치른다.
  - 대학원은 대학교 졸업자가 입학할 수 있고, 석사과정 수료 후 박사과정에 진학할 수 있다.

**사이버대학교**
인터넷 등을 이용하여 강의를 진행하는 대학교

**기러기 아빠**
교육 목적으로 자식과 아내를 외국으로 보내고 국내에 홀로 남아 가족을 뒷바라지하는 아버지를 가리키는 말

> **더 알고가기**　**교육열**
> 한국은 교육열이 매우 높은 나라로, 덕분에 인재를 많이 배출할 수 있었다. 그러나 입시 경쟁이 치열해 사교육비 지출이 높고, 조기유학 열풍으로 가족관계에 악영향을 끼치는 문제점도 많다.

> **더 알고가기**　**검정고시**
> 학력 자격에 관한 검정시험에는 중학교(초졸), 고등학교(중졸), 대학교(고졸)의 입학자격을 부여하는 검정고시제가 있다. 이 시험에 합격하면 각 해당 급별 학교 졸업자와 동등의 학력이 인정되며, 상급학교에 입학할 자격이 주어진다.

- 평생교육
  - 연령에 구애받지 않고 원하는 때에 본인이 관심을 가지거나 필요로 하는 분야에 대해 배울 수 있는 것을 말한다.
  - 평생교육 프로그램을 제공하는 기관 : 국가평생교육진흥원 및 시 · 도 평생교육진흥원, 시 · 군 · 구 평생 학습관, 대학의 평생교육원, 지역의 구민회관, 사이버대학, 원격평생교육원 등

> **더 알고가기**　**학점은행제**
> 정규 대학에 재학하지 않은 사람이라 하더라도 다양한 형태의 학습과 자격을 학점으로 인정하여, 일정 기준을 충족시킨 사람에게 학위를 수여하는 것을 말한다.

## 직장 `기출`

- 여성의 교육열과 사회 진출이 많아지면서 맞벌이 부부도 늘어났다.
- 한국은 월요일부터 금요일까지 한 주 동안 휴게시간을 제외하고 40시간 근무하는 '주 5일제'를 시행하고 있지만, 일부는 주말에도 근무한다.

> **더 알고가기** 근로시간
>
> 근로기준법에 따르면 1주간 근무시간은 40시간(휴게시간 제외)을 초과할 수 없고, 1일 근로시간은 8시간을 초과할 수 없다. 만약 연장근무를 하게 되면 근로시간 임금의 1.5배를 받는다.

- 직장 관련 용어

| | |
|---|---|
| 출근 | 일터에 근무하러 가는 것 |
| 퇴근 | 일터에서 근무를 마치고 집으로 돌아오는 것 |
| 조퇴 | 정하여진 시간 전에 나가는 것 |
| 결근 | 근무해야 할 날에 출근하지 않고 빠지는 것 |
| 야근 | 정해진 퇴근 시간이 지나도 직장에 남아 밤늦게까지 일하는 것 |
| 출장 | 업무를 위해 다른 곳에 임시로 나가는 것 |
| 회의 | 여럿이 모여 어떤 사항에 관하여 의견을 교환하는 것 |
| 회식 | 직장동료나 상사 등 여럿이 모여 함께 식사하는 자리 |
| 급여 | 직장에서 노동을 대가로 받는 돈 |
| 승진 | 회사에서 직위가 오르는 것 |
| 퇴직, 사직 | 회사를 그만두는 것 |
| 실업급여 | 자신의 의지와 상관없이(인원 감축, 계약만료 등) 퇴사한 후 재취업 활동을 하는 동안 지급되는 소정의 급여 |

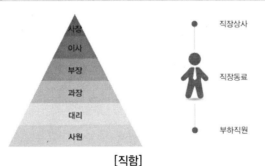

[직함]

---

**맞벌이 부부**
남편과 아내 모두 직장생활을 하는 부부

**최저임금**
임금의 최저 수준을 보장하는 기준이 되는 금액. 2024년 최저임금은 9,860원이다.

**월급**
한 달 동안 일하고 받는 돈

**비정규직**
근로기간이 정해져 있는 계약직, 일용직 일자리

PART 01
PART 02
PART 03
PART 04
PART 05
PART 06
PART 07

- 외국인의 일자리 구하기
  - 채용정보에 관심을 갖고 해당 분야에 필요한 능력을 갖춘다.
  - 자격증 등을 따거나 아르바이트를 통해 현장 경험을 쌓는다.
  - 취업할 때에는 근로계약서를 작성해야 한다.
  - 문제가 발생할 경우 고용노동부나 한국산업인력공단 등에 도움을 요청한다.

> **더 알고가기** **근로계약서**
>
> 근로계약서는 회사가 근로자를 채용하고 근로자는 일을 하고 회사로부터 월급을 지급받기로 약속하고 작성하는 문서이다. 만약 근로계약서를 작성하지 않는 경우에는 회사가 벌금을 내야 한다.

## 2. 사회복지제도

### 사회보험 `기출`

**사회복지제도**
국민이 최소한의 인간다운 삶을 살 수 있도록 마련한 제도이다. 사회보험, 공공부조, 사회복지서비스 등이 있다.

**공제**
받을 몫에서 일정한 금액을 빼는 것

- 국민에게 노령, 질병, 실업 등 위험이 발생했을 때 국가가 일정 부분 지원해주는 제도이다.
- 대한민국 국민은 법에 따라 4대 보험에 가입해야 하며, 일반 직장인의 경우 의무 가입으로 소득에서 일정 금액을 공제한다.
- 4대 보험

| 명칭 | 특징 |
|---|---|
| 건강보험 | 병원에서 치료를 받을 때 의료비의 일부를 지원받는 제도이다. |
| 고용보험 | 회사에서 해고된 후 구직활동을 할 때 금전적인 지원을 받는 제도이다. |
| 국민연금 | 노인이 되어 더는 일하기 어려울 때 매달 일정 금액의 생활비를 받는 제도이다. |
| 산업재해보상보험 | 회사에서 근무 중 사고가 나서 다쳤을 때 그 피해를 보상받는 제도이다. |

## 공공부조

- 생활을 유지할 능력이 없거나 어려운 국민의 최저 생활을 보장하고 자립할 수 있도록 나라에서 지원하는 제도이다.
- 대표적인 공공부조

| 명칭 | 특징 |
|---|---|
| 기초생활보장 | • 생계유지가 곤란한 저소득층에게 금전적인 비용을 지원하거나 보장 시설에 머물 수 있도록 돕는 제도이다.<br>• 수급자는 신청자의 소득과 재산 수준을 심사한 뒤 결정한다.<br>• 긴급복지지원, 취약계층 특별보호대책 등 |
| 자립지원 | • 저소득층이 자활할 수 있도록 근로기회를 제공하거나 자산을 키울 수 있도록 돕는 제도이다.<br>• 자활근로사업, 자산형성지원 등 |
| 기초의료보장 | • 저소득층이나 중증질환 환자, 이재민, 국가유공자 등에게 국가가 의료부담을 덜어주는 제도이다.<br>• 의료급여, 본인부담상한금, 요양비, 임신 · 출산 진료비 등 |

**최저생계비**
인간으로서 건강하고 문화적인 생활을 하기 위해 필요한 최소한의 비용

**자활**
남에게 의존하지 않고 자신의 힘으로 살아가는 것

## 사회복지 서비스

- 국민에게 나라에서 상담, 자활, 직업소개, 사회복지시설 이용과 같은 전문적이고 실질적인 도움을 제공하는 것이다.
- 국내에 체류하는 외국인도 임신과 출산 지도 서비스, 자녀 생활 서비스 등의 도움을 받을 수 있다.

# 3. 생활 상식

## 물건 구입

- 구입 장소

| 명칭 | 특징 |
|---|---|
| 편의점 | 대부분 24시간 문을 여는 상점으로 식료품이나 자주 쓰는 생필품 등을 판매한다. |
| 재래시장 | 채소와 과일 등 먹거리를 비롯하여 옷, 신발, 가방 같은 잡화 등을 판매한다. 흥정이 가능하고 다른 곳에 비해 물건을 싸게 살 수 있다. |
| 동네 슈퍼마켓 | 집 근처에 위치한 작은 가게로 편의점과 비슷한 품목을 판매한다. |

**생필품**
일상생활에서 꼭 필요한 물건

| 대형마트 | 식품, 의류, 가전 등 다양한 상품을 비교적 저렴한 가격에 판매한다. |
|---|---|
| 백화점 | 의류, 화장품, 가구·가전 등 다양한 상품을 판매하는 곳이다. 품질과 서비스가 우수하지만, 가격도 비싼 편이므로 세일 기간을 이용하는 것이 좋다. |
| TV 홈쇼핑 | TV 방송을 통해 물건을 판매하는 방식으로 전화·인터넷으로 주문할 수 있다. 충동구매를 일으킬 수 있으므로 주의한다. |
| 인터넷 쇼핑몰 | 인터넷으로 물건을 판매하는 상점이다. 다양한 물건을 저렴하게 살 수 있으나 실물과 다른 상품을 받을 수 있으므로 주의한다. |

**신용카드**
고객이 상품이나 서비스를 먼저 받고, 나중에 그 값을 고객의 예금계좌에서 자동적으로 갚게 하는 신용 거래로. 고객의 신분과 계좌를 확인해 주는 작은 플라스틱 카드

- 지불 방식 : 물건을 살 때는 현금, 수표, 신용·체크카드, 상품권 등을 쓸 수 있다.
- 교환·환불
  - 물건을 산 뒤 교환하거나 환불하는 경우 7일 이내에 영수증을 지참하여 신청해야 한다.
  - 물건을 사용한 흔적이 있으면 교환이나 환불할 수 없으므로 잘 보관한다.

> **더 알고가기** **부가가치세와 현금영수증**
> - 부가가치세 : 상품 가격의 10% 정도를 세율로 부가하는 것을 말하며, 대부분 이미 가격에 포함되어 있다.
> - 현금영수증 : 현금으로 상품을 결제할 경우 이에 대해 발행해 주는 영수증으로 이후 연말정산에 도움이 된다.

## 의료기관

- 대한민국 국민은 '건강보험제도'에 가입하여 치료비 부담이 적다.
- 등급별 의료기관

**외래진료**
병원에 입원하지 않고 통원하면서 진료 받는 것

| 1차 병원 | 의원 | • 동네에서 쉽게 볼 수 있는 의료기관으로 외과, 내과, 이비인후과, 치과, 피부과 등 증상에 따라 선택하여 방문한다. <br>• 감기처럼 가벼운 질환으로 외래진료나 1~2일 정도 단기 입원하는 경우 찾는다. |
|---|---|---|
| | 보건소 | • 국가에서 운영하는 공공 보건기관으로 일반 병원보다 진료비가 싸다. <br>• 보건소는 병의 치료뿐 아니라 보건교육과 건강사업 등을 진행한다. |
| 2차 병원 (종합병원) | | • 100개 이상의 병상과 7개 또는 9개 이상의 진료과목, 각 진료과목에 전속하는 전문의를 갖춘 병원 <br>• 1차 병원보다 세부적인 치료가 필요하거나 일정 기간 입원치료를 받아야 하는 경우 찾는다. |
| 3차 병원 (상급종합병원) | | • 20개 이상의 진료과목을 갖추고 각 진료과목마다 전속하는 전문의를 두는 병원이다. <br>• 1·2차 병원에서 치료하기 어려운 병을 치료하는 곳으로 진료비가 비싸다. <br>• 진료의뢰서 없이 진료 받을 경우 건강보험 혜택을 받을 수 없다. |

## 주택 거래

- 주거 형태
  - 자가 : 집을 사서 본인이 소유하는 방식이다.
  - 전세 : 한국에서만 볼 수 있는 독특한 임대 방식이다. 집주인에게 보증금을 내고 정해진 기간 집을 빌리며, 계약 기간이 끝나면 보증금 전액을 돌려받는다.
  - 반전세 : 전세 보증금의 일부를 월세로 나누어 내는 방식이다. 금리가 낮아지면서 새롭게 등장하였다.
  - 월세 : 일정 금액을 보증금으로 내고 매달 임대료를 내는 방식이다. 전세나 반전세보다 보증금이 훨씬 싸다.
- 주의사항
  - 중개료를 내고 공인중개사(부동산 중개업자)를 통해서 거래하는 것이 안전하다.
  - 등기부등본을 발급받아 소유권, 근저당 등을 잘 살펴봐야 한다.
  - 필요한 사항을 빠뜨리지 않고 계약서를 작성해야 불이익이 없다.
  - 이사 후에는 전입신고를 해야 하고, 주택계약을 체결한 확정일자를 받아야 한다.
  - 계약이 종료되는 시점이 다가오면 반드시 만료되기 한 달 전까지 계약 종료에 관하여 언급해야 한다. 만약 그렇지 않으면 자동으로 계약이 연장된다.

> **더 알고가기**  **주택임대차보호법**
> - 임대차의 최단기간을 2년으로 보장하고 있다.
> - 임차인은 계약 기간 동안에는 주택의 소유권이 다른 사람에게 넘어가더라도 자신의 주거권을 주장할 수 있다.
> - 주택임대차에 따른 보증금은 특별히 우선적으로 보호를 받는다.

**보증금**
계약을 맺을 때 임대료 연체와 같은 상황에 대비하여 주인이 미리 받는 금액

**등기부등본**
부동산에 관한 권리관계가 기록된 서류

## 통신수단

- 휴대전화 : 손에 들거나 몸에 지니고 다니면서 걸고 받을 수 있는 전화기로 통화뿐만 아니라 문자메시지 등도 주고받을 수 있다.
- 지역번호
  - 휴대전화가 아닌 일반전화로 전화를 걸 때는 지역번호를 눌러야 한다.

– 같은 지역에서는 누를 필요가 없지만 다른 지역으로 걸 때는 지역번호를 누르고 전화번호를 누른다.

| 서울 | 02 | 경기 | 031 | 인천 | 032 |
|---|---|---|---|---|---|
| 강원 | 033 | 충남 | 041 | 대전 | 042 |
| 충북 | 043 | 세종 | 044 | 부산 | 051 |
| 울산 | 052 | 대구 | 053 | 경북 | 054 |
| 경남 | 055 | 전남 | 061 | 광주 | 062 |
| 전북 | 063 | 제주 | 064 | | |

• 긴급 · 민원 전화번호

| 간첩신고 | 111 | 범죄신고 | 112 |
|---|---|---|---|
| 화재 · 구조 · 구급 | 119 | 마약범죄신고 | 1301 |
| 해양긴급신고 | 122 | 사이버테러 | 118 |
| 정부 통합 민원서비스 | 110 | 서울시 민원서비스 | 120 |
| 수도 고장신고 | 121 | 전기 고장신고 | 123 |
| 일기예보 안내 서비스 | 131 | 교통정보 안내 | 1333 |
| 여성 긴급 전화 | 1366 | 관광정보 안내 | 1330 |

## 교통수단

• 버스
  – 시내버스 : 시내에서 일정한 구간을 운행하는 버스이다.
  – 시외버스 : 시내에서 그 도시 바깥의 특정한 지역까지 운행하는 버스이다.
  – 고속버스 : 고속도로를 이용하여 빠른 속도로 운행하는 버스로, 한 도시만을 방문한다.
• 지하철 : 대도시에서 교통의 혼잡을 완화하고, 빠른 속도로 운행하기 위해 땅속에 터널을 파서 다니는 철도이다.
• 택시 : 이동거리에 따라 요금을 받고 내가 원하는 목적지까지 승용차로 태워줍니다.
• 기차 : 주로 다른 지역으로 이동할 때 많이 이용하며, 한국은 최고 시속 305km로 달리는 고속철도인 KTX가 있다.
• 비행기 : 다른 지역 또는 다른 나라로 이동할 때 주로 이용하며, 한국은 인천국제공항과 김포국제공항 등이 있다.

## 쓰레기 배출 `기출`

- 일반쓰레기는 쓰레기 종량제 봉투에 담아 지정된 장소에 내놓는다.
- 대형쓰레기는 구청에 신고한 후 처리비용을 낸 뒤, 스티커를 붙여 정해진 장소에 내놓아야 한다. 아파트의 경우 관리사무소에 신고하면 대신 처리해주기도 한다.
- 분리배출
  - 재활용할 수 있는 물건들은 반드시 따로 분리배출해야 한다.
  - 재활용 가능한 물품의 종류는 종이, 병, 고철, 캔, 비닐, 플라스틱 등이며, 분리배출이 가능한 것은 대부분 표기되어 있다.
- 쓰레기 종량제 봉투
  - 슈퍼마켓이나 할인마트 등에서 구매할 수 있다.
  - 지역에 따라 봉투가 다르므로 사용할 지역에서 구매해야 한다.
  - 일반 쓰레기용은 작게는 $1\ell$부터 크게는 $100\ell$까지 다양하며, 일반 가정에서는 주로 $10 \cdot 20\ell$ 봉투를 사용한다.
  - 음식물 쓰레기는 음식물 쓰레기 전용 봉투에 담아 버리거나 음식물 수거통에 버린다.

쓰레기 종량제 봉투

PART 01

PART 02

PART 03

PART 04

PART 05

PART 06

PART 07

01 ( )은/는 아이를 적게 낳는 현상을 말한다.

02 전체 인구 중에 노인인구가 차지하는 비율이 점차 증가하는 현상을 ( )라고 한다.

03 정하여진 업무시간 전에 일터에서 나가는 것을 ( )라고 한다.

04 현재 한국 사회에서 가장 흔한 가족 형태는 부부와 미혼 자녀만으로 구성된 ( )이다.

05 한국의 보육기관 중 만 0세부터 만 5세의 아동이 이용할 수 있는 시설은 ( )이다.

**정답** **01** 저출산 **02** 고령화 **03** 조퇴 **04** 핵가족 **05** 어린이집

06 수도 고장신고는 121, 전기 고장신고는 (            )이다.

07 정부가 만 0세부터 5세까지 자녀를 둔 부모에게 (                )을/를 지급
하여 보육료, 유아학비 등을 지원한다.

08 (            )은/는 남편과 아내 모두 직장생활을 하는 부부를 말한다.

09 다치거나 병에 걸려 병원에서 치료를 받을 때 의료비의 일부를 지원받는 한국의
사회보험 제도는 (            )이다.

10 (            )은/는 계약을 맺을 때 임대료 연체와 같은 상황에 대비해 집
주인에게 미리 지불하는 금액을 말한다.

정답   06 123    07 국민행복카드    08 맞벌이 부부    09 건강보험    10 보증금

PART 01  PART 02  PART 03  PART 04  PART 05  PART 06  PART 07

**01** 결혼 시기가 늦춰지고, 비혼율 및 이혼율 증가와 함께 비중이 높아지고 있는 가구 형태는?

① 핵가족　　　　② 2인 가구　　　　③ 1인 가구　　　　④ 확대가족

> **해설** '1인 가구'는 가구원이 한 명인 가구로, 2020년 전체 가구 중에서 약 30%를 차지하고 있다.

**02** 〈보기〉에서 설명하는 카드로 옳은 것은?

> **〈보기〉**
> 임신부의 건강한 아이 출산과 산모의 건강 관리에 필요한 비용의 일부를 지원받을 수 있는 카드

① 산모행복카드　　　　　　② 출산지원카드
③ 나라사랑카드　　　　　　④ 국민행복카드

> **해설** '국민행복카드'는 정부에서 지원하는 국가 바우처를 한 장의 카드로 이용할 수 있다.

**03** 다음 중 무상교육으로 진행되는 교육기관이 <u>아닌</u> 곳은?

① 초등학교　　　　　　② 중학교
③ 고등학교　　　　　　④ 대학교

> **해설** '대학교'는 전문 학문분야를 연구하는 고등교육기관으로 무상교육으로 진행되지 않는다.

**정답**　**01** ③　　**02** ④　　**03** ④

**04** 보육 지원 제도에 대한 설명으로 <u>틀린</u> 것은?

① 어린이집을 이용하는 만 5세 이하 아동에게는 보육료가 지원된다.

② 유치원에 다니는 아이들에게는 유아학비가 지원된다.

③ 미취학 아동이라도 가정에서 양육하는 경우 지원비를 받을 수 없다.

④ 만 12세 이하의 자녀를 둔 맞벌이 부모는 아이돌봄 서비스를 신청할 수 있다.

 가정에서 양육하는 취학 전 84개월 미만 아동은 가정양육수당을 지원받을 수 있다.

**05** 다음 중 맞벌이 부부로 옳은 것은?

① 부부가 모두 일을 하지 않고 쉬는 경우

② 부부 중 한 사람만 직업을 가지고 돈을 버는 경우

③ 부부 중 한 사람만 학교에서 공부를 하는 경우

④ 부부가 모두 직업을 가지고 돈을 버는 경우

 부부가 모두 직업을 가지고 돈을 버는 경우를 '맞벌이 부부'라고 한다.

정답 **04** ③ **05** ④

**06  다음 중 고등교육기관에 대한 설명으로 옳은 것은?**

① 고등교육기관은 고등학교, 대학교, 대학원이 있다.
② 대학원에 입학하기 위해서는 대학수학능력시험을 치러야 한다.
③ 대학교는 2~4년제 등으로 다양하게 나뉜다.
④ 고등학교는 일반계, 전문계, 특수목적 고등학교로 나뉜다.

 ① 고등교육기관은 대학교, 대학원이 있다.
② 대학교에 입학하기 위해서는 대학수학능력시험을 치러야 한다.
④ 고등학교는 일반계, 전문계, 특수목적 고등학교로 나뉜다. 다만 고등학교는 고등교육
기관이 아니다.

**07  근로기준법에서 정하는 한 주의 근무시간은 몇 시간인가?**

① 35시간          ② 40시간          ③ 45시간          ④ 50시간

 '근로기준법'은 1주간 근무시간을 40시간, 1일 근로시간은 8시간으로 규정한다.

**08  다음 〈보기〉에서 설명하는 것은?**

┌─〈보기〉──────────────────────────────
│ 업무를 위해 다른 곳에 임시로 나가는 것
└──────────────────────────────────

① 출근          ② 결근          ③ 출장          ④ 회식

 '출장'은 업무를 위해 다른 곳에 임시로 나가는 것을 말한다.
① 출근 : 일터에 근무하러 가는 것
② 결근 : 근무해야 할 날에 출근하지 않고 빠지는 것
④ 회식 : 직장동료나 상사 등 여럿이 모여 함께 식사하는 것

**정답  06 ③    07 ②    08 ③**

**09** 한국의 4대 사회보험에 속하지 <u>않는</u> 것은?

① 건강보험                  ② 고용보험

③ 국민연금                  ④ 손해보험

 '손해보험'은 개인의 의사에 따라 별도로 가입할 수 있는 민간보험에 해당한다.

**10** 생계유지가 곤란한 저소득층에게 금전적인 비용을 지원하는 제도는?

① 기초생활보장             ② 사회보험

③ 기초의료보장             ④ 사회복지서비스

 공공부조에 속하는 '기초생활보장'은 저소득층의 최저생계를 보장하기 위해 금전적인 지원을 하는 제도이다.

**11** 지하철의 장점으로 옳은 것은?

① 24시간 운행된다.       ② 추가요금을 내지 않아도 된다.

③ 미리 좌석을 구매할 수 있다.     ④ 이동 시간이 일정하다.

 '지하철'은 빠른 속도로 운행하기 위해 땅속에 터널을 파거나 다리 위에 철로를 설치하여 그 위로 다니기 때문에 이동 시간이 일정하다.
① 24시간 운행되지 않고, 막차와 첫차 시간이 있다.
② 이동 거리에 비례해 추가요금이 붙는다.
③ 미리 좌석을 구매할 수 없다.

PART 01

PART 02

PART 03

PART 04

PART 05

PART 06

PART 07

**12** 국가에서 운영하는 공공 보건기관으로 일반 병원보다 진료비가 싼 의료기관은?

① 의원    ② 보건소    ③ 종합병원    ④ 정형외과

 '보건소'는 지역의 공중보건 향상 및 증진을 도모하기 위해 시에는 각 구단위와 도에는 군단위에 1개씩 설치되어 있는 기관이다.
① 의원 : 통상 병상수가 30개 미만인 병원으로 1차 의료기관이다.
③ 종합병원 : 의료법에 따라 100개 이상의 병상과 7개 또는 9개 이상의 진료과목, 각 진료과목에 전속하는 전문의를 갖춘 제2차 의료급여기관을 말한다.
④ 정형외과 : 뼈나 관절에 이상이 있을 때 찾는 곳이다.

**13** 주택을 거래할 때 부동산 권리관계를 확인하기 위해 확인해야 하는 서류는?

① 주민등록등본    ② 등기부등본
③ 인감증명    ④ 제적등본

 ① 주민등록등본 : 한 세대에 전입 신고한 세대원 모두를 기록한 서류이다.
③ 인감증명 : 신고한 인감도장과 동일하다는 것을 증명하는 서류이다.
④ 제적등본 : 혈연관계를 증명하는 서류이다.

**14** 한국에서 긴급한 상황이 생겼을 때 필요한 전화번호와 그 서비스의 내용이 맞지 않은 것은?

① 간첩신고 – 111    ② 범죄신고 – 118
③ 해양긴급신고 – 122    ④ 전기 고장신고 – 123

해설 범죄신고는 112이고, 118은 사이버테러신고이다.

정답 **12** ②  **13** ②  **14** ②

**15** 쓰레기 배출 방법에 대한 설명으로 <u>틀린</u> 것은 무엇인가?

① 가정의 일반쓰레기는 쓰레기 종량제 봉투에 담아 버려야 한다.

② 대형쓰레기는 구청에 신고한 뒤, 비용을 내고 스티커를 붙여 내놓아야 한다.

③ 남은 음식물은 음식물 쓰레기 전용 봉투에 담아 버려야 한다.

④ 쓰레기 종량제 봉투는 지역에 상관없이 어느 곳에서나 쓸 수 있다.

 쓰레기 종량제 봉투는 지역별로 다르므로 사용할 지역에서 구매해야 한다.

CHAPTER
04

# 문화

## 1. 전통 의식주

### 한복 `기출`

- 한복은 우리나라의 전통 복장으로 지금의 한복은 일반적으로 조선시대 때 입던 옷의 형태를 말한다.
- 여름에는 삼베와 모시로 시원하게, 겨울에는 비단이나 솜으로 따뜻하게 만들었다.
- 최근에는 명절과 결혼식 등 특별한 날에 격식을 차릴 때 입는다.
- 한복의 종류
  - 기본적으로 남자는 바지와 저고리, 여자는 치마와 저고리를 입는다.
  - 겉옷으로는 마고자, 두루마기, 배자 등이 있으며, 남녀 모두 발에 버선을 신었다.

**버선**

### 한식 `기출`

**수저**
숟가락과 젓가락을 말한다. 한국인은 식사할 때 숟가락과 젓가락을 이용한다.

- 한국인의 주식은 밥(쌀)이며, 국과 여러 가지 기본 반찬을 함께 먹는다.
- 국 종류는 국물의 양과 조리법에 따라 국, 탕, 찌개, 전골 등이 있다.
  - 예 콩나물국, 미역국, 설렁탕, 해물탕, 김치찌개, 된장찌개, 버섯전골, 쇠고기전골 등
- 김치 : 소금에 절인 배추나 무 등의 채소를 고춧가루, 파, 마늘 따위의 양념에 버무린 뒤 발효시킨 한국의 대표적인 음식이다. 재료와 지역에 따라 종류가 다양하다.
  - 예 배추김치, 동치미, 깍두기, 백김치, 갓김치 등

> **더 알고가기** 김장
> 겨울 동안 먹을 김치를 한꺼번에 많이 담그는 것을 말한다. 겨울에 채소를 구하기 어려웠던 까닭에 김장문화가 발달하게 되었으나 지금까지도 이어지고 있다. 예전에는 김장을 하면 김치를 땅에 묻어 저장하였으며, 요즘에는 김치냉장고를 이용한다.

- 발효음식 : 장류와 젓갈류, 장아찌 등 일정 시간 저장해 두었다가 먹는 음식이 발달하였다.
  - 메주 : 장을 담그는 재료로 삶은 콩을 찧어 네모로 빚은 뒤 띄운 것이다.
  - 간장 : 음식의 간을 맞추는데 쓰는 짠맛이 나는 액체이다. 메주와 소금으로 만든다.
  - 고추장 : 매운맛을 내는 양념으로 고춧가루와 메줏가루, 소금으로 만든다.
  - 된장 : 메주로 간장을 담근 뒤 그 건더기와 소금으로 만드는 양념이다.
- 대표 요리 : 불고기, 갈비, 삼계탕, 비빔밥 등
- 전통 간식 : 떡, 한과, 다식, 식혜, 수정과 등
- 특정일에 먹는 음식
  - 미역국 : 생일에 먹는 음식. 아이를 출산한 산모에게 먹인 것에서 유래하였다.
  - 잔치국수 : 마을의 잔칫날 먹던 음식이다. 특히 결혼식 날 대접했던 데서 유래하여 결혼 계획을 물을 때 '언제 국수 먹여 줄 거냐'고 말한다.

> **더 알고가기** 떡
>
> 쌀이나 밀 등 곡식 가루를 찌고, 그 찐 것을 치거나 빚어 만든 음식이다. 명절이나 결혼, 생일 등에 꼭 있어야 할 음식으로 여겨진다. 백설기, 인절미, 절편 등이 대표적이다.

## 한옥 기출

- 한옥은 한국의 전통 가옥이다.
  - 지붕 : 집의 맨 꼭대기를 덮은 부분을 말한다. 기와로 지붕을 덮은 집은 기와집, 볏짚으로 지붕을 만든 집은 초가집이라고 불렀다.
  - 온돌 : 한국의 전통적인 난방장치이다. 방바닥에 넓고 편평한 돌을 깔아놓고 아궁이에서 불을 때면 방 전체에 열기가 퍼진다.
  - 마루 : 방과 방 사이에 있는 공간으로 바닥과 땅이 떨어져 있으며 바람이 잘 통한다.
- 예로부터 뒤에 산이 있고, 앞에는 물이 흐르는 남향집을 선호하였다.

**청국장**
삶은 콩을 띄워 만든 음식으로 2~3일 만에 바로 먹을 수 있는 속성 된장이다.

**불고기**
얇게 썬 쇠고기 등을 양념에 재웠다가 불에 구워 먹는 음식

**아궁이**
방이나 솥에 불을 때기 위해 만든 구멍

PART 01
PART 02
PART 03
PART 04
PART 05
PART 06
PART 07

# 2. 명절

## 설날 <sub>기출</sub>

- 한국의 대표적인 명절로 새로운 한 해의 첫날인 음력 1월 1일이다.

| | |
|---|---|
| 풍습 | • 차례 : 조상께 감사하는 의미로 이른 아침 지내는 제사를 말한다.<br>• 세배 : 새해를 맞아 집안 어른들께 드리는 큰절이다. 세배하면 어른들은 아이들에게 덕담하고, 세뱃돈을 준다.<br>• 설빔 : 새해를 맞이해 마련하여 입는 새 옷이나 신발을 가리킨다. |
| 음식 | 떡국 : 장국에 얇게 썬 가래떡을 넣어 끓인 음식이다. 새해에 떡국을 먹는 것은 나이를 한 살 더 먹는다는 의미가 있다. |
| 놀이 | • 윷놀이 : 윷가락과 말을 사용해서 승부를 겨루는 놀이이다. 윷을 던져 나오는 순서인 '도', '개', '걸', '윷', '모'에 따라 말을 움직인다.<br>• 연날리기 : 연을 공중에 띄우는 놀이이다. 연줄을 끊어 날리면 나쁜 운을 쫓는다고 믿었다.<br>• 팽이치기 : 팽이를 채로 쳐서 돌리는 놀이이다. 겨울에 얼음판 위에서 즐겼다. |

**덕담**
다른 사람이 잘 되기를 바라며 해주는 좋은 말

## 추석 <sub>기출</sub>

- 음력 8월 15일. 한가위 또는 중추절이라고도 한다.
- 수확 후 가장 풍요로운 시기로 "더도 말고 덜도 말고 한가위만 같아라."라는 말이 생겼다.

| | |
|---|---|
| 풍습 | • 차례 : 새로 수확한 햅쌀과 햇과일로 조상께 차례를 지낸다.<br>• 성묘와 벌초 : 조상의 묘에 가서 인사드리는 것을 성묘, 묘에 자란 풀을 손질하는 것을 벌초라 한다. |
| 음식 | • 송편 : 추석의 대표 음식이다. 멥쌀가루를 반죽하여 그 안에 깨, 팥, 콩, 녹두, 밤 등을 넣고 솔잎과 함께 쪄낸 떡이다.<br>• 토란국 : 맑은장국에 토란을 넣고 끓인 국이다. |
| 놀이 | • 강강술래 : 달이 솟을 무렵에 젊은 여자들이 잔디밭이나 넓은 마당 등에 모여 손을 서로 잡고 둥글게 원을 그리면서 노래를 부르며 뛰고 춤추는 놀이이다.<br>• 씨름 : 두 사람이 모래밭에서 서로의 샅바나 허리춤을 잡고, 다리와 허리의 힘과 기술로 상대방을 쓰러뜨리는 놀이이다. |

**수확**
다 익은 농작물을 거두어들이는 일

## 단오 `기출`

- 음력 5월 5일. 수릿날이라고도 하며, 일 년 중 양기가 가장 강한 날로 여겼다.

| | |
|---|---|
| 풍습 | • 창포물에 머리감기 : 창포를 삶은 물에 머리를 감으면 그 향기로 액운을 쫓는다고 여겼다.<br>• 부채 주고받기 : 여름이 시작되기 전, '단오선'이라 부르는 부채를 주고받았다.<br>• 대추나무 시집보내기 : 풍년을 기원하고자 대추나무 가지 사이에 둥근 돌을 끼워 놓는 행사를 벌였다. |
| 음식 | 수리취떡, 앵두화채 등 |
| 놀이 | 그네뛰기, 씨름, 탈춤, 사자춤 등 |

**양기**
만물이 살아 움직이는 활발한 기운을 말한다.

**화채**
꿀을 탄 달달한 물에 과일 등을 썰어 넣은 음료

## 정월 대보름 `기출`

- 음력 1월 15일. 정월이란 한 해를 처음 시작하는 달을 말하며, 대보름은 가장 큰 보름달이 뜨는 날이라는 뜻이다.

| | |
|---|---|
| 풍습 | • 달맞이 : 정월 대보름날 달을 보면서 소원을 빌었다.<br>• 더위팔기 : 아침에 가장 먼저 만나는 사람을 불러 "내 더위 사라"라고 말한다. 그러면 그 해 더위를 타지 않는다고 믿었다.<br>• 부럼 깨기 : 아침 일찍 소리 나게 부럼을 깨어 먹으며 피부병을 예방하고, 이를 튼튼하게 하였다. |
| 음식 | • 오곡밥 : 풍년을 기원하는 뜻에서 다섯 가지 곡식(찹쌀, 차조, 붉은팥, 찰수수, 검은콩)으로 지은 오곡밥을 먹었다.<br>• 귀밝이술 : 아침 식사 전에 귀가 밝아지라고 마시는 술이다. |
| 놀이 | 쥐불놀이, 달집태우기, 지신밟기 등 |

**부럼**
호두, 잣, 밤 등의 견과류를 말한다.

### `더 알고가기` 기타 명절

- 한식 : 동지로부터 105일째 되는 날로 불을 쓰지 않은 찬 음식을 먹고 조상들께 성묘를 한다.
- 칠석 : 음력 7월 7일. 직녀와 견우가 오작교를 통해 일 년에 한 번 만난다는 전설이 전해진다.

**오작교**
견우와 직녀를 만나게 해 주려고 까마귀와 까치가 만든 다리

PART 01
PART 02
PART 03
PART 04
PART 05
PART 06
PART 07

## 절기

• 절기는 한 해를 스물넷으로 나누어 계절의 표준이 되는 시점을 말한다.

| | |
|---|---|
| 봄 | 입춘(봄의 시작), 우수(봄비가 내리고 싹이 틈), 경칩(개구리가 겨울잠에서 깨어남), 춘분(낮이 길어짐), 청명(농사를 준비함), 곡우(농사를 위한 비가 내림) |
| 여름 | 입하(여름의 시작), 소만(본격적인 농사가 시작됨), 망종(씨를 뿌림), 하지(낮이 가장 긴 날), 소서(더위가 시작됨), 대서(더위가 가장 심함) |
| 가을 | 입추(가을의 시작), 처서(더위가 식고 일교차가 커짐), 백로(이슬이 내리기 시작함), 추분(밤이 길어짐), 한로(찬 이슬이 내리기 시작함), 상강(서리가 내리기 시작함) |
| 겨울 | 입동(겨울의 시작), 소설(얼음이 얼기 시작함), 대설(큰 눈이 내림), 동지(밤이 가장 긴 날), 소한(가장 추운 때), 대한(큰 추위가 오는 때) |

**동지 팥죽**
동지에는 찹쌀로 만든 새알심을 넣은 팥죽을 먹었다.

> **더 알고가기** 삼복
>
> 음력 6월에서 7월 사이 가장 더운 시기로 초복, 중복, 말복을 통틀어 이른다. 이 말에서 유래하여 몹시 더운 날씨를 '삼복더위'라 일컫는다. 더위에 지친 기력을 보충하기 위해 삼계탕과 같은 몸보신 음식을 먹는다.

## 3. 전통문화

## 관혼상제

• 일생 동안 치르는 중요한 4가지 의례를 말한다.

| | |
|---|---|
| 관례 | • 성년식을 말한다.<br>• 머리에 갓을 쓰고 어른이 되는 의식을 치렀다. |
| 혼례 | • 오늘날의 결혼식과 같다.<br>• 전통혼례는 거의 사라졌지만 어른들에게 처음 인사드리는 의례인 폐백 풍습이 남아 있다. |
| 상례 | • 오늘날의 장례식과 같다.<br>• 사람이 죽었을 때 예의를 갖추어 치르는 의식이다. |
| 제례 | • 조상께 올리는 제사나 차례를 말한다.<br>• 제사는 조상이 돌아가신 날 밤에, 차례는 명절 아침에 지낸다. |

- 결혼식
  - 많은 사람들 앞에 남녀가 부부관계를 맺는 서약을 하는 의식이다.
  - 법적으로 혼인 신고를 해야 부부가 된다.
  - 결혼식장에서 하객을 맞이하고, 하객은 축의금을 준비한다.
  - 결혼식이 끝나면 양가 가족에게 음식을 올리고 인사를 하는 폐백을 한다. 요즘은 폐백을 생략하는 경우가 늘어나고 있다.

- 장례식
  - 죽은 사람과 마지막으로 이별하는 의식이다.
  - 장례식장에서 문상객을 맞이하고, 문상객은 검은색 옷을 입고 조의금을 준비한다.
  - 문상객은 죽은 사람에게 2번, 유족에게 1번 절을 한다.
  - 장례식은 3일 동안 치르고 묘지에 모시거나 납골당으로 모신다.

축의금과 조의금
- 축의금 : 축하의 의미와 잘 살라는 뜻으로 전달하는 돈
- 조의금 : 가족, 지인, 친구 등의 죽음을 슬퍼하는 뜻으로 전달하는 돈

## 생일 〈기출〉

- 백일잔치
  - 아기가 태어난 지 백일 되는 날을 기념하는 것이다.
  - 백일 음식으로 백설기, 수수경단 등을 준비한다.

- 돌잔치
  - 돌은 아기가 태어나고 맞는 첫 생일로, 이를 기념하여 돌잔치를 한다.
  - 돌상에는 떡과 과일 등을 올리며, 돌잡이를 한다.

- 회갑(환갑)
  - 만 60세가 되는 해의 생일을 말한다.
  - 평균수명이 짧았던 예전에는 장수를 축하하며 잔치를 벌였으나 오늘날에는 회갑 대신 고희연(70세 생일)을 하는 경우가 많다.

돌잡이
돌상에 실, 돈, 곡식, 붓, 활 따위를 올리고 아이가 마음대로 골라잡게 하는 일이다. 고르는 물건으로 아이의 장래를 점쳤다.

### 더 알고가기 — 나이를 일컫는 말

| | | | | | |
|---|---|---|---|---|---|
| 15세 | 지학 | 20세 | 약관 | 30세 | 이립 |
| 40세 | 불혹 | 50세 | 지천명 | 61세 | 회갑, 환갑 |
| 70세 | 칠순, 고희 | 77세 | 희수 | 80세 | 팔순 |
| 88세 | 미수 | 90세 | 구순 | 99세 | 백수 |

PART 01
PART 02
PART 03
PART 04
PART 05
PART 06
PART 07

## 국악 <기출>

- 민요
  - 민중들 사이에서 입으로 전해져 내려온 노래를 말한다.
  - 아리랑, 농부가, 군밤타령, 닐리리야 등이 있다.

> **더 알고가기** **아리랑**
>
> 우리나라의 대표적인 민요로 강원도의 정선아리랑, 밀양의 밀양아리랑, 진도의 진도아리랑이 유명하다.

**사물놀이**
민속악기인 꽹과리, 징, 장구, 북으로 하는 연주이다.

- 농악
  - 농촌에서 단체로 노동을 하거나 명절 때 흥을 돋우기 위해 연주되는 음악을 말한다.
  - 꽹과리, 징, 장구, 북, 태평소 등 타악기가 중심이 되고, 춤과 노래가 곁들여진다.
- 판소리
  - 한 명의 소리꾼과 한 명의 고수(북 치는 사람)가 음악적으로 이야기를 풀어내는 우리 민족 고유의 음악이다.
  - 판소리 다섯 마당(작품)으로 춘향가, 심청가, 흥부가, 수궁가, 적벽가가 있다.

> **더 알고가기** **판소리 다섯 마당**
>
> - 춘향가 : 성춘향과 이몽룡의 신분을 뛰어넘은 사랑을 그린 판소리이다.
> - 흥보가 : 가난하고 착한 아우 흥보와 욕심 많은 형 놀보 형제의 이야기를 소재로 한 판소리이다.
> - 심청가 : 효녀 심청이 눈먼 아버지를 위해 목숨을 바쳤다가 용왕의 도움으로 환생하여 지극한 효심으로 아버지의 눈을 뜨게 한다는 것이다.
> - 수궁가 : 용왕이 병이 들어 약에 쓸 토끼의 간을 구하고자 토끼를 꾀어 용궁으로 데리고 가는데, 토끼가 꾀를 내어 용왕을 속이고 살아 돌아온다는 이야기이다.
> - 적벽가 : 중국 삼국시대 적벽대전에서 관우가 화용도에서 포위된 조조를 죽이지 않고 길을 터주어 달아나게 한 사건을 소재로 한 판소리이다.

- 전통악기
  - 가야금 : 우리나라 대표 현악기로 가야 때 만들어졌다. 나무로 된 공명판 위에 열두 줄이 매여 있다.
  - 거문고 : 고구려의 왕산악이 만든 현악기이다. 나무통 위에 6개의 줄이 걸쳐 있다.

## 한국인의 기 · 흥 · 정

- 기(氣) : 활동의 바탕이 되는 힘으로 몸 안에 있는 정신적인 기운
- 흥(興) : 즐거운 감정, 즐거움을 일어나게 하는 감정으로 축제와 공연에서 표출된다.
- 정(情) : 사랑하거나 친근하다고 느끼는 마음으로 문화에 녹아있는 한국 특유의 감성과 생활 습관이다.

정(情)과 관련된 단어
- 미운 정 고운 정
- 정떨어지다
- 정겹다
- 정답다
- 정을 뗀다

## 생활 예절

- 자신보다 윗사람이거나 어른들께는 높임말(존댓말)을 쓴다.
- 밥그릇을 들고 먹지 않으며, 크게 소리 내지 않는다.
- 어른이 식사를 시작하고 나서 먹는다.
- 술을 마실 때는 얼굴을 윗사람의 반대편으로 돌리고 마신다.
- 어른 앞에서 껌을 씹거나 담배를 피우지 않는다.
- 어른보다 먼저 자리에 앉지 않는다.
- 어른께 물건을 건넬 때는 두 손으로 드리고, 받을 때는 두 손으로 받는다.
- 버스나 지하철에서 노약자, 임산부, 장애인에게 자리를 양보한다.
- 공공장소에서 휴대폰은 진동 모드로 하고, 통화는 짧게 조용히 끝낸다.

## 4. 종교

### 민간신앙

- 무속신앙
  - 무당을 중심으로 한 토속신앙으로 가장 오래된 종교이다.
  - 무당이 주변의 신령들과 교류하여 질병의 치료뿐만 아니라 미래의 길흉화복(좋은 일과 나쁜 일) 등을 예언하였다.
- 당산나무 : 마을 지킴이로서 신이 깃들어 있다고 여겨 제사를 지내는 나무이다.

PART 01
PART 02
PART 03
PART 04
PART 05
PART 06
PART 07

- 장승과 솟대
  - 마을로 들어가는 큰 길목에 장승과 솟대를 세워 귀신을 겁주어 쫓아내고, 재앙을 피하려고 했다.
  - 장승은 보통 한 쌍으로 서로 마주 보게 하거나 나란히 옆으로 세웠다.
  - 솟대의 긴 막대기에는 잡귀를 막아 주기를 바라는 마음이, 그 위에 얹은 새에는 농사가 잘되기를 바라는 마음이 담겨있다.

**장승 한 쌍**
보통 남녀를 구분하여 남자는 '천하대장군', 여자는 '지하여장군'이라고 쓰여 있다.

## 현대 종교

- 불교 : 외래 종교 중 가장 오래된 종교로 관련 문화유산이 많다.
- 유교 : 조선 시대의 국가 통치 이념으로 정치제도, 사회관습, 규범에 많은 영향을 주었다.
- 기독교 : 조선 시대 금지되었으나 학교, 병원 등을 설립하며 알려졌고, 가톨릭과 개신교로 나뉜다.
- 천도교 : 조선 말기 최제우가 창시한 동학에서 시작되어 인내천 사상을 근본으로 한다.
- 천주교 : 중국에서 예수회를 중심으로 17세기 초 우리나라에 소개되었으며, 로마 교황을 교회의 대표자로 인정하는 종교이다.

# 5. 문화유산

## 국가지정문화재 기출

- 문화재청장이 문화재 보호법에 의하여 문화재위원회의 심의를 거쳐 지정한 중요문화재를 말한다.

**숭례문과 흥인지문**
숭례문은 국보 1호, 흥인지문은 보물 1호이다.

| 국보 | 보물에 해당하는 문화재 중 인류문화의 견지에서 그 가치가 크고 유례가 드문 것<br>예 숭례문, 훈민정음 등 |
|------|------|
| 보물 | 건조물 · 전적 · 서적 · 고문서 · 회화 · 조각 · 공예품 · 고고자료 · 무구 등의 유형문화재 중 중요한 것<br>예 흥인지문, 대동여지도 등 |

| 사적 | 기념물 중 유적 · 제사 · 신앙 · 정치 · 국방 · 산업 · 교통 · 토목 · 교육 · 사회사업 · 분묘 · 비 등으로서 중요한 것<br>📷 수원화성, 경주 포석정지 등 |
|---|---|
| 명승 | 기념물 중 경승지로서 중요한 것<br>📷 명주 청학동 소금강, 여수 상백도 · 하백도 일원 등 |
| 천연기념물 | 기념물 중 동물(서식지 · 번식지 · 도래지 포함), 식물(자생지 포함), 지질 · 광물로서 중요한 것<br>📷 대구 도동 측백나무 숲, 노랑부리백로 등 |
| 국가무형문화재 | 여러 세대에 걸쳐 전승되어 온 무형의 문화적 유산 중 역사적, 학술적, 예술적, 기술적 가치가 있는 것, 지역 또는 한국의 전통문화로서 대표성을 지닌 것, 사회문화적 환경에 대응하여 세대 간의 전승을 통해 그 전형을 유지하고 있는 것<br>📷 종묘제례악, 양주별산대놀이 등 |
| 중요민속문화재 | 의식주 · 생산 · 생업 · 교통 · 운수 · 통신 · 교역 · 사회생활 · 신앙민속 · 예능 · 오락 · 유희 등으로서 중요한 것<br>📷 덕온공주 당의, 안동 하회마을 등 |

**더 알고가기** 서울 5대 고궁
경복궁, 창덕궁, 창경궁, 덕수궁, 경희궁

## 유네스코 세계문화유산

- 유네스코(UNESCO, 국제연합교육과학문화기구)가 선정한 보호가치가 뛰어난 유산을 말한다.

| 세계유산 | 해인사 장경판전, 종묘, 석굴암과 불국사, 창덕궁, 화성 · 고창 · 화순 · 강화의 고인돌 유적, 경주 역사 지구, 제주 화산섬과 용암 동굴, 조선왕릉, 한국의 역사마을(하회와 양동, 남한산성, 백제역사유적지구) |
|---|---|
| 인류무형<br>문화유산 | 종묘제례 및 종묘제례악, 판소리, 강릉단오제, 처용무, 강강술래, 제주 칠머리당 영등굿, 남사당놀이, 영산재, 대목장(한국의 전통 목조건물), 매사냥(살아있는 인류 유산), 가곡(국악 관현반주로 부르는 서정적 노래), 줄타기, 택견(한국의 전통 무술), 한산 모시짜기, 아리랑(한국의 서정민요), 김장(김치를 담그고 나누는 문화), 농악, 제주해녀문화 |
| 세계기록유산 | 조선왕조실록, 훈민정음, 직지심체요절, 승정원일기, 해인사 대장경판 및 제경판, 조선왕조 의궤, 동의보감, 1980년 인권기록유산 5 · 18 광주 민주화운동 기록물, 일성록, 새마을운동 기록물, 난중일기(이순신 장군의 진중일기), KBS특별 생방송 '이산가족을 찾습니다' 기록물, 한국의 유교책판 |

**종묘제례악**
조선의 왕과 왕비를 모신 사당에서 제사를 지낼 때 연주하는 음악이다. 국가무형문화재 1호로 지정되어 있다.

**해녀**
얕은 바다에서 잠수장치 없이 소라, 전복, 미역 등 해산물을 채취하는 직업을 가진 여성. 제주도에 많다.

## 6. 대중문화와 스포츠

### 대중매체

- TV
  - 대표적인 대중매체로 뉴스나 드라마, 스포츠 등 다양한 프로그램을 방송한다.
  - 공중파 채널 : KBS1 · 2, MBC, SBS, EBS
  - 케이블 채널 : 매달 추가 비용을 부담하고 시청할 수 있는 방송으로 드라마, 영화, 스포츠 방송 등을 전문으로 하는 채널이 많다.
- 라디오 : 뉴스, 음악, 교양, 오락 프로그램 등을 제공하며, 영어나 교통, 종교 등을 전문으로 방송하는 채널도 있다.
- 신문
  - 중요한 정치 · 경제 · 사회 등과 관련된 사건을 전달한다.
  - 조선일보, 중앙일보, 동아일보 등 모든 분야를 다루는 종합 일간지와 경제나 스포츠 등을 전문으로 하는 신문, 지역 신문 등 다양하다.
- 인터넷
  - 전 세계의 컴퓨터가 서로 연결되어 정보를 교환할 수 있는 하나의 거대한 컴퓨터 통신망이다.
  - 한국의 인터넷 속도와 보급률은 세계 최고 수준을 보이고 있으며, 컴퓨터뿐만 아니라 노트북, 태블릿 PC 등을 이용해 어디서든 자유롭게 인터넷을 사용할 수 있다.
- SNS(Social Network Service)
  - 특정한 관심이나 활동을 공유하는 사람들 사이의 관계망을 구축해 주는 온라인 서비스이다.
  - 주로 정보나 의견을 나눈다. 카카오톡, 페이스북, 인스타그램 등 다양한 형태가 있다.

**KBS**
한국의 공영방송으로 TV 수신료를 받는다.

## 한류 〈기출〉

- 1990년대 이후 드라마, K-Pop(대중가요) 등 한국의 대중문화가 해외에 확산되는 현상을 말한다.
  - 드라마 : 태양의 후예, 별에서 온 그대, 겨울연가, 대장금 등이 아시아에서 큰 인기를 끌었고, 중동 지역까지 퍼졌다.
  - K-Pop : BTS 등 아이돌 그룹의 단순하고 경쾌한 노래와 멋진 춤이 아시아를 넘어 미국, 유럽 등까지 큰 인기를 끌고 있다.
  - 스포츠 : 태권도, 양궁, 쇼트트랙 등 종목에서 세계 최고의 실력을 보인다.

**BTS**
BTS가 K-Pop 역사상 처음으로 2018년 '빌보드 200' 1위에 올랐다.

## 국제 스포츠 행사 개최 〈기출〉

- 88 서울올림픽
  - 1998년 서울에서 개최된 제24회 하계올림픽으로 전 세계 160개국이 참가하여 올림픽사상 최대 규모로 진행되었다.
  - 한국은 아시아에서 2번째, 세계에서 16번째로 올림픽 경기대회 개최국이 되었으며, 한국의 문화와 역량을 세계에 알리는 계기가 되었다.
  - 한국은 종합 4위의 기록을 세웠다.
- 2002 한일월드컵
  - 2002년 한국과 일본이 공동개최한 제17회 월드컵대회이다.
  - 아시아 대륙에서 개최된 첫 번째 대회이며, 한국은 4강에 진출하였다.
  - 대한민국의 길거리 응원이 세계의 주목을 받았다.
- 2018 평창동계올림픽
  - 강원도 평창에서 2018년 2월에 개최된 올림픽이다.
  - 대한민국 최초의 동계올림픽이자, 하계올림픽을 포함한 두 번째 올림픽이다.

**2020년 하계 올림픽**
2020년 7월 24일 일본 도쿄에서 개최될 예정이었던 제32회 하계 올림픽은 코로나-19로 인해 개최 시기를 1년 연기하여 2021년 7월 23일 개최하였다. 그러나 대회의 공식 명칭은 그대로 사용하였다.

[월드컵 당시 붉은악마의 응원]

## 전통 무술

**국기**
나라에서 전통적으로 즐겨 내려오는 대표적인 운동이나 기예

**올림픽 종목**
태권도는 2000년 시드니올림픽 때부터 정식 경기 종목으로 채택되었다.

- 태권도
  - 한국을 대표하는 무술이며, 대한민국의 국기로 알려져 있다.
  - 신체 단련뿐 아니라 강한 정신력 함양을 목표로 한다.
  - 맨손과 맨발로 상대방을 타격하는 기술로, 강력한 발 기술은 타 무술과 차별화된다.
  - 올림픽 종목으로 채택되어 국제적 스포츠로 자리 잡았다.
- 택견
  - 유연하고 율동적인 춤과 같은 동작으로 상대를 공격하거나 다리를 걸어 넘어뜨리는 한국 전통 무술이다.
  - 부드러운 인상을 풍기지만, 택견은 모든 가능한 전투 방법을 이용하며 다양한 공격과 방어 기술을 강조하는 효과적인 무술이다.
  - 계절에 따른 농업과 관련된 전통의 한 부분으로서, 택견은 공동체의 통합을 촉진하며, 모든 이가 할 수 있는 스포츠로서 공중 보건을 증진하는 중요한 역할을 한다.

01 우리나라 전통 복장 중 남자가 바지와 저고리를 입고 나서 외출할 때 입는 옷은 (           )이다.

02 한국인의 주식은 ①(            )이고, 국과 여러 가지 ②(           )을/를 함께 먹는다.

03 소금에 절인 배추나 무 등의 채소를 고춧가루와 파, 마늘 따위의 양념에 버무린 뒤 발효시킨 한국의 대표적인 음식은 (           )이다.

04 겨울에 김장한 김치를 저장하기 위해 땅에 (           )을/를 묻는다.

05 (           )은/는 간장이나 된장의 주재료로 삶은 콩을 찧어 네모로 빚은 뒤 띄운 것이다.

정답   01 두루마기    02 ① 밥(쌀) ② 반찬    03 김치    04 김칫독    05 메주

**06** 마을의 잔칫날 먹던 음식으로 결혼식 날 대접했던 데서 유래하여 결혼 계획을 물을 때 "언제 (              ) 먹여 줄 거냐"라는 말을 한다.

**07** 추위에 견디기 위해 북부지방에서 만들어진 후 한국 전체에 퍼진 전통적인 난방 방식은 (              )이다.

**08** 한국의 대표 명절인 ①(              )은/는 새로운 한 해의 첫날인 음력 1월 1일이며, 집안 어른들께 ②(              )을/를 한다.

**09** 음력 8월 15일은 수확 후 일 년 중 가장 풍요로운 시기에 해당하며 "더도 말고 덜도 말고 (              )만 같아라"라는 말이 있다.

**10** 전통적으로 추석 때 하는 놀이인 (              )은/는 부녀자들이 모닥불을 피워 놓고 주변을 돌았다.

---

**정답** **06** 잔치국수 **07** 온돌 **08** ① 설날 ② 세배 **09** 한가위 **10** 강강술래

11  단오에는 (          )물에 머리를 감는 풍습이 있다.

12  정월 대보름에 (          )을/를 소리 내어 깨 먹으면서 피부병을 예방하고 이를 튼튼하게 하였다.

13  (          )은/는 일 년 중 밤이 가장 긴 날이다.

14  일생 동안 치르는 중요한 네 가지 의례를 (          )(이)라고 한다.

15  60번째 맞이하는 생일을 (          )(이)라고 한다.

정답  **11** 창포  **12** 부럼  **13** 동지  **14** 관혼상제  **15** 환갑(회갑)

16 (                    )은/는 주로 한 쌍으로 제작되며 마을로 들어오는 귀신을 겁주어 쫓아내려는 의미가 담겨있다.

17 (                    )은/는 소리꾼과 고수가 함께 음악적으로 이야기를 하는 민족 고유의 음악이다.

18 우리나라 국보 1호는 (                    )이다.

19 한국의 대중문화가 해외에 확산되는 현상을 (                    )(이)라고 한다.

20 (                    )은/는 한국을 대표하는 무술로 올림픽 종목으로 채택되었다.

정답  16 장승   17 판소리   18 숭례문   19 한류   20 태권도

# 단원 정리 문제

**01** 일정 기간 불의 사용을 금하며 찬 음식을 먹는 날은?

① 한식                ② 단오

③ 추석                ④ 설날

 '한식'은 동지 후 105일째 되는 날로 양력 4월 5일 무렵이다.
② 단오 : 음력 5월 5일로 일 년 중 양기가 가장 왕성한 날이다.
③ 추석 : 음력 8월 15일로 한가위 · 중추절이라고도 한다.
④ 설날 : 음력 1월 1일로 한 해를 시작하는 첫날이다.

**02** 팥죽을 먹는 날로 알려진 명절은 언제인가?

① 설날                ② 추석

③ 동지                ④ 한식

 '동지'는 일 년 중 밤이 가장 긴 날로 귀신을 쫓는 의미로 붉은 팥죽을 먹는다.

**03** 설날에 먹는 음식으로 건강하고 오래 살라는 의미가 담겨 있으며, 나이를 한 살 더 먹는다는 의미도 지닌 음식은 무엇인가?

① 식혜                ② 팥죽

③ 떡국                ④ 송편

해설 설날에는 긴 가래떡처럼 건강하고 오래 살라는 의미가 담긴 '떡국'을 먹는다. 떡국에는 나이를 한 살 더 먹는다는 의미도 있다.

**정답** 01 ①    02 ③    03 ③

**04** 추석에 멥쌀가루를 반죽하여 그 안에 깨, 팥, 밤 등의 재료를 넣고 솔잎과 함께 쪄낸 떡을 무엇이라고 하는가?

① 찹쌀떡　　　　② 절편　　　　③ 시루떡　　　　④ 송편

 '송편'은 추석의 대표적인 음식으로 멥쌀가루에 여러 속 재료를 넣은 후 솔잎과 함께 쪄내 만드는 떡이다.

**05** 정월 대보름에 치아가 튼튼해지고 부스럼이 없어지길 빌며 호두, 잣, 밤, 땅콩 등을 깨무는 것을 무엇이라고 하는가?

① 더위팔기　　　　② 쥐불놀이　　　　③ 부럼깨기　　　　④ 달맞이

 '부럼'은 딱딱한 껍질을 가진 호두, 잣, 밤 등을 말하며, 정월 대보름 아침에 일찍 일어나 부럼을 깨무는 풍습이 있다.

**06** 정월 대보름에 먹는 음식으로 찹쌀, 차조, 붉은팥, 찰수수, 검은콩 등의 잡곡을 넣어 짓는 밥은?

① 약밥　　　　② 오곡밥　　　　③ 식혜　　　　④ 꽁보리밥

 '오곡밥'은 다섯 가지 곡식으로 지은 밥이며, 정월 대보름에 풍년을 기원하며 먹는 음식이다.

정답　04 ④　05 ③　06 ②

**07** 다음 〈보기〉의 역할을 하는 것은?

〈보기〉
바닥이 나무로 짜여지고 지면으로부터 떨어져서 그 밑으로 통풍이 가능하며, 외벽의 일부가 개방되거나 개폐가 쉽게 되어 통로 역할을 한다.

① 온돌      ② 아궁이      ③ 대청마루      ④ 부뚜막

 '대청마루'는 남부지방에서 처음 생겨 북쪽으로 전해진 것으로, 한옥의 방과 방 사이를 연결하는 통로 역할을 한다.
　① 온돌 : 아궁이에 불을 때면 열기가 방바닥 아래의 빈 공간을 지나면서 구들장을 덥히고, 따뜻해진 구들장의 열기가 방 전체에 전달되는 과정을 통해 난방이 된다.
　② 아궁이 : 불을 넣거나 솥 또는 가마에 불을 지피기 위해 만든 구멍이다.
　④ 부뚜막 : 부엌 아궁이 위에 흙과 돌을 쌓아서 솥을 걸어 놓은 곳이다.

**08** 그네뛰기, 창포물에 머리감기, 수리취떡 등과 관련이 있는 명절은?

① 설날      ② 단오      ③ 추석      ④ 한식

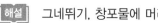 그네뛰기, 창포물에 머리감기, 수리취떡 등은 '단오'의 놀이, 풍습, 음식이다.

**09** 삼이라는 식물의 껍질을 이용하여 만든 것으로 서민들의 대표적인 옷감은?

① 명주      ② 모시      ③ 삼베      ④ 비단

 ① 명주 : 명주실로 짠 옷감으로 가장 일반적으로 사용되었다.
　② 모시 : 모시풀의 껍질을 이용하여 만든 것으로 감촉이 까끌하고 바람이 잘 통해 여름철 옷감으로 사용되었다.
　④ 비단 : 뽕나무를 심고 누에를 통해 비단실을 얻었다. 광택과 촉감이 우수하며 부드럽고 따뜻한 겨울철 한복 옷감으로 사용되었다.

정답 **07** ③    **08** ②    **09** ③

**10** 한국의 식사예절로 옳은 것은?

① 반찬을 젓가락으로 뒤적이지 않는다.

② 그릇을 손으로 들고 먹는다.

③ 앉자마자 식사를 시작한다.

④ 음식을 먹을 때 맛있다는 의미로 소리를 낸다.

 ② 그릇을 손으로 들고 먹지 않는다.
③ 윗사람이 먼저 식사하는 것을 기다린다.
④ 음식을 먹을 때 소리를 내지 않는다.

**11** 추석의 민속놀이로 젊은 여자들이 넓은 마당 등에 모여 서로 손을 잡고 둥글게 원을 그리며 노래를 부르고 춤을 추는 놀이는?

① 줄다리기　　　　　　　　② 강강술래

③ 쥐불놀이　　　　　　　　④ 지신밟기

 추석의 대표적 민속놀이인 '강강술래'는 임진왜란 당시 왜군에게 우리 병사가 많아 보이게 하려고 여러 사람이 둥글게 원을 만들었던 것에서 유래했다는 설이 있다.

**12** 한국은 일생동안 치르는 중요한 4가지 의례를 관혼상제라고 하였다. 이 관혼상제와 현대식 명칭 간의 연결이 옳지 **않은** 것은?

① 관례 – 성년식　　　　　　② 혼례 – 결혼식

③ 상례 – 장례식　　　　　　④ 제례 – 창업식

 '제례'는 조상에게 올리는 제사나 차례를 말한다. 제사는 조상이 돌아가신 날 밤에, 차례는 명절 아침에 지낸다.

**정답**　**10** ①　　**11** ②　　**12** ④

**13** 여름철에는 한복의 옷감으로 무엇을 이용하였는가?

① 무명 ② 비단
③ 면 ④ 모시

 여름철에는 통풍이 잘 되고 시원한 삼베와 모시를 한복의 옷감으로 이용하였다.

**14** 솟대의 역할로 옳은 것은?

① 좋은 일을 기념하는 역할 ② 길을 안내하는 역할
③ 신과 인간을 연결하는 역할 ④ 날씨를 알려주는 역할

 '솟대'는 민간신앙의 목적으로 또는 경사가 있을 때 축하의 뜻으로 세우는 긴 대이다.

**15** 다음 중 생일 또는 출산 후 산모들이 먹는 보양식으로 알려진 음식은?

① 된장국 ② 삼계탕
③ 미역국 ④ 불고기

 '미역국'은 말린 미역을 물에 불린 후 쇠고기나 홍합 등과 함께 끓이는 국으로 생일을 맞은 이나 출산 후의 산모들이 먹는 음식으로 알려져 있다.

PART 01
PART 02
PART 03
PART 04
PART 05
PART 06
PART 07

정답 13 ④ 14 ① 15 ③

**16** 한국의 전통 발효음식 중 하나로 매운맛을 내는 장은 무엇인가?

① 간장          ② 된장

③ 초장          ④ 고추장

> **해설** 고추장은 매운맛을 내는 전통적인 양념으로 고춧가루와 메줏가루, 소금으로 만든다.

**17** 결혼식에 초대받은 사람이 내는 돈의 이름은?

① 급여          ② 상여금

③ 조의금          ④ 축의금

> **해설** ① 급여 : 고용 계약에 따라 고용주의 직원에 정기적으로 지급되는 노동의 대가 보상이다.
> ② 상여금 : 임금 이외에 특별히 지급되는 현금이다.
> ③ 조의금 : 죽은 사람에 대한 위로의 뜻을 담아서 내는 돈이다.

**18** 한반도의 북부 지방에서 발전된 난방 방식으로 아궁이에서 불을 때 화기가 방 밑으로 지나가도록 한 대한민국의 전통 난방 방식은?

① 처마          ② 온돌

③ 마루          ④ 대청

> **해설** '온돌'은 방바닥 밑에 구들이라는 넓고 편평한 돌을 놓아 아궁이의 열기가 지나가도록 하는 난방방식이다.

 **정답**    **16** ④    **17** ④    **18** ②

**19** 한옥의 지붕에서 벽보다 더 길게 밖으로 나와 비 또는 눈이 들이치는 것을 막아주고 여름에는 햇빛을 막아주기도 하는 것은 무엇인가?

① 마루
② 대청
③ 아궁이
④ 처마

 '처마'는 비나 눈이 들이치는 것을 막고, 여름에는 햇빛을 막아 방을 시원하게 해준다.

**20** 문화에 녹아있는 한국 특유의 감성과 생활습관으로 친근하다고 느끼는 마음은?

① 기(氣)
② 흥(興)
③ 정(情)
④ 연(緣)

 ① 기(氣) : 활동의 바탕이 되는 힘이다.
② 흥(興) : 즐거움을 일어나게 하는 감정이다.
④ 연(緣) : 서로 관계를 맺게 되는 인연이다.

**21** 우리나라 대표 현악기로 나무로 된 공명 판 위에 열두 줄이 매여 있는 것은?

① 가야금
② 거문고
③ 태평소
④ 피아노

 ② 거문고 : 나무통 위에 6개의 줄이 걸쳐 있다.
③ 태평소 : 세로로 부는 관악기로 손가락으로 여러 구멍을 막아 소리를 낸다.
④ 피아노 : 건반이 달리 타현악기이다.

**22** 사회에서 발생한 사건들을 종이에 인쇄하여 전달하는 매체는?

① TV
② 신문
③ 라디오
④ SNS

 ① TV : 대표적인 대중매체로 뉴스, 드라마 등 다양한 프로그램을 방송한다.
③ 라디오 : 뉴스, 음악, 교양 등 프로그램을 제공한다.
④ SNS : 특정한 관심이나 활동을 공유하는 사람들 사이의 관계망을 구축해 주는 온라인 서비스이다.

**23** 다음 중 서울의 5대 고궁이 <u>아닌</u> 것은?

① 경복궁
② 화성행궁
③ 덕수궁
④ 창덕궁

 서울의 5대 행궁은 경복궁, 창덕궁, 창경궁, 덕수궁, 경희궁이다. 화성행궁은 경기도 수원시에 자리 잡고 있다.

**24** 유네스코 세계기록유산으로 조선시대 세종대왕이 창제한 한글의 공식 명칭이기도 한 이 책은 무엇인가?

① 난중일기
② 훈민정음
③ 팔만대장경
④ 용비어천가

 '훈민정음'은 한글의 공식 명칭이자 한글에 대한 해설서로 1997년 유네스코 세계기록유산으로 지정되었다.

정답 **22** ② **23** ② **24** ②

## 25 한류에 대한 설명으로 옳지 <u>않은</u> 것은?

① 1990년대 말부터 아시아를 중심으로 시작되었다.

② 한국 드라마가 중심이 되었다.

③ 스포츠에서도 한류를 찾을 수 있다.

④ K-Pop은 아시아권에서만 인기가 있다.

 BTS, 싸이 등의 단순하고 경쾌한 노래와 멋진 춤은 아시아를 넘어 미국 · 유럽 등까지 큰 인기를 끌고 있다.

PART 01

PART 02

PART 03

PART 04

PART 05

PART 06

PART 07

정답　25 ④

# 역사

## 1. 고조선

### 고조선의 건국  기출

• 고조선은 한국 역사상 최초의 국가이다.

• 기원전 2333년 단군왕검이 만주와 한반도 서북지역의 부족을 통합하여 고조선을 세웠다.

**단군왕검**
단군왕검은 고조선이 제정일치 사회였음을 나타낸다. '단군'은 제사장, '왕검'은 왕을 가리킨다.

[고조선의 세력 범위]

[단군왕검]

### 단군신화  기출

**홍익인간**
'인간을 널리 이롭게 한다'는 뜻이다.

• 단군왕검의 고조선 건국에 관한 이야기로 일연이 지은 〈삼국유사〉에 기록되어 있다.

• 고조선의 건국이념인 '홍익인간(弘益人間)'의 정신이 잘 드러나 있다.

**단군신화 기록**
고조선 건국에 대한 단군신화는 〈삼국유사〉 외에도 〈제왕운기〉, 〈동국여지승람〉 등에 기록되어 있다.

> **더 알고가기**  〈삼국유사〉에 기록된 단군신화
>
> 옛날에 환인의 서자 환웅이 천하에 자주 뜻을 두어 인간 세상을 구하고자 하였다. 아버지가 아들의 뜻을 알고 삼위태백을 내려다 보니 인간을 널리 이롭게[홍익인간(弘益人間)]할 만한지라. 이에 천부인 3개를 주며 가서 다스리게 하였다.
>
> 환웅이 무리 3천을 이끌고 태백산 꼭대기 신단수 밑에 내려와 여기를 신시라고 하니 이로부터 환웅천왕이라 불렀다. 풍백, 우사, 운사를 거느리고 곡, 명, 병, 형, 선, 악 등 무릇 인간의 3백 60여 가지의 일을 주관하고 인간 세상에 살며 다스리고 교화하였다.

이때 곰 한 마리와 호랑이 한 마리가 같은 굴에서 살면서 항상 신웅(환웅)에게 빌기를, "원컨대 (모습이) 변화하여 사람이 되었으면 합니다."라고 하였다. 이에 신웅이 신령스러운 쑥 한 타래와 마늘 20개를 주면서 이르기를 "너희들이 이것을 먹고 백일 동안 햇빛을 보지 아니하면 곧 사람이 될 것이다."라고 하였다. 곰과 호랑이가 이것을 받아서 먹고 기하였는데 삼칠일 만에 곰은 여자의 몸이 되었으나 범은 기하지 않아 사람이 되지 못하였다.

웅녀는 그와 혼인할 사람이 없었으므로 항상 신단수 아래서 아이를 가지기를 빌었다. 이에 환웅이 이에 잠시 (사람으로) 변해 결혼하여 아들을 낳으니 이름을 단군왕검이라 하였다.

**삼칠일**
7일이 세 번 돌아오는 기간인 21일을 말한다.

## 8조법

- 고조선의 8가지 법으로 현재 그중 3조목만 전해진다.
  - 사람을 죽이면 사형에 처한다.
  - 남을 다치게 한 자는 곡식으로 갚아야 한다.
  - 도둑질을 한 자는 노비로 삼는다. 만일 도둑질을 한 자가 죄를 용서받으려면 많은 돈을 내야 한다.
- 당시 사회가 생명과 개인의 재산을 중시하였음을 알 수 있다. 또한 계급이 존재하는 농경 사회였음을 파악할 수 있다.

## 고조선의 문화 `기출`

- 고조선은 청동기 문화를 기반으로 한다.
- 비파형 동검, 미송리식 토기, 북방식 고인돌은 고조선을 상징하는 유물이다.

[비파형 동검]  [미송리식 토기]  [북방식 고인돌]

**고인돌**
고조선의 대표적인 무덤 양식으로 덮개돌과 받침돌로 되어 있다.

PART 01
PART 02
PART 03
PART 04
PART 05
PART 06
PART 07

# 2. 삼국 시대

## 고구려 `기출`

**수복하다**
잃었던 땅이나 권리 따위를 되찾다.

• 광개토대왕 때 북진정책으로 만주와 요동지방까지 영토를 넓혔다. 이어 장수왕은 남하정책을 실시하며 한강을 수복하고 최대 영토를 확보하였다.
• 활쏘기와 말타기를 즐기며, 북쪽에 위치한 탓에 벼농사보다는 수렵이 발달하였다.
• 주요 전투
  - 살수대첩 : 612년 수나라의 113만 대군이 요동성을 공격하였으나 이를 물리쳤다. 그리고 수나라는 다시 30만 병력으로 침입했으나 이를 을지문덕이 살수(오늘날의 청천강)에서 크게 무찔렀다.
  - 안시성 전투 : 645년 고구려의 연개소문 장군이 안시성에서 당나라의 침입을 막아냈다.

> **더 알고가기** 천리장성
>
> 수나라가 멸망하고 당나라가 건국되었는데, 당이 고구려에 침입하려는 의도를 보이자 고구려는 방비 목적으로 천리장성을 쌓기 시작하였다.

**광개토대왕릉비**
광개토대왕의 아들인 장수왕이 아버지의 업적을 기리기 위해 세운 비석으로, 고구려의 건국 과정과 광개토대왕의 정복 등이 기록되어 있다.

[광개토대왕릉비]

[고구려 전성기]

[무용총 수렵도]

[호우명 그릇]

PART 01
PART 02
PART 03
PART 04
PART 05
PART 06
PART 07

**호우명 그릇**
신라 고분에서 발견된 유물로 신라에 대한 고구려의 영향력을 나타낸다.

> **더 알고가기** 삼국문화의 특징
>
> | 구분 | 특징 |
> | --- | --- |
> | 고구려 | 힘이 넘치고 씩씩하며, 패기 넘치는 문화 예 무용도, 수렵도, 장군총 등 |
> | 백제 | 우아하고 수준 높으며, 섬세한 문화 예 무령왕릉, 백제금동대향로, 정림사지 5층석탑 등 |
> | 신라 | 고구려의 패기 넘치는 문화와 백제의 섬세한 문화가 융합 예 금관, 금동미륵보살반가상, 천마총 등 |

## 백제  기출

- 한강 유역에 자리 잡아 삼국 중 가장 먼저 발달하였다.
- 4세기 근초고왕 때 영토를 확장하며 전성기를 맞이하였다.
- 화려하고 섬세한 문화가 발달하였으며, 일본에 큰 영향을 끼쳤다.

> **더 알고가기** 황산벌 전투
>
> 660년에 나당연합군의 침입에 맞서 백제군이 황산벌(논산)에서 벌인 전투이다. 이때 백제의 계백 장군은 결사대 5,000명을 거느리고 김유신 장군의 5만 대군에 맞서 싸우다 전사하였다.

**아직기, 왕인**
일본에 백제의 문화를 전파한 인물들이다. 아직기는 일본 태자에게 한자를 가르쳤고, 왕인은 천자문과 논어를 전파하였다.

[무령왕릉]

[백제 전성기]

**무령왕릉**
백제 무령왕의 무덤으로 백제의 문화와 사회상 등을 엿볼 수 있다.

[칠지도]

[백제 금동대향로]

**칠지도**
백제 근초고왕이 일본에 외교적인 의미로 전달한 검이다. 백제와 일본의 교류를 알 수 있다.

| 더 알고가기 | 삼국의 시조와 도읍지 | |
| --- | --- | --- |
| **구분** | **시조** | **도읍지(수도)** |
| 고구려 | 주몽 | 졸본성 → 국내성 → 평양성 |
| 백제 | 온조 | 위례성 → 웅진 → 사비 |
| 신라 | 박혁거세 | 금성 |

## 신라 `기출`

- 진흥왕 때가 최대 전성기로 한강 유역을 차지하고, 대가야를 정벌하였다.
- 화려하고 아름다움을 중시해 금관과 장신구가 발달하였다.
- 신라의 특징
  - 교육 제도 : 인재 양성을 목적으로 운영한 화랑도라는 신라의 청소년 수련단체가 있었다.
  - 신분 제도 : 골품제(출신 성분에 따라 성골, 진골, 1~6두품으로 신분을 구분)

**세속오계**
화랑이 지켜야 할 다섯 가지 규칙으로 사군이충, 사친이효, 교우이신, 임전무퇴, 살생유택이 있었다.

**분황사 모전석탑**
전탑은 벽돌로 쌓은 탑을 말한다. 현재 남아 있는 신라 석탑 중 가장 오래되었다.

[분황사 모전석탑]

[신라 전성기]

[첨성대]

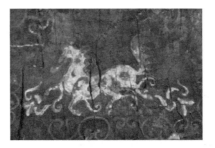
[경주 천마총 장니 천마도]

**첨성대**
경주에 위치한 동양 최고의 천문대이다. 현재까지도 원형을 유지하고 있는 건축물 중 하나로 알려져 있다.

PART 01

PART 02

PART 03

PART 04

PART 05

PART 06

PART 07

## 가야

- 가야의 시조는 김수로왕으로 낙동강 하류에서 여러 작은 나라가 연맹하여 수립되었다.
- 풍부한 철을 바탕으로 성장할 수 있었으며 초기에는 금관가야, 후기에는 대가야 중심으로 발전하였다.
- 신라에 의해 532년 금관가야, 562년 대가야가 차례로 멸망하였다.

> **더 알고가기** **우륵**
> 가야금을 만든 인물이다. 신라로 망명하여 가야의 음악을 전수하였다.

## 3. 남북국 시대

### 신라의 삼국통일 과정

- 백제 멸망(660년) : 신라와 당이 동맹을 맺고 백제를 쳤다. 김유신이 이끄는 신라군은 백제의 계백을 상대로 황산벌 전투에서 승리하였고, 의자왕이 항복함으로써 백제가 멸망하였다.
- 고구려 멸망(668년) : 백제를 멸망시킨 신라는 당나라와 연합하여 고구려까지 공격하였다. 고구려는 연개소문 등이 전력으로 막아냈으나 계속되는 전쟁 및 국력 쇠퇴로 인해 멸망하였다.
- 당나라 축출 : 삼국의 영토를 취하려는 당나라의 야심에 맞서 신라는 고구려와 백제의 옛 유민들과 힘을 합쳐 당과 전투를 벌였다. 676년 기벌포에서 당나라 수군을 몰아내며 삼국통일을 달성하였다.

**남북국 시대**
남쪽에는 통일신라, 북쪽(옛 고구려 땅)에는 발해가 있었던 시기를 말한다.

- 의의와 한계 : 단일 민족국가가 시작되는 계기를 마련하였으나 자주적인 통일이 아닌 외부의 힘을 빌렸다는 한계가 존재한다.

### 통일신라의 발전과 쇠퇴 기출

- 오랜 전쟁이 끝나 사회가 안정되고, 왕권은 더욱 강화되었다.
- 불교 문화의 발전 : 불국사, 석굴암, 다보탑, 석가탑 등 많은 불교 유산이 남아 있다.
- 활발한 무역활동
  - 당과의 무역 : 신라방, 신라소, 신라원 등을 설치하였다.
  - 청해진 : 장보고가 해상권을 장악하고 설치한 해군·무역 기지로 당과 신라, 일본을 잇는 동아시아 무역의 중심지 역할을 하였다.

[청해진의 주요 무역, 교통로]

[신라의 행정구역]

### 발해 기출

- 고구려 멸망 후 고구려의 유민을 이끌고 대조영이 만주 동모산에 세운 국가이다.
- 발전
  - 발해를 가리켜 '해동성국(동쪽의 큰 나라)'이라 할 만큼 강성함을 자랑했다.
  - 영토 확장에 힘을 기울여 옛 고구려 영토를 거의 회복하였다.

[발해의 영토]

[발해석등]

# 4. 고려 시대

## 고려 건국 `기출`

• 후삼국 통일

- 통일신라 말기 사회가 혼란해진 틈을 타 견훤은 후백제를, 궁예는 후고구려를 세웠다.
- 궁예의 뒤를 이어 후고구려의 왕위에 오른 왕건이 918년 고려를 세웠다.
- 왕건이 935년 신라, 936년 후백제를 멸망시키고 통일을 이루었다.

[후삼국시대]

[고려시대]

### 더 알고가기 · 태조의 정책

고려를 세운 태조 왕건은 나라의 기틀을 잡고자 다양한 정책을 실시하였다. 북진정책으로 옛 고구려의 영토를 되찾고자 하였고, 이민족들을 고려 백성으로 받아들였다. 또한 호족을 다스리고자 정략결혼을 하였으며, 불교를 통해 사회를 통합하고자 하였다.

PART 01
PART 02
PART 03
PART 04
PART 05
PART 06
PART 07

**유교와 불교**
상장제례와 같은 기준은 국가적으로 유교를 장려하였으나 민중은 불교와 민간신앙을 따랐다.

- 고려사회의 특징
  - 신분제 사회 : 지배층인 귀족과 중류층, 피지배층인 양인과 천민으로 나뉘었다. 귀족은 음서제로 관직을 물려받고, 공음전을 통해 재산을 유지하는 등 특권을 가졌다.
  - 과거제 실시 : 무과보다 문과를 중시하였으며, 제술과, 명경과, 잡과를 두었다.
  - 최승로의 시무 28조 : 나라를 다스리는 정책 28가지를 성종에게 올렸고, 이를 수용하여 유교 정치의 중심으로 삼았다.

> **더 알고가기** 의창
>
> 의창은 고려 때 실시한 빈민 구제 제도이다. 평상시에 곡식을 저장하였다가 흉년에 나누어주었다. 고구려 때 실시한 진대법과 비슷하다.

## 고려의 발전 〈기출〉

- 대외무역
  - 벽란도 : 고려의 국제 무역항으로 바닷길을 통해 많은 상인이 드나들었다.
  - 송, 거란, 여진을 비롯하여 일본과 아라비아 상인들과도 거래하였으며, 공예품과 인삼 등을 수출하였다.
- 문화
  - 귀족적이고 화려한 문화가 특징이며, 공예기술이 발달하였다.

**코리아(korea)**
오늘날 영문 국가명은 아라비아 상인들이 불렀던 발음에서 기인한다.

**고려청자**
푸른색이 도는 고려시대의 도자기를 말한다. 무늬를 새긴 곳에 다른 색의 흙을 채운 상감기법이 특징이다.

**직지심체요절**
세계에서 가장 오래된 금속 활자본으로 고려의 뛰어난 인쇄기술을 보여준다.

[고려청자]　　　　　　[직지심체요절]

> **더 알고가기** 고려의 역사서
>
> | | |
> |---|---|
> | 삼국유사 | 일연 편찬. 단군의 고조선 건국 기록이 포함되었으며 통일신라까지 다루고 있다. |
> | 삼국사기 | 김부식 편찬. 현재 전해지는 가장 오래된 역사서로 신라를 계승하며, 유교적 합리주의 사관이 나타난다. |
> | 동명왕편 | 이규보 편찬. 고구려 계승 의식이 드러나 있다. |
> | 제왕운기 | 이승휴 편찬. 단군에 대한 기록이 나와 있다. |

# 거란(요), 여진(금)의 침입 `기출`

- 거란의 침입
  - 1차 침입 : 요의 소손녕이 고려 침공 → 서희가 외교담판을 통해 강동 6주 획득
  - 2차 침입 : 강동6주를 되찾고자 요가 침략 → 양규의 활약으로 수비 후 화친
  - 3차 침입 : 귀주대첩(강감찬 장군이 귀주에서 큰 승리 획득) → 천리장성·나성 축조

> **더 알고가기** 한민족의 4대 대첩
> 대한민국 역사 속에서 크게 승리한 전쟁을 가리켜 4대 대첩이라 하는데 살수대첩, 행주대첩, 한산도대첩, 그리고 귀주대첩이 해당한다.

- 여진의 침입
  - 윤관 : 여진을 막고자 동북9성을 축조하고 별무반을 조직하였다.
  - 여진이 금을 건국한 뒤 군신관계를 요구하자 이자겸 일파는 이를 수용하였다.
- 몽골의 침입
  - 1차 침입 : 몽골의 침입으로 고려는 수도를 강화로 천도하였다.
  - 2차 침입 : 처인성 전투에서 승리하며 몰아냈다.
  - 3차 침입 : 많은 문화재가 소실되고 국토가 황폐해졌다. 결국 강화를 맺고 개경으로 환도하며 원 간섭기가 시작되었다.

> **더 알고가기** 팔만대장경
> 부처의 힘으로 몽골의 침입을 막아내기 위해 만든 대장경이다. 합천 해인사 장경판전에 보관 중이며, 뛰어난 목판인쇄술을 엿볼 수 있는 문화재이다.

**화친**
나라와 나라 사이에 가까이 지냄

**삼별초**
무신집권기 최씨 정권의 사병이다. 몽골에 맞서 끝까지 항쟁하였다.

**팔만대장경**

PART 01
PART 02
PART 03
PART 04
PART 05
PART 06
PART 07

# 5. 조선 시대

## 조선 건국 기출

- 위화도 회군 : 고려 말 명과 마찰이 심해지면서 고려는 요동 정벌을 시도하였다. 이때 이성계가 4불가론을 들어 위화도에서 군대를 돌렸고, 개경을 함락한 뒤 조선을 건국하였다.

> **더 알고가기** 이성계의 4불가론
> - 작은 나라가 큰 나라를 거스르는 것은 옳지 않다.
> - 여름철 날씨에 군사를 일으키는 것은 옳지 않다.
> - 요동 정벌을 틈타 왜적이 침범할 수 있으므로 많은 병사가 이동하는 것은 옳지 않다.
> - 비가 오고 무더운 날씨이므로 병사들이 질병에 걸릴 수 있다.

**조선의 지방제도**
지방을 8도로 나누고, 도 아래에는 부, 목, 군, 현을 두어 지방관을 파견하였다.

- 유교 사상을 바탕으로 나라를 다스렸으며, 양반, 중인, 상민, 천민으로 신분을 구분하여 세습한 신분제가 존재하였다.

## 조선의 왕 기출

**집현전**
조선 초기 궁중 내에 설치한 학문 연구 기관

| 왕 | 주요 업적 |
|---|---|
| 태조 | • 조선의 제1대 왕<br>• 수도 개성에서 한양으로 천도하여 기존 지배세력의 영향력 축소 |
| 태종 | 양전사업과 호패법 시행 |
| 세종 | • 집현전 학자들과 한글을 창제하고 반포<br>• 장영실의 발명 : 앙부일구(해시계), 자격루(물시계), 측우기(비의 양을 측정하는 기구), 혼천의(천체 관측 기구) 등 |
| 광해군 | • 명과 여진 사이의 중립외교<br>• 대동법 실시 : 특산물을 쌀로 바치게 하면서 농민의 부담 감소 |
| 정조 | • 탕평책을 실시하여 고른 인재 등용<br>• 수원화성 축조(정약용의 거중기) |
| 고종 | 대한제국 수립 |

> **더 알고가기** 훈민정음
> 백성들이 글을 제대로 쓰지 못하는 것을 안타깝게 여긴 세종대왕은 집현전 학사들과 함께 훈민정음, 즉 한글을 만들었다. 이로 인해 우리 민족 고유의 글자를 가지게 되었고, 민족 문화의 자주성을 높이게 되었다. 훈민정음은 우리나라 국보 70호이고, 유네스코 세계기록유산으로 지정되었다.

[자격루]

[측우기]

[앙부일구]

## 조선의 발전 기출

- 성리학 : 유교에서 갈라진 학파 중 하나로 조선 시대 때 크게 발달한 학문
  이다. 이황의 주리론과 이이의 주기론이 유명하다.
- 조선왕조실록 : 1392년 태조부터 1863년 철종까지의 역사를 시대순으로
  정리한 역사서이다.
- 조선 후기에는 실용적인 학문인 실학이 대두되었고, 서민문화가 발달하
  였다.
  - 정약용 : 조선의 대표적인 실학자이다. 거중기를 만들어 화성을 축조하
    고, 경세유표, 목민심서 등 많은 실학 서적을 저술하였다.
  - 풍속화 : 김홍도(서당, 씨름 등), 신윤복(미인도 등) 등
  - 판소리와 탈놀이
  - 한글소설 : 홍길동전, 춘향전 등

**더 알고가기** 대동여지도

김정호가 제작한 지도이다. 근대적 측량이 도입되기 이전에 제작된 지도 중 가장 정확
한 지도이다.

**경국대전**
세조~성종 대에
집필한 조선 최고
의 법전이다.

**거중기**
무거운 물건을 들
어 올리는 데 사
용하던 재래식 기
계로, 실학자 정약
용이 도르래의 원
리를 이용하여 만
들었다.

PART 01
PART 02
PART 03
PART 04
PART 05
PART 06
PART 07

## 외세의 침략 `기출`

- 임진왜란 : 1592년 일본의 침략으로 임진왜란이 발발하였다.
- 주요 전투

| | |
|---|---|
| 행주대첩 | 행주산성에서 권율이 지휘하는 조선군이 왜군을 무찌르고 큰 승리를 거뒀다. |
| 진주대첩 | 진주목사 김시민과 관군 및 백성이 합세해 왜군과 맞서 승리하였다. |
| 한산대첩 | 한산도 앞바다에서 이순신 장군이 이끄는 조선 수군이 일본군을 격파하였다. |

> **더 알고가기** 이순신 장군
>
> 대한민국에서 가장 존경받는 위인 중 한 명이다. 해상에서 왜군과 여러 차례 맞서 싸웠으며, 거북선을 만들었다. 한산도대첩, 명량해전 등에서 큰 승리를 거뒀고, 노량해전에서 전사하였다.

**난중일기**
이순신 장군이 임진왜란 때 군중에서 일어난 일을 기록한 일기이다.

- 병자호란 : 1636년 청나라의 침입으로 병자호란이 발발하였다.
  - 삼전도의 굴욕 : 남한산성에서 45일간 항전한 끝에 청에 항복하였다.
  - 인조에 이어 즉위한 효종이 북벌 운동을 계획하였으나 실패하였다.

## 6. 개화기

## 흥선대원군 `기출`

- 흥선대원군은 어린 나위에 왕위에 오른 아들 고종을 대신하여 국정을 다스렸다.
- 개혁 정책
  - 조선의 마지막 법전인 대전회통을 편찬하였다.
  - 민생 안정을 위해 양전 사업(토지 조사)과 호포제(양반에게 세금 징수)를 실시하였다.
  - 서원 정리 : 문제를 일으키는 서원을 전국에 47곳만 남기고 정리하였다. 이때 600개가 넘는 서원을 철폐하였다.
  - 경복궁 중건 : 왕권 강화를 위해 임진왜란 때 소실된 경복궁을 중건하였다.

**당백전**
경복궁 중건을 위해 발행한 화폐이다. 무분별한 발행으로 화폐가치가 떨어지고 물가가 상승하는 원인으로 작용하였다.

- 통상 수교 거부 정책
  - 서양의 배가 조선의 항구에 와서 통상을 요구하는 일이 잦아지자, 흥선 대원군은 척화비를 건립하고 이를 거부하였다.
  - 서양 세력과의 마찰로 신미양요(미국과의 전투), 병인양요(프랑스와의 전투)가 발생하였다.

쇄국정책
청나라 외 모든 나라와 교류를 금지하고 관계를 맺지 않겠다는 흥선 대원군의 대외 정책이다.

[흥선대원군]

[척화비]

## 개화 `기출`

- 강화도 조약
  - 일본이 강화도 앞바다를 불법 점거하고 공격한 운요호 사건 이후 체결한 조약이다.
  - 조선이 맺은 최초의 근대적 조약이자, 불평등 조약이다.
- 강화도 조약 이후 미국, 영국, 독일, 프랑스 등과 조약을 체결하였다.

치외법권
일본인이 조선에서 죄를 저질렀을 때 처벌할 권한은 일본에게 주어지는 것이다. 강화도 조약에 포함된 불평등한 조건 중 하나이다.

> **더 알고가기**  갑신정변
> 청의 내정 간섭에 불만을 품은 급진 개화파 김옥균, 박영효 등이 우정국 축하연에서 일으킨 정변이다. 청의 군사 개입으로 3일 만에 진압되었으며, 이후 일본에 배상금을 지불하는 조건이 포함된 한성조약을 체결하게 되었다.

개화기에 전해진 문물
우정국(우편), 전차, 전등, 자동차, 전화기 등

## 동학농민운동

- 동학 : 최제우가 창시하였다. 우리 사회에 어울리는 종교의 의미를 가지고 있었으며 동학농민운동의 사상적 토대가 된다.
- 고부봉기를 계기로 1차와 2차에 걸쳐 사회개혁과 외세 침략에 맞선 농민운동이 일어났다.
- 반봉건 개혁운동으로 갑오개혁에 영향을 끼쳤고, 이후 항일 의병운동으로 계승되었다.

PART 01

PART 02

PART 03

PART 04

PART 05

PART 06

PART 07

## 갑오 · 을미개혁 <sub>기출</sub>

- 대한민국이 근대화의 모습을 갖추게 된 계기로 1차와 2차의 갑오개혁과 을미개혁이 진행되었다.

- 주요 내용
  - 1차 갑오개혁 : 개국연호 사용, 신분제 폐지, 과거제 폐지, 조혼 금지, 과부 재가 허용 등
  - 2차 갑오개혁 : 홍범 14조 반포, 교육입국조서 반포에 따른 근대학교 설립
  - 을미개혁 : 단발령 실시, 태양력 사용 등

**단발령**
유교를 따르던 조선 때는 남자들도 머리를 길러 상투를 틀었다. 이 상투를 자르게 한 것이 단발령이다.

> **더 알고가기**　**을미사변과 아관파천**
>
> 일본의 영향력에서 벗어나고자 고종의 황후인 명성황후는 러시아 세력과 가까이하게 된다. 이에 일본이 국모인 명성황후를 잔인하게 살해한 사건이 을미사변이다.
> 을미사변 후 신변의 위험을 느낀 고종은 러시아 대사관으로 피신을 하는데, 이를 아관파천이라 한다. 이로 인해 러시아의 간섭이 심해지는 계기가 되었다.

> **더 알고가기**　**외세의 침략과 개항 과정**
>
> 강화도 조약(1876) → 갑신정변(1884) → 동학농민운동(1894), 갑오개혁(1894) → 을미사변(1895) → 을사조약(1905)

## 7. 일제강점기와 6 · 25전쟁

### 일제강점기

**대한제국 수립**
1897년 고종은 대한제국을 수립하고 황제 즉위식을 거행하였다.

- 국권 피탈 과정
  - 1차 한일협약(1904년) : 고문정치 시작
  - 2차 한일협약(을사늑약, 1905년) : 대한제국의 외교권 박탈
  - 기유각서(1909년) : 대한제국의 사법권 박탈
  - 경술국치(1910년) : 국권피탈, 총독정치

• 일제의 통치

| | |
|---|---|
| 무단통치<br>(1910년대) | • 일본의 헌병 경찰 통치가 이뤄졌으며, 관리와 교원에게 제복을 입고 칼을 차게 하였다.<br>• 독립운동가, 애국지사 등을 탄압하는 데에 집중하였다.<br>• 한글 신문을 폐간하였고, 민족자본의 성장을 억제하였다.<br>• 토지조사사업 : 한국 농민의 토지를 상당 부분 일본에게 빼앗기게 되었다. |
| 문화통치<br>(1920년대) | • 3·1운동에 위기의식을 느낀 일본은 통치 방법에 변화를 주었다.<br>• 민족성 분열을 목적으로 한 통치가 시작되었다.<br>• 헌병경찰제도를 보통경찰제로 전환하였다.<br>• 신문, 도서에 대한 검열을 더욱 철저히 하며 식민사관을 정립시켰다.<br>• 산미증식계획을 통해 대한민국의 양곡이 수탈되었다. |
| 민족말살통치<br>(1930년대 이후) | • 일본의 침략이 노골화된 시기이다.<br>• 병참기지화 정책과 인적, 물적 자원을 약탈하는 통치가 실시되었다.<br>• 일선융합, 내선일체 등의 방침을 통해 철저한 민족말살을 강행하였다.<br>• 조선어과 폐지, 창씨개명, 강제징용, 신문사 폐간 등이 이루어졌다.<br>• 국내의 민족운동은 움츠러들었으나 중국, 미주 등 해외에서의 독립운동이 활발해졌다. |

**병참기지화 정책**
일본이 전쟁에 필요한 물자를 조달하기 위해 한반도 전체를 군수물자 공급기지로 이용한 정책

## 일제강점기 독립활동

• 독립 활동
 - 신민회 : 항일운동독립단체로 대성학교를 설립하였으며, 민중계몽과 국권회복을 위해 노력하였다.
 - 신간회 : 항일운동을 위해 민족주의와 사회주의 진영이 통합하여 결성한 단체이다.
 - 의열단 : 항일무력운동 독립단체로 일본의 고위 관료를 암살하거나 관공서를 폭파하는 등의 활동을 벌였다.
 - 3·1 운동 : 일제의 식민지 지배에 저항하여 일어난 독립운동으로 일제 강점기 치하의 운동 중 최대 규모의 독립운동이자 대한민국 임시정부 수립 등에도 영향을 미쳤다.
 - 청산리 전투 : 김좌진, 홍범도 등이 이끈 독립군 부대가 만주 청산리에서 일본군을 크게 무찔렀다.

PART 01
PART 02
PART 03
PART 04
PART 05
PART 06
PART 07

더 알고가기   3·1운동

| 배경 | • 미국의 윌슨 대통령이 세계 여러 민족은 자신의 운명을 스스로 결정해야 한다는 '민족 자결주의'를 주장함<br>• 일본 도쿄 한가운데에서 유학생들이 모여 '2·8 독립 선언' 발표 |
| --- | --- |
| 의의 | • 민족 스스로 우리의 의지와 힘을 알게 됨<br>• 만주와 상하이로 망명한 독립운동가들이 대한민국 임시 정부를 만드는 성과<br>• 독립의 의지를 전 세계 사람들에게 알리게 된 사건 |

• 주요 독립운동가

김구

• 대한민국 임시정부의 주석으로, 독립운동을 위해 활발히 활동하였다.
• 광복 이후 남북통일을 위한 노력을 기울였으며, 백범일지를 썼다.

유관순

• 3·1운동에 참가해 아우내 장터에서 만세 운동을 주도하다 일본에 체포되었다.
• 모진 고문 끝에 18세의 나이로 옥중에서 순국하였다.

안중근

• 학교를 설립하여 계몽 운동을 전개하였고, 의병 활동에 앞장섰다.
• 하얼빈에서 일본의 이토 히로부미를 사살하고 체포되어 순국하였다.

안창호

• 독립운동가이자 교육가로, 신민회를 조직하였다.
• 나라의 힘은 국민의 지식 수준에 있다고 보고 교육과 의식 함양에 힘썼다.

윤봉길

• 야학당을 개설하여 민족 의식 고취에 힘썼다.
• 한인애국단의 일원으로 중국 홍커우 공원에서 도시락 폭탄을 던져 일본군의 주요 인물들을 사살하였다.

이봉창

• 한인애국단에 가입하여 일왕에게 수류탄을 던졌다.
• 비록 거사는 실패하였으나, 이후 독립운동이 더욱 활발하게 전개되었다.

## 6·25전쟁   기출

• 남북 분단 과정
- 일본의 2차 세계대전 패전으로 갑작스럽게 해방된 상황에서 38도선을 경계로 북쪽은 소련, 남쪽은 미국이 임시로 관리하게 된다.
- 미국과 소련의 신탁통치를 두고 이념 대립이 심화되었다.

- 남한에서 총선거 실시, 헌법 제정 후 대한민국이 수립되었고 뒤이어 북한에서 조선민주주의인민공화국이 수립되었다.
- 전쟁의 발발과 휴전
  - 1950년 6월 25일 북한의 남침으로 전쟁이 발발하였다.
  - 유엔군 개입 후 인천상륙작전을 실시하며 서울을 탈환하였으나 중공군의 개입으로 1 · 4후퇴를 하게 되었다.
  - 남북 교전이 치열하게 계속된 끝에 1953년 7월 27일 휴전 협정을 체결하였다.
- 결과
  - 대한민국은 휴전 상태로 현재까지도 남북 분단 상태를 유지하게 된다.
  - 전쟁으로 많은 이산가족이 생기게 되었다.

## 8. 광복 이후 대한민국 정부

### 역대 정부 〈기출〉

| 이승만 정부 | 제1공화국 | • 이승만 대통령의 집권 시기이다.<br>• 반공 위주의 정책을 폈으며, 사사오입 개헌을 단행하였다.<br>• 3 · 15 부정선거로 4 · 19 혁명이 발발하였고 대통령직에서 물러났다. |
|---|---|---|
| 장면 내각 | 제2공화국 | • 국무총리 장면의 내각중심제 시기이다.<br>• 민주개혁, 평화통일 등을 추진하였으나 미미하였다.<br>• 5 · 16 군사정변으로 장면 내각이 붕괴되었다. |
| 박정희 정부 | 제3공화국 | • 군부에서 힘을 얻은 박정희가 대통령으로 선출되었다.<br>• 도로, 항만 등 사회간접자본을 확충하였고, 경제가 성장하였다.<br>• 한 · 일 협정을 체결하며 국교를 정상화하였다.<br>• 베트남에 군을 파병하였다. |
| 최규하 정부 | 제4공화국 | • 유신 선포 : 국회 해산, 헌법 일부 조항 효력 중지 → 독재화<br>• 10 · 26사태(박정희 피살)로 막을 내렸다.<br>• 제10대 대통령으로 선출되었다.<br>• 신군부 세력에 의한 12 · 12사태로 실각하였다. |
| 전두환 정부 | 제5공화국 | • 5 · 18민주화운동 세력을 강제 진압하였다.<br>• 헌법 개정(7년 단임 대통령 간선제) 후 정부를 수립하였다.<br>• 6월 민주 항쟁 후 6 · 29 선언에 따라 개헌(5년 단임제의 대통령 직선제)을 수용하였다. |

**개헌**
헌법을 수정함

PART 01

PART 02

PART 03

PART 04

PART 05

PART 06

PART 07

| | | |
|---|---|---|
| 노태우 정부 | 제6공화국 | • 88 서울 올림픽, 86 아시안 게임 등 국제행사를 개최하였다.<br>• 북방 외교에 주력하며 소련, 중국 등과 교류를 시작하였다.<br>• 남북한이 UN에 동시 가입하였다. |
| 김영삼 정부 | | • 금융실명제, 지방자치제를 실시하고, OECD에 가입하였다.<br>• 외환위기로 IMF로부터 구제금융을 받았다. |
| 김대중 정부 | | • 햇볕정책 : 금강산 관광, 남북정상회담 개최 등 남북관계 개선 노력에 힘썼다.<br>• 2002년 한·일 공동 월드컵을 개최하였다. |
| 노무현 정부 | | • 권위주의 탈피를 목표로 시민사회 성장을 꾀했다.<br>• 제2차 남북정상회담을 개최하였다.<br>• 대통령 탄핵 소추가 발생하였다. |
| 이명박 정부 | | • 경제성장을 우선 과제로 꼽았으며, 4대강 사업을 추진하였다.<br>• G20 정상회담을 개최하였다. |
| 박근혜 정부 | | • 대한민국 최초의 여성대통령으로 선출되었다.<br>• 국정농단사태와 관련하여 직권남용 등의 이유로 탄핵되었다. |
| 문재인 정부 | | • GDP 순위 10위권에 진입하였다.<br>• 2018년 남북정상회담을 개최하여 관계 개선에 노력하였다.<br>• 코로나 19가 발생하여 방역 컨트롤타워 역할을 하였다. |
| 윤석열 정부 | | 현 정부 |

**금융실명제**
금융기관 거래를 할 때 실제 명의로만 거래할 수 있도록 한 제도

## 개헌 과정

| 개헌 | 시기 | 내용 |
|---|---|---|
| 대한민국 제헌 헌법 | 1948년 | • 대통령 직선제<br>• 국회단원제 |
| 1차 (발췌개헌) | 1952년 | • 대통령·부통령 직선제<br>• 국회 양원제<br>• 초대대통령 중임제한 철폐 |
| 2차 (사사오입 개헌) | 1954년 | • 대통령 연임 제한 폐지<br>• 국무총리제 폐지 |
| 3차 | 1960년 | • 4·19혁명(3·15 부정선거 항거 → 이승만 대통령 사임) 이후<br>• 내각책임제, 양원제 실시<br>• 헌법재판소 설치 |
| 4차 (소급입법) | 1960년 | 부정선거, 반민주행위자 처벌기준 마련 |
| 5차 | 1962년 | • 5·16 군사정변 발생 후<br>• 대통령 직선제<br>• 헌법재판소 폐지 |

**직선제**
'직접 선거 제도'를 줄인 말로 대표를 직접 뽑는 것을 말한다. 참고로 '간선제'는 투표에 참여하는 인원을 뽑고, 그 인원이 대표를 선출하는 것이다.

| 6차<br>(3선 개헌) | 1969년 | • 대통령 3선까지 허용<br>• 국회의원의 겸직 금지 |
|---|---|---|
| 7차 | 1972년 | • 10월 유신 이후<br>• 통일주체국민회의 신실<br>• 국회 권한 축소 |
| 8차 | 1980년 | • 12·12 사태 → 5·18 민주화운동 후<br>• 대통령 7년 단임제, 비례대표제<br>• 연좌제 폐지 |
| 9차 | 1987년 | • 6월 민주항쟁 후<br>• 대통령 직선제, 임기 5년의 단임제<br>• 국회의 국정감사권 부활 |

PART 01

PART 02

PART 03

PART 04

PART 05

PART 06

PART 07

**01** 한국 역사상 최초의 국가는 ①(                    )이 세운 ②(                    )
이다.

**02** 고조선의 건국이념인 (                    )은/는 인간을 널리 이롭게 한다는 의미
이다.

**03** (                    )은/는 마한 통합으로 영토를 확장한 백제의 왕이다.

**04** 고구려는 당의 침입을 막기 위해 (                    )을/를 세웠다.

**05** (                    )은/는 인재 양성을 위한 신라의 청소년 수련단체이다.

**06** 출신 성분에 따라 신분을 구분하는 신라의 제도인 (                    )가 있다.

정답   **01** ① 단군왕검 ② 고조선   **02** 홍익인간   **03** 근초고왕   **04** 천리장성   **05** 화랑도   **06** 골품제

**07** 대조영이 동모산에 세운 국가는 ( )이다.

**08** ( )은/는 고려 때 실시한 빈민 구제 제도로, 평상시에 곡식을 저장했다가 흉년 때 나누어주었다.

**09** 고려의 국제 무역항인 ( )을/를 통해 많은 외국 상인들이 드나들었다.

**10** ( )은/는 경주에 위치한 통일신라의 대표적인 불교 문화 유적이며, 1995년 유네스코 세계문화유산으로 등재되었다.

**11** 김부식이 편찬한 ( )은/는 현재 전해지는 가장 오래된 역사서이다.

**12** 한민족의 4대 대첩이라 하면 살수대첩, 행주대첩, 한산도대첩, ( )(이)라 한다.

---

**정답** **07** 발해 **08** 의창 **09** 벽란도 **10** 불국사 **11** 삼국사기 **12** 귀주대첩

13 (　　　　　　　)은/는 부처의 힘으로 몽골의 침입을 막기 위해 만든 고려 시대 문화재이다.

14 (　　　　　　　)은/는 집현전 학자들과 한글을 창제하고 반포한 조선의 왕이다.

15 1392년 태조부터 1862년 철종까지의 역사를 시대 순으로 정리한 역사서는 (　　　　　　　)이다.

16 (　　　　　　　)은/는 거중기로 화성을 축조하고, 목민심서를 저술하였다.

17 조선의 지리학자 김정호는 (　　　　　　　)을/를 만들었다.

18 임진왜란 발발 당시 거북선을 만들어 왜적을 상대로 큰 승리를 거둔 사람은 (　　　　　　　)이다.

정답　13 팔만대장경　14 세종(대왕)　15 조선왕조실록　16 정약용　17 대동여지도　18 이순신 장군

PART 01

PART 02

PART 03

PART 04

PART 05

PART 06

PART 07

19 흥선대원군은 외교를 거부하는 통상 수교 거부 정책을 진행하였고 이에 ( )을/를 건립하였다.

20 조선이 맺은 최초의 근대적 조약이자 불평등 조약은 ( )이다.

21 청의 내정 간섭에 불만을 품은 급진 개화파 김옥균 등이 우정국 축하연에서 일으킨 정변은 ( )이다.

22 일본과 체결한 ( )으로 대한제국의 외교권이 박탈되었다.

23 ( )은/는 최제우가 창시한 반봉건 개혁운동으로 갑오개혁에 영향을 끼쳤고, 이후 항일 의병운동으로 계승되었다.

정답 19 척화비 20 강화도 조약 21 갑신정변 22 을사조약 23 동학농민운동

**24** 일본이 고종의 황후인 명성황후를 잔인하게 살해한 사건은 (                    ) 이다.

**25** (                    )은/는 3 · 1 운동에 참가해 아우내 장터에서 만세 운동을 주도하다 일본에 체포되어 결국 18세의 나이로 옥중에서 순국하였다.

**01** 대한민국 최초의 국가의 이름은 무엇인가?

① 고구려        ② 고조선

③ 고려         ④ 신라

**02** 백성들을 다스리기 위해 만든 고조선의 법률로 생명과 개인의 재산을 중시하였음을 알 수 있는 것은?

① 8조법        ② 시무 28조

③ 단군신화      ④ 홍익인간

 '8조법'은 고조선의 8가지 법으로 그중 3조목만 전해진다. 당시 사회가 생명과 개인의 재산을 중시하였음을 알 수 있고, 계급이 있는 농경 사회였음을 파악할 수 있다.

**03** 고조선의 건국 이념은 무엇인가?

① 세속오계      ② 삼강오륜

③ 홍익인간      ④ 사회주의

 '널리 사람을 이롭게 한다'는 의미이다.

정답   **01** ②    **02** ①    **03** ③

**04** 고구려 시대의 특징으로 옳지 <u>않은</u> 것은?

① 주몽이 건국하였다.
② 북쪽에 위치하여 수렵이 발달하였다.
③ 주요 전투는 살수대첩, 안시성 전투 등이 있다.
④ 화려한 금관과 장신구가 발달하였다.

> **해설** ④는 신라 시대의 특징이다.

**05** 고구려의 왕으로 요동과 만주 지역까지 영토를 넓혔던 이는 누구인가?

① 소수림왕 ② 미천왕
③ 광개토대왕 ④ 온조왕

> **해설** 광개토대왕은 북진정책으로 만주까지 영토를 확장하였다.

**06** 645년 당나라의 침입에 맞서 고구려의 연개소문 장군이 막아낸 전투는 무엇인가?

① 안시성 전투 ② 귀주대첩
③ 살수대첩 ④ 행주대첩

> **해설** '안시성 전투'는 고구려의 연개소문 장군의 지휘로 진행되었다.
> ② 귀주대첩 : 강감찬 장군
> ③ 살수대첩 : 권율 장군
> ④ 행주대첩 : 을지문덕 장군

**정답** 04 ④ 05 ③ 06 ①

**07** 다음 〈보기〉의 업적을 세운 백제의 왕은?

〈보기〉
- 백제의 전성기를 맞음
- 마한 통합으로 영토 확장
- 일본에 문화 전파
- 사비로 도읍지 이동

① 광개토대왕          ② 근초고왕

③ 법흥왕             ④ 진흥왕

 ① 광개토대왕 : 고구려의 왕으로 만주까지 영토를 확장하였다.
③ 법흥왕 : 신라의 왕으로 국가의 기틀을 마련하였다.
④ 진흥왕 : 신라의 왕으로 화랑도를 정비하고, 한강 하류 지역 영토를 회복하였다.


**08** 삼국통일의 과정으로 옳은 것은?

ㄱ. 나·당 전쟁          ㄴ. 나·당 연합
ㄷ. 고구려 멸망         ㄹ. 백제 멸망
ㅁ. 삼국통일

① ㄱ－ㄴ－ㄷ－ㄹ－ㅁ        ② ㄴ－ㄷ－ㄹ－ㄱ－ㅁ

③ ㄴ－ㄹ－ㄷ－ㄱ－ㅁ        ④ ㄷ－ㄹ－ㄴ－ㄱ－ㅁ

 삼국통일의 과정은 다음과 같다.
나·당 연합(648년) → 백제 멸망(660년) → 고구려 멸망(668년) → 나·당 전쟁(670~676년) → 신라의 삼국통일(676년)

정답   07 ②     08 ③

**09** 신라 시대에 젊은이들을 교육하고 인재를 양성하는 기능을 담당한 청소년 단체는?

① 세속오계            ② 화랑도

③ 칠지도              ④ 첨성대

 '화랑도'는 신라의 교육제도로 청소년 수련단체이다. 삼국통일의 원동력이 되었다.
① 세속오계 : 화랑이 지켜야 할 5가지 규칙
③ 칠지도 : 백제 근초고왕이 일본에 외교적인 의미로 전달한 검
④ 첨성대 : 우주의 움직임을 관찰하기 위한 신라의 천문대

**10** 출신 성분에 따라 등급을 나누는 신라의 신분제도는?

① 정전               ② 양천제

③ 독서삼품과         ④ 골품제

 '골품제'는 출신성분에 따라 성골과 진골, 6두품부터 1두품까지로 신분의 등급을 나눈 제도이다. 골품이 결정되면 그 신분은 대대로 이어지며 웬만해서는 바뀌지 않았고, 그에 맞는 결혼, 옷차림, 그릇, 집의 구모까지 기준이 정해져 있었다.
① 정전 : 신라의 토지제도
② 양천제 : 조선시대 신분제도
③ 독서삼품과 : 통일신라의 관리 선발 방법

**11** 삼국시대 국가와 그 국가를 세운 인물의 연결이 틀린 것은?

① 고구려 – 주몽       ② 백제 – 온조

③ 신라 – 박혁거세     ④ 고구려 – 대조영

해설 대조영은 고구려 멸망 후 고구려의 유민을 이끌고 만주 동모산에 발해를 세운 인물이다.

정답 **09** ②    **10** ④    **11** ④

**12** 왕건이 세운 국가의 이름은 무엇인가?

① 통일신라            ② 고려

③ 백제               ④ 발해

 왕건은 고구려의 정신을 계승했다는 뜻으로 국호를 '고려'라 하였다.

**13** 고려에 대한 설명으로 <u>틀린</u> 것은 무엇인가?

① 민주주의 국가였다.

② 빈민 구제 제도인 의창이 있었다.

③ 대외 무역이 활발하게 이루어졌다.

④ 왕건은 민생안정 정책을 실시하였다.

 고려는 신분제 사회였다.

**14** 일연이 편찬하였으며 단군의 고조선 건국 기록부터 통일신라까지의 역사를 다루고 있는 역사서는?

① 삼국사기          ② 삼국유사

③ 제왕운기          ④ 동명왕편

 '삼국유사'는 고려 충렬왕 때 일연이 펴낸 역사서이다. 신라, 고구려, 백제의 유사를 모아서 지었으며, 고조선의 역사가 담겨있어 높은 가치를 지니고 있다.

PART 01
PART 02
PART 03
PART 04
PART 05
PART 06
PART 07

정답   12 ②    13 ①    14 ②

**15** 세계에서 가장 오래된 금속 활자본으로 유네스코 세계기록유산에 등재된 것은?

① 팔만대장경      ② 직지심체요절

③ 고려청자      ④ 삼국유사

 '직지심체요절'은 세계에서 가장 오래된 금속 활자로 인쇄된 책으로 현재 프랑스 국립도 서관에 보관되어 있어 반환을 요구 중이다.

① 팔만대장경 : 고려 시대 부처의 힘으로 몽골의 침입을 막고자 하는 염원으로 만든 것. 우리나라의 뛰어난 목판인쇄술을 보여주고 있음(경남 해인사에 보관)

③ 고려청자 : 푸른색이 도는 고려시대의 도자기

④ 삼국유사 : 단군의 고조선 건국부터 통일신라까지 다루고 있는 일연이 편찬한 역사서

**16** 별무반을 조직하여 여진족을 물리치고 동북 9성을 쌓은 사람은 누구인가?

① 서희      ② 윤관

③ 안중근      ④ 김구

 윤관은 별무반을 조직하여 동북지역의 여진족을 물리치고 9성을 쌓았다.

**17** 몽골에 항전하여 강화도, 진도, 제주도로 이어가며 끝까지 싸운 부대의 이름은 무엇인가?

① 삼별초      ② 신민회

③ 화랑도      ④ 독립군

해설 '삼별초'는 고려 무신정권의 특수부대로 몽골과의 강화는 굴욕적인 항복이라고 주장하 며 끝까지 싸울 것을 주장하였다. 근거지를 강화도, 진도, 제주도로 옮겨 가며 끝까지 항 전한 모습에서 고려인의 자주정신과 꿋꿋한 기상을 엿볼 수 있다.

**정답** 15 ②    16 ②    17 ①

**18** 고려의 국제 무역항으로 바닷길을 통해 많은 상인이 드나들었던 곳은?

① 동북 9성 ② 별무반
③ 강동 6주 ④ 벽란도

 '벽란도'는 고려의 수도인 개경과 가까우며, 수심이 깊어 배가 지나다니기 쉽고 뱃길이 빨라 무역항으로 크게 발전하였다. 이곳으로 송, 거란, 여진을 비롯하여 일본과 아라비아 상인들과도 거래하였으며, 공예품과 인삼 등을 수출하였다.
　① 동북 9성 : 고려 시대 윤관이 여진족을 물리친 뒤 동북쪽 지역에 세운 9개의 성이다.
　② 별무반 : 고려 숙종 때 여진을 정벌하기 위해 편성되었다가 여진과의 강화가 성립되면서 해체된 군사조직이다.
　③ 강동 6주 : 고려 시대 압록강 하류 동쪽에 있던 6개의 행정 지역이다.

**19** 이성계가 요동 정벌을 중단하여 정권을 잡은 사건은?

① 위화도 회군 ② 외교담판
③ 한산대첩 ④ 동학농민운동

 고려 말 이성계는 요동을 정벌하러 가던 길에 4불가론을 들어 위화도에서 군대를 돌려 정변을 일으키고 권력을 장악하여 조선을 건국하였다.

**20** 이성계가 조선의 수도로 정한 곳은 지금의 어디인가?

① 경주 ② 천안
③ 부산 ④ 서울

해설　이성계는 개경에서 한양(오늘날 서울)으로 수도를 옮겼다.

**정답** 18 ④　19 ①　20 ④

**21** 조선 시대에 대한 설명으로 **틀린** 것은?

① 과거를 통해 인재를 등용하였다.

② 강동 6주, 동북 9성으로 영토를 넓혔다.

③ 주요 기구로 육조가 있었다.

④ 일정 나이가 된 남성들은 호패를 가지고 다녔다.

 강동 6주와 동북 9성은 고려 시대와 관련된 내용이다.

**22** 조선 시대 무거운 물건을 들어 올리던 기계로 정약용이 도르래의 원리를 이용하여 만들었던 발명품은?

① 자격루          ② 측우기

③ 앙부일구        ④ 거중기

 '거중기'는 정약용이 정조의 명을 받아 수원 화성을 건설할 때 도르래의 원리를 이용해 개발한 도구이다.
① 자격루 : 물의 떨어짐을 통해 시간을 알려주는 물시계
② 측우기 : 강수량을 측정하기 위해 제작된 기구
③ 앙부일구 : 천구의 모양을 본떠 만든 반구 형태의 해시계

**23** 조선 후기에 서민들의 생활상을 그렸던 화가는?

① 김홍도       ② 방정환       ③ 정약용       ④ 유관순

 '김홍도'는 조선 후기 뛰어난 화가로 산수화와 인물화 등 여러 작품을 남겼다. 특히 백성들의 생활 모습을 담은 '씨름', '시당' 등 풍속화가 유명하다.

**정답**   **21** ②    **22** ④    **23** ①

## 24 훈민정음에 대한 설명으로 옳지 <u>않은</u> 것은?

① 백성을 가르치는 올바른 소리라는 의미이다.

② 세종대왕과 집현전 학자들이 만들었다.

③ 일부 양반 계층만이 사용할 수 있었다.

④ 우리나라 국보 70호이고, 유네스코 세계기록유산으로 지정되었다.

 세종대왕은 남의 나라 글자인 한문을 빌려 쓰는 것을 안타깝게 여겨 백성들이 쉽게 읽을 수 있는 문자를 만들게 되었다. 즉, 일반 서민들의 불편을 덜어 주고 우리말의 자주성과 주체성을 확립하기 위해 새로운 문자인 훈민정음을 창제하게 되었다.

## 25 조선 후기 경복궁을 중건하고 통상수교거부 정책을 펼쳤던 인물은?

① 김구      ② 광해군      ③ 세종대왕      ④ 흥선대원군

 '흥선대원군'은 왕권 강화를 위해 임진왜란 때 소실된 경복궁을 중건하였고, 청나라 외 모든 나라와 교류를 금지하고 관계를 맺지 않겠다는 대외 쇄국정책을 펼쳤다.

## 26 다음 중 임진왜란 때의 전투가 <u>아닌</u> 것은?

① 행주대첩      ② 진주대첩      ③ 한산도대첩      ④ 귀주대첩

 '귀주대첩'은 고려 시대의 강감찬 장군이 거란족을 크게 무찌른 전투이다.

PART 01
PART 02
PART 03
PART 04
PART 05
PART 06
PART 07

정답   24 ③    25 ④    26 ④

**27** 다음 〈보기〉에서 설명하는 것은?

〈보기〉

   조선 세종 때 왕명에 의하여 편찬한 농서로 내용이 대부분 중요 곡식류에 국한되고 기술이 간단하나, 우리나라 풍토에 맞는 농법으로 편찬된 책이다. 또 이것이 지방 권농관의 지침서가 되었을 뿐 아니라, 그 뒤로 속속 간행된 여러 가지 농서 출현의 계기가 되었다.

① 규장각　　　　② 경국대전　　　　③ 율령　　　　④ 농사직설

 ① 규장각 : 조선 왕실 도서관으로 학술 및 정책을 연구한 곳이다.
② 경국대전 : 조선 시대 나라를 다스리는 기준이 된 최고 법전이다. 죄인을 다스리는 내용뿐만 아니라 정치, 경제, 사회, 문화의 기본 규범을 담은 종합적인 법전이다.
③ 형벌과 행정에 관한 법규로 삼국시대에 율령을 반포하여 왕권을 강화하고 국가 체제를 갖춰나갔다.

**28** 조선 시대의 과학 분야에 대한 설명으로 옳지 <u>않은</u> 것은?

① 혼천의는 천체의 위치나 움직임 등을 살피고 기록하는 기구이다.
② 앙부일구는 해가 비출 때 생기는 그림자의 기울기로 시간을 재는 해시계이다.
③ 간의는 물의 양을 이용해 시간을 재는 물시계이다.
④ 측우기는 비의 양을 효과적으로 잴 수 있는 기구이다.

 '간의'는 혼천의와 같은 역할을 하는 기구이다. 물의 양을 이용해 시간을 재는 물시계는 자격루이다. ①~④ 모두 조선 시대 장영실이 발명한 물건들이다.

정답　**27** ④　**28** ③

**29** 운요호 사건 이후 체결한 조약으로 조선이 맺은 최초의 근대적 조약이자 불평등 조약은?

① 강화도 조약　　② 갑신정변　　③ 제물포 조약　　④ 갑오개혁

 '강화도 조약'은 1876년 강화도에서 조선과 일본이 체결한 조약으로 일본의 군사력을 동원한 강압에 의해 체결된 불평등 조약이다.

**30** 우리나라 독립운동의 역사를 알려주는 자서전 「백범일지」를 쓴 사람은?

① 윤봉길　　　　　　　　② 안창호
③ 안중근　　　　　　　　④ 김구

 '김구'는 조선 말기와 일제 강점기를 거치는 동안 독립운동가이자 정치가로 살았던 인물이다. 「백범일지」는 김구가 한창 독립운동을 하던 시절에 쓴 일기로 대한민국 임시 정부의 역사와 독립운동의 상황을 알 수 있는 매우 귀중한 자료이다.

**31** 일본이 대한민국의 외교권을 박탈하기 위해 강제로 체결한 조약은 무엇인가?

① 불평등 조약　　　　　　② 을사조약
③ 근대적 조약　　　　　　④ 텐진조약

 '을사조약'은 1905년 러·일 전쟁에서 승리한 일본이 한국의 외교권을 박탈하기 위해 강제로 체결한 조약이다.
①, ③ 불평등 조약, 근대적 조약 : 강화도 조약의 성격·특징이다
④ 텐진 조약 : 중국 텐진에서 청국과 여러 외국 간에 맺은 조약이다.

PART 01
PART 02
PART 03
PART 04
PART 05
PART 06
PART 07

정답　29 ①　30 ④　31 ②

**32** 중국 하얼빈 역에서 일본 총독 이토 히로부미를 사살하고 체포되어 순국하였다. 독립운동가는 누구인가?

① 안중근          ② 안창호          ③ 김구          ④ 윤봉길

 ② 안창호 : 신민회를 조직하고 민중계몽운동에 앞장섰다.
③ 김구 : 대한민국의 임시정부 주석이자 독립운동가였다. 광복 이후 남북통일을 위해 노력하였다.
④ 윤봉길 : 중국 홍커우 공원에서 도시락 폭탄을 던져 일본군 중요 인물을 사살하였다.

**33** 북한이 기습 남침한 전쟁은 무엇인가?

① 청일전쟁          ② 러일전쟁          ③ 신미양요          ④ 6 · 25전쟁

 '6 · 25전쟁'은 1950년 6월 25일 새벽에 북한 공산군이 남북군사분계선이던 38선 전역에 걸쳐 불법 남침함으로써 일어난 한국에서의 전쟁이다.

**34** 대한민국 초대 대통령은?

① 박정희          ② 이승만          ③ 장면          ④ 김대중

'이승만'은 해방 이후 대한민국 제1, 2, 3대 대통령을 역임한 정치인이다.

**35** 금융실명제를 실시한 대통령은?

① 노태우          ② 김대중          ③ 이명박          ④ 김영삼

금융실명제는 금융기관과 거래를 함에 있어 본인의 실명으로 거래해야 하는 제도로 '김영삼' 대통령 때 도입하였다.

**정답** 32 ①  33 ④  34 ②  35 ④

# 법과 정치

## 1. 정치

### 대한민국의 정치 `기출`

**민주정치**
국민이 주권을 가지고 그 권력을 직접 행사하는 정치

- 대한민국은 민주정치 제도를 표방하는 민주주의 국가이다.
- 대한민국은 민주공화국으로 주권은 국민에게 있으며, 모든 권력은 국민으로부터 나온다.
- 기본적으로 간접민주주의를 채택하고 있으나 국민투표와 같은 직접민주주의 요소도 포함하고 있다.
- 동시에 대한민국은 대통령제 국가로 국가 최고 지도자인 대통령은 선거로 선출한다.

> **더 알고가기**  직접민주주의와 간접민주주의
> - 직접민주주의 : 모든 국민이 직접 국가의 중요사항을 결정하는 데 참여하는 것
> - 간접민주주의 : 국민이 대표를 뽑고, 그 대표가 중요사항을 결정하도록 하는 것

- 민주정치의 기본원리

**언론**
TV나 신문, 인터넷 등을 통하여 어떤 사실을 알리거나 의견을 공유하는 것

| 국민주권의 원리 | • 국가의 의사를 결정하는 그 권리가 국민에게 있다는 원리<br>• 선거가 대표적인 방식이며, 집회와 시위, 언론을 통한 의견 표출도 허용 |
|---|---|
| 국민자치의 원리 | • 주권을 가진 국민 스스로 나라를 다스리는 원리<br>• 직접적으로 정치에 참여하는 방식과 대표를 선출하여 위임하는 방식으로 나뉨 |
| 입헌주의의 원리 | • 헌법이 규정한 사항에 따라 권력이 행사되어야 한다는 원리<br>• 대한민국의 주요 사안은 헌법을 기준으로 삼음 |
| 권력분립의 원리 | • 국가 권력이 한쪽에 치우치지 않고, 서로 독립된 기관이 나누어 맡는다는 원리<br>• 내한민국은 입법부, 행정부, 시법부를 통해 권력을 분산하는 삼권분립제도를 채택 |

## 입법부 `기출`

- 대한민국의 입법부는 국회이며, 이곳에서 활동하는 국회의원은 국민이 직접 선출한다.
- 국회의 역할 : 법률 제정 및 개정, 국가재정 심의·확정, 국정 통제, 국가기관 구성
- 국회의원
  - 임기 : 4년(연임 가능)
  - 국회의원 정수 : 300명
  - 국회의원의 대표는 국회의장으로 임기는 2년이며, 국회에서 선출한다.
  - 지역구 국회의원과 비례대표 국회의원으로 나뉜다.

**입법**
법을 세운다는 의미

## 행정부 `기출`

- 법을 바탕으로 국가를 운영하고, 국가 정책을 기획·실천하는 등 전반적인 국정을 담당하는 조직이다.
- 대통령을 중심으로 국무총리, 각 부 장관이 국무회의를 통해 논의·결정하고, 행정 각 부에서 관련 업무를 수행한다.
- 국무총리는 행정부의 이인자로서 대통령이 국회의 동의를 얻고 임명한다.
- 윤석열 정부 조직 : 18부처 3처 19청 / 6위원회(46개)로 재정비하였다.

**국가인권위원회**
인권 향상과 보호에 관한 업무를 담당하는 국가기구이다. 입법·행정·사법부 어디에도 속하지 않는다.

**국무총리**
행정부를 총괄하고 대통령을 보좌하는 관직

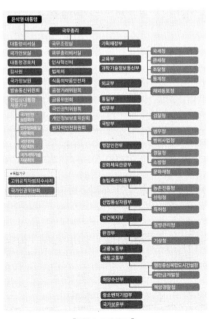

[정부 조직도]

※ 출처 : 행정안전부, 연합뉴스

**중소벤처기업부**
2017년 7월 중소기업청에서 승격되었다.

• 18개 부처 주요 업무

| 부처 | 업무 |
|---|---|
| 고용노동부 | 고용정책과 근로 관련 사무 총괄 |
| 과학기술정보통신부 | 과학기술정책 수립, 정보통신기술 기반 구축 등 |
| 교육부 | 학교교육 총괄, 인적자원 개발 등 |
| 국가보훈부 | 국가유공자에게 보상 강화 및 사각지대 해소, 보훈문화 확산 등 |
| 국방부 | 외부 침략으로부터의 국가 보위 등 국방 관련 사무 관장 |
| 국토교통부 | 국토의 체계적인 개발과 보존, 교통물류체계 구축 등 |
| 기획재정부 | 경제정책 수립, 예산 평가, 조세정책 기획 및 총괄 등 |
| 농림축산식품부 | 농산 · 축산, 식량 · 농지, 식품산업 진흥, 농촌 개발 등 |
| 문화체육관광부 | 문화예술 발전, 체육 · 관광 진흥 업무 등 |
| 법무부 | 안전한 사회 구현 노력, 법무 정책 추진 등 |
| 보건복지부 | 빈곤 · 질병 등의 보호, 사회 참여 기회 제공, 보건 정책 수립 등 |
| 산업통상자원부 | 한국의 산업 · 통상 · 자원 관련 사무 관장 |
| 외교부 | 외교 정책 · 국제경제협력 · 조약 등 수립 |
| 중소벤처기업부 | 중소 · 벤처기업의 성장환경 구축, 기업 간 격차 해소 등 |
| 통일부 | 통일 및 남북교류 정책 수립, 북한 정세 분석 등 |
| 해양수산부 | 해양의 개발 · 이용 · 보전 정책 등 |
| 행정안전부 | 법령 및 조약 공포, 정부조직 관련 사무, 지방자치제도 등 |
| 환경부 | 환경오염 · 훼손 예방과 지속적인 관리 등 |

**총괄**
일정한 권한을 가지고 전체적으로 통제하는 것

**조세**
세금. 국가 운영에 필요한 비용을 국민으로부터 거두어들이는 것

**정세**
일이 진행되는 상황이나 분위기

**공소제기**
검사가 범죄사건에 대하여 법원에 심판을 요구하는 일

**사면**
범죄자의 형벌을 면제해 주는 권한

> **더 알고가기** 주요 중앙행정기관
> • 국민권익위원회 : 공직사회 부패 방지와 규제, 국민의 권리 보호를 위한 민원을 처리하는 기관이다.
> • 검찰청 : 법무부 산하 기관이다. 최고 법 집행기관으로 증거 수집과 범죄 수사, 공소제기 등을 담당한다.
> • 경찰청 : 행정안전부 산하 기관이다. 범죄자 체포, 교통 단속 등 치안 사무를 총괄한다.

## 대통령 ◀기출

• 행정부의 최고 책임자이자 국가의 원수(최고 대표자)이다.

• 임기 : 5년(단임)

• 주요 권한 : 국군 지휘, 공무원 임명, 조약 체결, 헌법 개정 제안, 사면 등

• 청와대 : 대통령의 관저

• 대한민국 20대 대통령은 윤석열 대통령이다.

이승만(1~3대)

윤보선(4대)

박정희(5~9대)

최규하(10대)

전두환(11~12대)

노태우(13대)

김영삼(14대)

김대중(15대)

노무현(16대)

이명박(17대)

박근혜(18대)

문재인(19대)

윤석열(20대)

[대한민국 역대 대통령]

의원 내각제
국가 권력이 의회 (입법부)에 집중된 형태이다. 윤보선 대통령 재임 시기 이 체제를 따랐고, 실질적인 권한은 장면 내각에 있었다.

김대중 대통령
한국인 최초로 노벨평화상을 수상하였다.

PART 01
PART 02
PART 03
PART 04
PART 05
PART 06
PART 07

사법
어떤 사건에 법을
적용하여 옳고 그름
등을 판단하는 것

## 사법부　<small>기출</small>

- 대한민국의 사법기관은 법원으로 법을 해석하고 사건에 적용하는 역할을 담당한다.

재판
법적 사건을 법원
이 일정한 절차에
따라 판정하는 것

- 심급제도(3심제)
  - 공정한 재판을 위해 급이 다른 법원에서 3번까지 재판을 받을 수 있는 제도이다.
  - 일반적으로 1심 재판은 지방법원, 2심 재판은 고등법원, 3심 재판은 대법원에서 이루어진다.

**[법원 조직]**

> **더 알고가기**　헌법재판소
>
> 헌법과 연관된 분쟁이 발생했을 때 재판하는 기관이다. 9명의 재판관으로 구성된 1개의 전원재판부와 3명의 재판관으로 구성된 3개의 지정재판부가 있다.

## 지방자치제

- 지방자치제는 지역 주민이 그 지역의 대표를 뽑아 지역을 관리하게 하는 제도이다.
- 지방자치단체는 크게 광역자치단체와 기초자치단체로 구분된다.
  - 광역자치단체 : 1개 특별시(서울), 6개 광역시(부산, 인천, 대구, 대전, 광주, 울산), 1개 특별자치시(세종), 7개 도(경기, 충청남, 충청북, 전라남, 전라북, 경상남, 경상북), 2개 특별자치도(제주, 강원)
  - 기초자치단체 : 특별시와 광역시를 제외한 시·군, 그 외 자치구 등이며, 기초자치단체가 모여 광역자치단체를 이룬다.

지방자치단체와
지방의회
지방자치단체는
행정, 지방의회는
입법기관의 역할
을 담당한다.

- 지방자치단체는 각 단체마다 지방의회를 두어 지역의 중요한 일을 결정한다.
- 지방자치단체장과 지방의회 의원은 지방선거를 통해 선출하며, 임기는 4년이다.

## 관공서

- 관공서는 국가나 지방의 행정을 처리하는 기관이다.
- 입법·행정·사법부와 그 소속기관은 물론 도청·시청·구청·읍사무소·면사무소 등을 비롯하여 국·공립 병원, 학교, 도서관 등이 모두 관공서에 포함된다.
- 관할구역이 전국에 미치는 중앙관청과 한 지방에 한정된 지방관청으로 나뉜다.
- 주요 관공서

| 기관 | 담당 |
|---|---|
| 도·시·군·구청 | 도·시·군·구의 전반적인 행정 사무 |
| 주민자치센터 | 민원서류 발급, 각종 신고 업무 처리, 복지 서비스 등 |
| 경찰서 | 국민의 생명과 재산 보호, 범죄 예방과 수사 등 |
| 소방서 | 화재 예방과 진압, 응급상황 긴급 구조 등 |
| 보건소 | 지역 주민의 질병 예방·관리, 공중보건 향상 등 |
| 우체국 | 편지나 소포 배달, 우편 업무 등 |

**파출소**
경찰서 소속의 하위기관으로 주민과 가까운 곳에서 치안업무를 담당

> **더 알고가기** 정부24
>
> 중앙행정기관, 공공기관, 지방자치단체의 서비스 9만 여종을(주민등록등본, 토지대장 등 민원사무 포함) 정부24에서 바로 신청·조회·발급받을 수 있다.


## 선거 기출

- 선거의 4대 원칙
  - 보통선거 : 일정한 나이가 되면 차별 없이 누구에게나 선거권을 부여한다.
  - 평등선거 : 누구에게나 똑같이 1표가 주어진다.
  - 직접선거 : 다른 사람을 대신해서 투표를 할 수 없다.
  - 비밀선거 : 투표 내용을 다른 사람이 알 수 없다.
- 대한민국 선거 : 대통령선거, 국회의원총선거, 지방선거(지방자치단체장 및 교육감, 광역의원, 기초의원)
- 선거권과 피선거권
  - 선거권 : 선거에서 투표할 수 있는 권리를 말한다. 대한민국 국민은 선거일 기준 만 18세 이상부터 선거권을 갖는다.

**외국인의 선거권**
외국인은 대한민국 국민이 아니므로 선거권이 없다. 그러나 영주권을 얻은 뒤 3년 이상 지난 18세 이상 외국인은 지방선거에 참여할 수 있다.

– 피선거권 : 선거에서 당선인이 될 수 있는 자격을 말한다. 대통령은 만 40세 이상, 국회의원 및 지방의원은 만 25세 이상의 대한민국 국민이면 가능하다.

## 정당

- 정당이란 정치적인 생각이나 입장이 비슷한 사람들끼리 모인 단체를 말한다.
- 복수 정당제 : 두 개 이상의 정당이 정치 활동을 할 수 있도록 보장하는 제도이다.
- 2023년 기준, 중앙선거관리위원회에 등록된 정당은 47개이다. 그중 대한민국의 원내 정당은 더불어민주당, 국민의힘, 정의당, 기본소득당, 시대전환이 있다.

**2022년 여당**
20대 대통령인 윤석열의 출신 정당은 국민의 힘이다.

**더 알고가기** **여당과 야당**

대통령도 소속 정당이 있다. 여러 개의 정당 중 대통령을 배출한 정당을 여당, 여당을 제외한 나머지 정당을 야당이라고 한다.

## 정치과정

- 정치과정이란 다양한 이해관계가 나타나고 수렴하여 정책으로 결정되고 집행되는 과정을 말한다.
- 사회적 갈등을 해결하여 사회 통합을 이룬다.
- 시민이 정치과정에 참여하여 권리를 행사한다.
- 민주적인 정치과정

## 시민의 정치참여

- 국민이 정책 결정 과정에 영향을 미치기 위한 활동으로 국민 주권을 실현하는 방법 중 하나이다.
- 참정권 행사인 선거를 통하여 자신들의 대표를 시민이 직접 뽑는다.
- 공동의 목적을 가진 사람들이 1인 시위나 촛불 시위를 통해 다른 사람에게 영향력을 행사한다.
- 그 밖에 시민이 직접 정당이나 시민단체에 가입하여 활동하거나 언론을 통한 의견 알리기, 민원신청 등을 통해 정치과정에 참여할 수 있다.

**촛불시위**
많은 사람들이 촛불을 들고 광장에서 평화적인 시위를 하는 행위

## 2. 법률 규정

### 대한민국 헌법 〈기출〉

- 국가의 이념과 원리, 한국인의 기본적인 권리와 의무, 국가 기관의 조직과 운영 방법 등을 규정한다.
- 최고법의 지위를 가져 다른 법들과 헌법의 규정이 충돌하면 헌법이 우선 적용된다.
- 1948년 7월 17일 처음 만들어진 후 1987년까지 9차례 개정되었다.

**규정**
규칙으로 정함

---

### 대한민국 헌법 제1조
제1항 대한민국은 민주공화국이다.
제2항 대한민국의 주권은 국민에게 있고, 모든 권력은 국민으로부터 나온다.

---

**더 알고가기** **민법과 형법**
- 민법 : 사람들 사이의 권리 분쟁이 발생했을 때 해결 기준이 되는 법
- 형법 : 사회질서 유지를 위한 규정과 이를 어겼을 때 처벌 기준이 되는 법

PART 01

PART 02

PART 03

PART 04

PART 05

PART 06

PART 07

## 국적 `기출`

- 대한민국의 국민이 되기 위한 자격은 국적법에 명시하고 있다.
- 대한민국 국민은 대한민국 구성원으로서 법적 지위를 가진다.
- 한국은 부모의 국적에 따라 아이의 국적이 정해지는 속인주의를 따른다.
- 외국인은 귀화 절차를 통해 대한민국 국민이 될 수 있다.

| | |
|---|---|
| 일반귀화 | • 대한민국과 혈연·지연 관계가 없는 외국인이 대한민국 국적을 취득하는 절차<br>• 한국에서 5년 이상 거주, 영주할 수 있는 체류 자격 소지, 민법상 성인 등의 조건 필요 |
| 간이귀화 | • 대한민국과 일정한 관계가 있는 외국인이 대한민국 국적을 취득하는 절차<br>• 대한민국 국민의 배우자이거나 배우자였던 외국인의 경우 일반적으로 한국에 2년 이상 거주하면 신청할 수 있음 |
| 특별귀화 | • 부모 중 한쪽이 현재 대한민국 국민인 경우 신청 가능<br>• 대한민국에 특별한 공로를 하였거나 특정 분야의 우수한 능력이 국익에 기여할 것으로 인정되는 사람인 경우 신청 가능 |

### 더 알고가기 ) 속지주의

출생 지역에 따라 국적이 결정되는 방식이다. 미국이나 영국 등이 이 방법을 따른다.

### 더 알고가기 ) 여권

한 나라의 국민이 외국을 여행할 때 자신의 신분과 국적을 증명해주는 공식 문서를 의미한다. 한국 여권소지자는 별도의 비자를 받지 않고 180여 개국을 여행할 수 있다.

## 국민의 권리와 의무 `기출`

- 기본권이란 헌법이 보장하는 국민의 기본적 권리를 말한다.
- 헌법은 '인간의 존엄과 가치 및 행복 추구권'을 포괄적인 기본권으로 규정하고, 그 외 5가지 기본 권리를 보장한다.
- 헌법은 대한민국 국민의 4가지 기본의무를 규정한다.
- 국민의 기본권

| | |
|---|---|
| 자유권 | 개인의 자유를 침해받지 않을 권리 |
| 평등권 | 부당하게 차별받지 않을 권리 |
| 사회권 | 인간다운 생활을 보장받을 권리 |
| 참정권 | 정치에 참여할 수 있는 권리 |
| 청구권 | 국가에 정당한 요구를 주장할 수 있는 권리 |

- 국민의 4대 의무

| 납세의 의무 | 국민은 국가 유지를 위해 세금을 납부해야 한다. |
|---|---|
| 국방의 의무 | 만 18세 이상 대한민국 남성은 일정 기간 군에 입대해야 한다. |
| 교육의 의무 | 부모는 만 6세 이상의 자녀를 학교에 보내 교육받게 해야 한다. |
| 근로의 의무 | 능력 범위 내에서 정당한 근로를 통해 생활을 영위해야 한다. |

> **영위하다**
> 일을 꾸려 나감

## 생활과 법

- 가정폭력
  - 가족에게 신체적, 정신적, 재산적 피해를 주는 것을 말한다.
  - 한국에서 가정폭력은 사회적 문제로 인식되며, 경찰 등 국가 권력의 도움을 받을 수 있다.
- 이혼
  - 재판상 이혼은 가정법원에 조정절차를 거쳐 성립되면 이혼, 그렇지 않은 경우에는 이혼소송이 진행된다.
  - 협의(합의) 이혼은 이혼 서류를 작성하여 가정법원에 제출해야 한다.
  - 이혼숙려기간 : 양육해야 할 자녀가 있는 경우 3개월, 그 밖의 경우 1개월
  - 이혼 후 양육자는 합의 또는 법원의 결정으로 지정한다.
  - 이혼 후 양육비를 보내지 않으면 법원에 신청하여 상대에 의무를 이해할 것을 명할 수 있고, 이를 따르지 않는 자에게는 1천만원 이하 과태료 처분을 통해 제재를 가할 수 있다.
- 아동학대
  - 보호자를 포함한 성인이 아동의 건강 또는 복지를 해치거나 정상적 발달을 저해할 수 있는 신체적 · 정신적 · 성적 폭력이나 가혹행위를 하는 것 또는 아동의 보호자가 아동을 유기하거나 방임하는 것을 말한다.
  - 아동의 울음소리, 비명 등이 계속되거나 아동의 몸에 상처가 계속 생기거나, 뚜렷한 이유없이 지각, 결석이 잦은 경우 등 아동학대가 의심되면 112로 신고해야 한다.
- 학교폭력
  - 학교 안팎에서 학생을 대상으로 신체적, 정신적, 재산상 피해를 주는 행위이다.
  - 학교폭력이 발생하면 부모와 학교에 알려서 그에 맞는 처벌을 받아야 한다.

PART 01

PART 02

PART 03

PART 04

PART 05

PART 06

PART 07

- 음주운전
  - 술을 마신 상태에서 운전을 하는 행위를 말한다.
  - 대부분의 국가에서 불법이며, 처벌도 강력하게 하고 있다.

> **더 알고가기**  경범죄
>
> 일상생활에서 흔하게 일어나는, 처벌이 가벼운 범죄를 말한다. 담배꽁초 버리기, 침 뱉기, 공공장소에 낙서하기 등이 이에 해당한다.

## 3. 통일

### 남북 분단 현실과 문제 `기출`

**북한**
북한은 공산주의 체제를 유지하고 있으며, 최고지도자는 김정은이다.

- 대한민국은 세계에서 유일한 분단국가이다.
- 한반도 분단 과정

| 광복 | → | 38도선을 경계로 미국과 소련의 남북한 신탁통치 | → | 남북한 각각의 정부 수립 | → | 북한 남침으로 6·25전쟁 발발 | → | 정전협정 체결 |
|---|---|---|---|---|---|---|---|---|

**신탁통치**
UN(국제연합) 감독 아래 특정 국가가 정해진 지역을 대신 통치하는 것

- 분단으로 인한 문제
  - 이산가족과 고향을 잃은 사람들의 고통이 심하다.
  - 언어나 생활 방식이 달라지는 등 남한과 북한의 이질화가 심해지고 있다.
  - 막대한 군사비용이 들고, 경제적 손실도 크다.
  - 북한의 도발로 국민들의 안전이 위협받고 전쟁에 대한 불안감이 커진다.

**이질화**
바탕이 달라짐

> **더 알고가기**  6·25 전쟁
>
> 일제로부터 독립을 한 후 남한과 북한에 서로 다른 정부가 들어서면서 서로의 갈등이 심해졌다. 북한은 1950년 6월 25일에 38도선을 넘어 불시에 남한에 쳐들어왔다. 6·25전쟁으로 인해 많은 사람이 피란민이 되었고 가족과 헤어지거나 잃는 경우가 많았다. 또한 전쟁으로 인해 국토는 황폐해졌고 건물과 다리, 철도뿐만 아니라 많은 문화재가 파괴되었다. 1951년부터 시작된 휴전 협정은 1953년 7월 27일 휴전선을 정하면서 체결되었다.

## 통일의 의미  `기출`

- 단순히 분단 이전 상태로 돌아가는 것이 아니라 서로 다른 두 체제를 하나로 통합하는 것을 말한다.
- 자유민주주의와 시장경제, 인간의 존엄과 가치 존중 등을 기반으로 한 민족공동체 건설을 의미한다.
- 더욱 세부적인 의미로 지리적 측면에서 국토의 통일, 정치적 측면에서 체제의 단일화, 경제적 측면에서 경제권 통합, 사회문화적 측면에서 민족 동질성 회복을 의미한다.

## 통일의 필요성  `기출`

- 당위적 가치 관점 : 역사 정체성 회복과 민족공동체 건설을 위하여 필요하다.
- 보편적 가치의 관점
  - 통일은 한반도 평화는 물론 세계 평화를 위하여 필요하다.
  - 북한 주민들의 인간다운 삶을 보장하기 위하여 필요하다.
  - 이산가족의 아픔과 실향민의 고통을 해결하기 위하여 필요하다.
- 실용적 가치의 관점
  - 정치적 차원 : 전쟁의 위험에서 벗어나 국제적인 위상을 높일 수 있다.
  - 경제적 차원 : 분단비용을 아껴 사회발전을 위한 다른 분야에 활용할 수 있다.
  - 사회적 차원 : 지리적 통합으로 교류가 활발해지면 세대 · 지역 갈등을 해소할 수 있다.
  - 문화적 차원 : 민족의 역사와 전통을 발전시키고 문화를 풍요롭게 할 수 있다.

**이산가족과 실향민**
이산가족은 가족 구성원이 흩어져 서로 만날 수 없게 된 가족이고, 실향민은 고향을 잃은 사람을 말한다.

**이해관계**
이익과 손해가 얽혀 있는 관계

> **더 알고가기**  **통일이 어려운 이유**
> 오랜 분단으로 남북한은 서로에 대한 불신이 커졌다. 또한 미국, 중국, 일본 등 주변 국가의 복잡한 이해관계가 얽혀 있는 점도 어려움으로 작용한다.

## 남북 관계 회복 노력

- 통일은 반드시 평화적인 방법을 통해 이루어져야 한다는 전제로 남북 관계 회복을 위해 다양한 노력을 하고 있다.
- 남북 대화

| 7·4 남북 공동 성명 (1972) | • 남북 분단 이후 통일에 관하여 최초로 합의한 성명이다.<br>• '자주·평화·민족적 대단결'의 통일 3대 원칙을 발표하였다. |
|---|---|
| 남북 기본 합의서 (1991) | • 제5차 남북 고위급회담에서 채택·발효된 합의서이다.<br>• 남북한의 화해와 불가침, 교류 협력 등에 공동 합의하였다. |
| 6·15 남북 공동 성명 (2000) | • 분단 이후 최초의 남북 정상회담 개최 후 발표한 선언이다.<br>• 이후 개성공단 설치, 경의선 복원 사업 등이 진행되었다. |
| 10·4 남북 공동 선언 (2007) | • 2차 남북 정상회담 개최 후 공동 합의한 선언이다.<br>• 경제협력사업의 활성화, 이산가족 상봉 확대 등이 담겨 있다. |
| 판문점 선언 및 9월 평양공동선언 (2018) | • 이전의 남북정상회담과 달리 처음으로 판문점 남측 '평화의 집'에서 판문점 선언을 하였다.<br>• 2018 제1, 2, 3차 남북정상회담 후 판문점선언을 더욱 구체적으로 합의한 선언이다.<br>• 동창리 발사장 영구 폐지 등 비핵화 협력 방안, 개성공단 사업 정상화 등에 합의하였다. |

**불가침**
침범하거나 해칠 수 없음

- 개성공단
  - 2000년 6·15 남북 공동 성명 이후 진행된 남북 교류협력사업 중 하나이다.
  - 2004년 12월 가동 시작 후 2013년 한차례 중단되었다가 재가동하였으나 북한의 미사일 도발에 따른 제재로 2016년 2월 전면 중단되었다.

**제재**
일정한 규칙의 위한에 따라 제한하거나 금지함

- 이산가족 상봉
  - 국가 차원에서 이산가족 상봉은 1985년 '남북이산가족 고향방문단 및 예술공연단'으로 진행되었다.
  - 6·15 남북 공동 성명 이후 2000년 제1차 이산가족 대면 상봉이 이루어졌고, 2005년에는 첫 화상 상봉이 이루어졌다.
  - 2007년 11월에 열린 제7차 화상 상봉은 남북을 광전용망으로 연결한 화상회의 시스템을 통해 진행했다.
  - 2018년 4·27 판문점 선언을 통해 금강산에서 제21차 남북 이산가족 대면 상봉(8·15 계기 남북 이산가족 상봉행사)이 열렸다.

# 4. 국제적 위상

## 주변 국가와의 관계

- 중국, 일본, 미국, 러시아를 한반도 주변 4강이라 부르며, 한국은 이들과 긴밀한 관계를 유지하고 있다.

**우방국, 동맹국**
서로 좋은 사이를 유지하는 국가를 일컫는 말

- 4대 국가 관계

| | |
|---|---|
| **중국** | • 역사적으로 한국 문화에 많은 영향을 끼친 국가이다.<br>• 한국의 제1교역국으로 경제적으로도 비중이 높다. |
| **미국** | • 과거 남한에 많은 원조를 하였으며, 우방국 관계를 유지하고 있다.<br>• 군사적 · 경제적으로 긴밀한 관계를 유지하고 있다. |
| **일본** | • 과거에 한국을 식민지로 삼았으며 최근 독도 문제 등 정치적 갈등이 있다.<br>• 지리적으로 한국과 밀접하여 교류가 활발하며, 양국의 협력이 필요하다. |
| **러시아** | • 과거 공산주의 대표 국가로 북한을 지원했던 국가이다.<br>• 무역과 외교가 늘어나고 있으며 다양한 방면에서 교류하고 있다. |

## 국제사회 활동

- 대한민국의 경제 · 사회가 발전함에 따라 국가적 위상도 높아졌다.
- 협력기구 가입 : 국제연합(UN), 주요 20개국(G20), 세계무역기구(WTO), 아시아태평양 경제협력체(APEC) 등

**평화유지군**
분쟁지역에 파견되어 평화 유지 활동을 수행하는 국제연합 산하 부대이다. 한국군도 소말리아, 레바논 등에 파병하였다.

## 정보 강국으로서의 지위

- 1990년대 중반 이후 한국의 정보통신기술이 급성장하기 시작하였고, 현재 정보 강국으로 거듭났다.
- 반도체, 휴대폰, 디지털 TV 등 정보통신기술 관련 수출은 최근 계속해서 증가하고 있다.
- 초고속인터넷 품질 및 무선인터넷(Wi-Fi) 속도, 스마트폰 보급률은 세계 최고 수준이다.

## 문화로서의 발전

- 여수 세계 박람회(EXPO), 부산 국제 영화제(Biff) 등을 개최하면서 국제 사회에서 우리나라의 영향력을 키우고 있다.
- 2018년에는 평창 동계 올림픽이 개최되었으며 1988년 서울올림픽 이후 대한민국에서 개최된 두 번째 올림픽이자 최초로 개최된 동계 올림픽이다.
- 최근 K팝(K-POP)을 통해 음악으로 세계와 소통하며 문화강국으로서 위상을 높이고 있다.

# CHAPTER 06 주요 개념 확인

PART 01
PART 02
PART 03
PART 04
PART 05
PART 06
PART 07

01 대한민국은 국민이 주권을 가지고 권력을 행사하는 (                    )국가이다.

02 민주정치의 기본원리 중 (                )은/는 헌법이 규정한 사항에 따라 권력이 행사되어야 한다는 원리이다.

03 대한민국의 입법부는 ①(                )이고, 사법부는 ②(                )이다.

04 국회의원들이 국정을 논의하는 장소는 여의도에 있는 (                )이다.

05 (                )은/는 행정부를 총괄하고 대통령을 보좌하는 관직이다.

정답  01 민주주의    02 입헌주의의 원리    03 ① 국회, ② 법원    04 국회의사당    05 국무총리

06 국민의 4대 의무 중 (                    )은/는 부모는 만 6세 이상의 자녀를 학교에
보내 교육을 받도록 하는 의무이다.

07 지역 주민이 그 지역의 대표를 뽑아 지역을 관리하게 하는 제도를 일컬어
(                    )(이)라고 한다.

08 기초자치단체장과 지방의회 의원의 임기는 (                    )년이다.

09 (                    )은/는 시 · 구청, 경찰서, 소방서, 우체국 등 국가나 지방자치단
체의 기관을 말한다.

10 선거의 4대 원칙 중 (                    )은/는 일정한 나이가 되면 누구에게나 선거
권을 부여하는 것을 말한다.

정답   06 교육의 의무    07 지방자치제    08 4    09 관공서    10 보통선거

11  대한민국 국민은 만 (                )세 이상부터 선거권을 갖는다.


12  대통령을 배출한 정당을 (                )(이)라고 한다.


13  최고법인 (                )은/는 국가의 이념과 원리, 한국인의 기본적인 권리와
    의무, 국가 기관의 조직과 운영 방법 등을 규정한다.


14  헌법이 규정한 대한민국 국민의 4대 의무는 (                )의 의무, 국방의 의
    무, 교육의 의무, 근로의 의무이다.


15  6·25전쟁은 북한의 (                )으로 발발하였다.

PART 01
PART 02
PART 03
PART 04
PART 05
PART 06
PART 07

정답  **11** 18   **12** 어딩   **13** 헌법   **14** 납세   **15** 남침

16 우리나라는 공정한 재판을 위해 다른 법원에서 3번까지 재판을 받을 수 있는
( )을/를 채택했다.

17 ( )은/는 남북 분단 이후 통일에 관하여 최초로 합의한 성명이다.

18 ( )에서 주민등록등본, 토지대장, 민원사무 등을 바로 신청 · 조
회 · 발급받을 수 있다.

19 한국은 부모의 국적에 따라 아이의 국적이 정해지는 ( )을/를 따
른다.

20 한국은 2010년 서울에서 주요 20개국 정상들의 회의인 ( ) 정상
회의를 개최하였다.

정답  **16** 심급제도(3심제)  **17** 7 · 4 남북 공동 성명  **18** 정부24  **19** 속인주의  **20** G20

# CHAPTER 06 단원 정리 문제

**01** 다음은 대한민국의 헌법 제1조이다. 빈칸에 공통으로 들어갈 단어는?

> • 대한민국은 민주공화국이다.
> • 대한민국의 주권은 (　　)에게 있고 모든 권력은 (　　)으로부터 나온다.

① 국민      ② 대통령      ③ 의회      ④ 시민

 대한민국은 민주공화국이다. 대한민국의 주권은 '국민'에게 있고 모든 권력은 '국민'으로부터 나온다.

**02** 민주정치의 기본원리 4가지에 속하지 <u>않는</u> 것은?

① 국민주권의 원리      ② 국민자치의 원리
③ 다수결의 원리      ④ 입헌주의의 원리

 민주정치의 기본원리 4가지는 국민주권의 원리, 국민자치의 원리, 입헌주의의 원리, 권력분립의 원리이다.

**03** 국민의 기본권 중 인종, 성별, 종교 등에 의해 부당하게 차별받지 않고 동등한 대우를 받을 권리는?

① 자유권      ② 평등권      ③ 참정권      ④ 사회권

 '평등권'은 자신의 인종, 성별, 종교 등과 상관없이 같은 인간으로서 평등한 대우를 받을 권리이다.

**정답**   01 ①    02 ③    03 ②

**04** 국민의 4대 의무 중 국민으로서 나라를 지켜야 할 의무는?

① 납세의 의무         ② 교육의 의무

③ 국방의 의무         ④ 참정의 의무

 국민은 국민으로서 나라를 지켜야 할 '국방의 의무'를 진다. 참고로 국민의 4대 의무 중 참정의 의무라는 것은 없다.

**05** 다음 중 대한민국 선거의 4대원칙에 속하지 <u>않는</u> 것은?

① 보통선거         ② 평등선거

③ 대표선거         ④ 비밀선거

 대한민국 선거의 4대원칙은 보통선거, 평등선거, 비밀선거, 직접선거의 원칙이다.

**06** 대한민국에서 투표가 가능한 연령은 몇 세인가?

① 만 17세         ② 만 18세

③ 만 19세         ④ 만 20세

해설 대한민국에서는 만 18세부터 투표를 할 수 있다.

정답   **04** ③    **05** ③    **06** ②

**07** 대한민국의 국가 원수이자 국가를 대표하는 최고의 지위는?

① 총리  ② 주석
③ 국회의장  ④ 대통령

 대한민국은 '대통령'이 국가의 원수이자 국가의 대표자 지위를 수행하는 대통령제를 채택하고 있다.

**08** 대한민국 역대 대통령 중 노벨평화상을 수상한 대통령은 누구인가?

① 박정희  ② 최규하
③ 김대중  ④ 노무현

 고(故) '김대중' 전 대통령은 대한민국의 15대 대통령으로, 2009년 노벨평화상을 수상하였다.

**09** 입법부에 해당하는 기관으로 국민에 의해 선출된 의원들이 법을 만드는 곳은?

① 국회  ② 헌법재판소
③ 검찰  ④ 법원

 '국회'는 대표적입 입법 기관으로 국민에 의해 선출된 의원들이 법을 제정하는 곳이다.

정답  07 ④  08 ③  09 ①

**10** 대한민국의 법질서를 만들고, 외국인들의 출국과 입국 심사를 담당하는 부서는?

① 외교부 　　　　　　　　② 기획재정부

③ 법무부 　　　　　　　　④ 국방부

 '법무부'는 법 피해를 입은 국민들을 돕고 범죄를 예방하기 위한 정책을 만든다. 또한 외국인들의 출국과 입국 심사를 담당하여, 대한민국 국민과 국내의 외국인들이 더불어 살 수 있도록 도와준다.

**11** 〈보기〉에서 설명하는 역할을 하는 곳은?

┌─〈보기〉─────────────────────────────┐
│ • 헌법과 관련된 분쟁을 다룬다.
│ • 국회에서 만든 법률이 헌법에 어긋나는지 심사한다.
│ • 대통령이나 장관 등이 큰 잘못을 저질러 국회에서 파면을 요구하는 경우 심판한다.
└────────────────────────────────────┘

① 대법원 　　　　　　　　② 헌법재판소

③ 고등법원 　　　　　　　④ 행정법원

 ① 대법원 : 한국의 최고 법원
③ 고등법원 : 지방법원보다 상급법원이나 대법원보다 하급인 법원
④ 행정법원 : 행정소송법에 의한 사건을 제1심으로 심판하기 위하여 설치된 지방법원급의 법원

정답 　**10** ③ 　　**11** ②

**12** 대한민국 국회가 활동하는 곳은?

① 백악관 　　　　　　　　　　② 청와대

③ 대법원 　　　　　　　　　　④ 국회의사당

 '국회의사당'은 서울시 영등포구 여의도동에 위치한 국회가 활동하는 건물이다. 법적으로도 대통령실을 제외하고 가장 중요한 대접을 받고 있는 건물이다.

**13** 대한민국 대통령의 임기는 몇 년인가?

① 3년 　　　　　② 4년 　　　　　③ 5년 　　　　　④ 6년

 대한민국 대통령은 5년 단임제를 채택하고 있다.

**14** 대한민국 최고의 법원으로 3심 재판을 담당하는 곳은 어디인가?

① 고등법원 　　　　　　　　　② 행정법원

③ 지방법원 　　　　　　　　　④ 대법원

 '대법원'은 3심 재판을 담당하는 대한민국 최고의 법원으로 1심을 담당하는 지방법원, 2심을 담당하는 고등법원과 함께 3심 구조를 이룬다.

정답　**12** ④　**13** ③　**14** ④

**15** 다음 중 특별귀화 허가가 가능하지 <u>않은</u> 사람은?

① 부 또는 모가 대한민국의 국민인 사람

② 특별한 공로가 있는 사람

③ 성년이 된 후에 입양된 사람

④ 체육 분야에서 매우 우수한 능력을 보유한 사람으로서 대한민국의 국익에 기여할 것으로 인정된 사람

> **해설** 국적법 제7조에 의하면 양자로서 대한민국의 「민법」상 성년이 된 후에 입양된 사람은 특별귀화 허가 대상에서 제외한다.

**16** 전쟁으로 인해 가족과 떨어져 살게 된 이들을 부르는 말은 무엇인가?

① 다문화가족      ② 입양가족      ③ 독신가족      ④ 이산가족

> **해설** '이산가족'은 남북 분단 등의 사정으로 이리저리 흩어져서 서로 소식을 모르는 가족이다.

**17** 분단에 따른 문제점이 <u>아닌</u> 것은?

① 많은 이산가족이 발생하였다.

② 남북 간의 거리감이 더욱 커졌다.

③ 군비 경쟁으로 비용이 증가하였다.

④ 전쟁의 위협이 감소하였다.

> **해설** 전쟁의 위협이 증가하여 국제적인 행사나 투자 유치에 어려움이 있다.

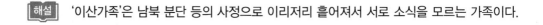

**정답**    **15** ③    **16** ④    **17** ④

**18** 현재 북한의 최고지도자는 누구인가?

① 김일성            ② 김정은

③ 김정일            ④ 황장엽

 북한은 3대 세습을 유지하고 있으며 '김일성 → 김정일 → 김정은'으로 이어지고 있다.

**19** 정치과정에 대한 설명으로 옳지 <u>않은</u> 것은?

① 정치 과정은 대립과 갈등을 줄이는 역할을 한다.

② 한번 결정된 정책은 수정할 수 없으므로 신중하게 집행하여야 한다.

③ 시민의 다양한 요구가 언론 등에 의해 취합된다.

④ 결정된 정책은 정부가 집행한다.

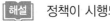 정책이 시행되고 시민들의 평가를 통해 문제점을 수정, 보완할 수 있다.

**20** 다음 중 문재인 대통령과 김정은 북한 국무위원장이 2018년 남북정상회담을 통해 발표한 선언은?

① 7·4 남북 공동성명       ② 6·15 남북 공동성명

③ 10·4 남북 공동선언      ④ 9월 평양공동선언

 '9월 평양공동선언'은 제3차 남북정상회담에서 문재인 대통령과 김정은 국무위원장이 판문점선언을 더욱 구체화하는 내용을 발표한 공동선언이다.

**정답** 18 ②    19 ②    20 ④

PART 01

PART 02

PART 03

PART 04

PART 05

PART 06

PART 07

# 경제

## 1. 한국 경제

### 시장경제체제

- 한국은 기본적으로 시장경제체제를 추구하며, 그 내용이 헌법에 나와 있다.
  - 헌법 제15조 : 모든 국민은 직업 선택의 자유를 가진다.
  - 헌법 제23조제1항 : 모든 국민의 재산권은 보장된다.
  - 헌법 제119조제1항 : 대한민국의 경제 질서는 개인과 기업의 경제상의 자유와 창의를 존중함을 기본으로 한다.

> **더 알고가기**  **경제체제**
>
> 경제체제란 경제활동 전반에 관한 사회 · 경제활동의 운영 방식을 말한다. 크게 계획경제체제와 시장경제체제로 나뉜다. 계획경제체제는 정부가 경제활동 전반을 계획 · 통제하는 것으로 북한, 쿠바 등이 이 체제를 따른다. 반면 효율성과 생산성을 추구하는 시장경제체제는 개인이 각자의 이익을 추구할 수 있도록 보장하는 것으로 선진국 대부분이 이 체제를 따르고 있다.

- 한국 시장경제체제의 특징
  - 자신이 원하는 직업을 자유롭게 선택할 수 있다.
  - 사유재산이 보장되어 노동의 대가가 자신에게 돌아온다.
  - 일에 대한 동기와 창의성을 높인다.
  - 자신의 이익을 위해 다른 사람에게 피해를 주는 일이 발생하거나 빈부 격차가 심해질 수 있다는 단점이 있다.

**독과점**
특정 상품을 판매하는 시장을 경쟁자 없이 전적으로 혹은 대부분 차지하는 것

- 시장경제체제의 단점을 보완하기 위한 정부의 노력
  - 법이나 제도를 통해 사회에 피해를 입힐 수 있는 경제활동을 제재한다.
  - 독과점을 규제하고 시장의 경쟁이 이루어지도록 돕는다.
  - 복지 정책으로 사회 · 경제적 약자들을 보호한다.

## 한강의 기적

- 한국은 6 · 25전쟁으로 경제적 기반이 파괴되고 삶이 매우 어려웠다.
- 1970년대부터 경제가 빠르게 성장하여 2022년 기준 국내총생산(GDP)은 약 1조 7,000억 달러로 세계 13위이고, 1인당 국민총소득은 약 3만 3,000 달러이다.

> **더 알고가기** **국민총생산(GNP), 국내총생산(GDP), 국민총소득(GNI)**
> - 국민총생산(GNP) : 국민 경제가 일정기간 생산한 생산물의 총 시장가격
> - 국내총생산(GDP) : 한 국가 내에서 생산한 재화 및 서비스의 총 시장가격
> - 국민총소득(GNI) : 한 나라 국민들의 생산 활동 대가의 소득 합계

## 외환 위기

- 1997년 외환 보유액 부족으로 국제통화기금(IMF)에 구제 금융을 요청하였다.
- 수많은 기업들이 도산하거나 외국 자본에 매각되고, 실업자가 급증하는 등 극심한 경제적 어려움을 겪었다.
- 금모으기운동 등 시민들도 경제 재건에 자발적으로 참여하면서 2001년 구제 금융을 조기 상환하였다.

**한강의 기적**
가난한 나라였던 한국이 짧은 시간 안에 성장한 것을 가리키는 말이다.

**국내총생산(GDP)**
국적을 불문하고 우리나라 국경 내에서 이루어진 생산활동을 모두 포함한 개념

**국민총소득(GNI)**
한 나라의 국민이 일정 기간 생산활동에 참여한 대가로 벌어들인 소득의 합계

**구제 금융**
기업의 도산을 막기 위해 금융 기관이 정책적으로 지원하는 금융을 말한다. IMF는 국가의 부도를 막기 위해 금융을 지원하는 국제 금융기관이다.

PART 01
PART 02
PART 03
PART 04
PART 05
PART 06
PART 07

## 2. 산업 현황

### 산업구조의 변화

| | |
|---|---|
| 1960<br>~1970년대 | • 정부 주도로 1~4차에 걸친 경제개발 5개년 계획을 진행하였다.<br>• 1960년대에는 값싼 노동력을 활용한 경공업 중심으로 발전하였다. 1차 때는 옷, 신발, 합판, 2차 때는 비료, 시멘트, 정유 산업에 주력·수출하였다.<br>• 1970년대에는 수출 주도형 중화학 공업 중심으로 발전하였다. 3차 때 철강, 화학, 조선 산업을 성장시켜, 4차 때 중화학 공업의 비중이 경공업을 앞질렀다. |
| 1980년대 | • 1980년대에는 중화학 공업에 집중된 투자를 조정하여 다른 산업 발전에 분배하였고, 부실기업을 정리하였다.<br>• 3저 호황(저금리, 저유가, 저달러)으로 수출이 증가하여 무역 흑자를 달성하였다. |
| 1990년대 | • 세계무역기구(WTO), 경제협력개발기구(OECD)에 가입하였고, 금융 관련 규제를 완화하고 민간 자본을 확대하였다.<br>• 외환위기 발생으로 IMF에 구제 금융 신청 |
| 2000년 이후 | • 정보통신기술이 발전하고, 관련 산업도 부상하였다.<br>• 한국이 10대 수출국에 포함되었고, 2011년 무역 규모 1조 달러에 돌파하였다. |

**주요 수출국**
한국의 수출 비중이 높은 국가는 중국, 미국, 베트남, 일본 등이다.

**더 알고가기** 한국의 15대 수출품

| | | | |
|---|---|---|---|
| 1 | 반도체 | 9 | 무통기기 |
| 2 | 석유화학 | 10 | 컴퓨터 |
| 3 | 일반기계 | 11 | 바이오헬스 |
| 4 | 자동차 | 12 | 선박 |
| 5 | 철강 | 13 | 섬유 |
| 6 | 석유제품 | 14 | 이차전지 |
| 7 | 디스플레이 | 15 | 가전 |
| 8 | 차 부품 | | |

### 자유무역협정(FTA)

**자유무역협정**
교역 증진을 목표로 체결국 사이에 관세 조건을 완화하는 협정

• 자유무역협정(Free Trade Agreement) : 국가 간 상품의 자유로운 이동을 위해 모든 무역 장벽을 완화하거나 제거하는 협정이다.

• 발효국가 : 칠레, 싱가포르, EFTA 4개국, 아세안 10개국, 인도, EU 27개국,

페루, 미국, 튀르키예, 호주, 캐나다, 중국, 뉴질랜드, 베트남, 콜롬비아, 중미 5개국, 영국, RCEF, 이스라엘, 캄보디아, 인도네시아

## 경제협력개발기구(OECD)

- 경제협력개발기구(Organization for Economic Cooperation and Development) : 회원국 간 상호 정책조정 및 협력을 통해 세계경제의 공동 발전 및 성장과 인류의 복지 증진을 도모하는 정부 간 정책연구 협력기구이다.
- 자유무역을 더욱 확대하고, 지속가능한 성장을 위해 노력하고 있다.
- 회원국 : 그리스, 네덜란드, 노르웨이, 뉴질랜드, 대한민국, 덴마크, 독일, 라트비아, 룩셈부르크, 리투아니아, 멕시코, 미국, 벨기에, 스웨덴, 스위스, 스페인, 슬로바키아, 슬로베니아, 아이슬란드, 아일랜드, 에스토니아, 영국, 오스트레일리아, 오스트리아, 이스라엘, 이탈리아, 일본, 체코, 칠레, 캐나다, 코스타리카, 콜롬비아, 튀르키예, 포르투갈, 폴란드, 프랑스, 핀란드, 헝가리, 호주

**지속가능한 성장**
미래 세대에게 필요한 자원을 남기고, 현재 세대의 필요를 충족하는 성장

## 3. 금융

### 한국은행 `기출`

- 대한민국의 중앙은행이자 발권은행이다.
- 한국은행의 주요 업무
  - 화폐 발행 : 우리나라의 화폐를 발행한다.
  - 통화정책 담당 : 물가와 금융시장을 안정시키기 위해 금융시장 상황을 점검하고 기준금리를 조절한다.
  - 은행의 은행 : 일반 금융기관을 상대로 예금을 받거나 대출해 준다.
  - 정부의 은행 : 국고금을 수납하고 지급하며, 국채를 발행하는 역할을 한다.
  - 외국환 업무 : 외화자금을 관리하고, 외국환 거래가 안정적으로 이루어지도록 관리 · 조절한다.
  - 경제조사업무 : 금융을 비롯한 경제 조사 업무를 수행하고, 관련 통계를 작성하여 발표한다.

**중앙은행**
한 나라의 금융과 통화 정책의 주체가 되는 은행

**국고금**
나라의 재정 활동을 위한 현금

**국채**
나라에서 발행하는 채권

## 은행업무

- 예금 : 은행에 돈을 맡기는 것
  - 예금의 종류로는 보통예금, 정기예금, 성기적금 등이 있으며, 이자율이 다르다.
  - 은행에서 본인 이름의 계좌를 만들면 거래를 할 수 있다.
  - 현금인출기(ATM)나 폰뱅킹, 인터넷뱅킹 등으로도 금융거래를 할 수 있다.

**금융인증서**
금융결제원에서 발급해 주는 본인인증 서비스이며 사용처는 은행권, 일부 카드사, 보험사, 정부·공공기관 등이다.

**공동인증서**
여러 공인 인증 기관에서 발급해 주는 본인인증 서비스이며 사용처는 은행권뿐만 아니라 대부분 기관, 금융회사 등이다.

**금융 실명제**
본인의 이름으로만 은행과 거래할 수 있다.

> **더 알고가기** **다양한 저축 상품**
>
> | 보통예금 | 입금과 출금을 자유롭게 할 수 있는 예금 |
> |---|---|
> | 정기적금 | 정해진 기간 동안 일정액을 매월 적립하고, 만기일에 정해진 금액을 받는 예금 |
> | 정기예금 | 일정한 기간 동안 일정 금액을 넣고 이자를 지급하는 예금 |

- 계좌 만들기
  - 은행 거래를 이용하기 위해서는 계좌가 필요하다.
  - 본인의 신분증, 여권과 외국인등록증을 가지고 은행에 방문하여 만든다.
  - ATM, 인터넷뱅킹, 스마트폰뱅킹 등을 통해 거래할 수 있다.

> **더 알고가기** **예금자보호법**
>
> 예금자보호법에 따라 금융기관이 파산 등의 문제로 예금을 지급할 수 없는 상황이 발생하면, 예금자는 한 금융회사에서 원금과 이자를 포함해 1인당 5,000만 원까지 보장받을 수 있다.

- 대출 : 은행으로부터 필요한 돈을 빌리는 것
  - 목돈이 필요한 경우 이용하게 되며, 금리를 더해 갚아야 한다.
  - 금리는 개인의 신용 등급이나 자산 등에 따라 달라진다.

> **더 알고가기** **보험**
>
> 미래에 발생할 수 있는 사고에 대비하기 위해 미리 일정 금액을 정기적으로 납입한 뒤, 사고가 발생했을 때 돌려받는 제도이다. 자동차보험, 화재보험과 같은 손해보험과 암보험, 사망보험과 같은 생명보험 등이 있다.

## 화폐 기출

〈지폐〉

- 오만 원권
  - 인물 : 신사임당
  - 소재 : 묵포도도, 초충도 수병의 가지 그림, 월매도, 풍죽도

- 만 원권
  - 인물 : 세종대왕
  - 소재 : 일월오봉도, 용비어천가, 혼천의

- 오천 원권
  - 인물 : 율곡 이이
  - 소재 : 오죽헌과 오죽, 신사임당 초충도(수박과 맨드라미)

- 천 원권
  - 인물 : 퇴계 이황
  - 소재 : 명륜당, 매화, 계상정거도

〈주화〉

- 오백 원
  - 앞면 : 학, 액면문자
  - 뒷면 : 발행연도, 액면숫자, 한국은행

- 백 원
  - 앞면 : 이순신 초상, 액면문자
  - 뒷면 : 발행연도, 액면숫자, 한국은행

PART 01

PART 02

PART 03

PART 04

PART 05

PART 06

PART 07

- 오십 원
  - 앞면 : 벼 이삭, 액면문자
  - 뒷면 : 발행연도, 액면숫자, 한국은행

- 십 원
  - 앞면 : 다보탑, 액면문자
  - 뒷면 : 발행연도, 액면숫자, 한국은행

**통용되다**
일반적으로 두루
쓰이다.

**더 알고가기**  오 원과 일 원

대한민국이 발행하는 주화 중에는 오 원과 일 원도 있다. 그러나 최근에는 잘 통용되지 않는다.

[오 원]  [일 원]

# CHAPTER 07 주요 개념 확인

**01** 우리나라의 경제체제는 (                    )이다.

**02** 한 나라 국민들의 생산 활동 대가의 소득 합계를 (                        )라고 한다.

**03** 한국은 1997년 외환위기로 (                    )으로부터 구제 금융을 받았다.

**04** (                    )은/는 국가 간 상품의 자유로운 이동을 위해 모든 무역 장벽을 완화하거나 제거하는 협정이다.

**05** 미래 세대에게 필요한 자원을 남기고, 현재 세대의 필요를 충족하는 성장은 (                    )이다.

---

**정답**  **01** 시장경제체제  **02** GNI  **03** 국제통화기금(IMF)  **04** 자유무역협성(FTA)  **05** 지속가능한 성장

06 (                    )은/는 대한민국의 중앙은행이다.

07 (                    )은/는 정해진 기간 동안 일정액을 매월 적립하고, 만기일에 정해진 금액을 받는 예금이다.

08 (                    )은/는 미래에 발생할 수 있는 사고에 대비하여 미리 일정 금액을 납입하고, 위험이 닥쳤을 때 돌려받는 제도이다.

09 (                    )은/는 금융결제원에서 발급해 주는 본인인증 서비스이며 사용처는 은행권, 일부 카드사, 보험사, 정부·공공기관 등이다

10 오백 원 동전의 앞면에는 (                    ) 그림이 있다.

정답  06 한국은행   07 정기적금   08 보험   09 금융인증서   10 학

# CHAPTER 07 단원 정리 문제

**01** 한국의 시장경제체제에 관한 설명으로 <u>틀린</u> 것은?

① 자신이 원하는 직업을 자유롭게 선택한다.
② 노동의 대가가 자신에게 돌아온다.
③ 일에 대한 동기와 창의성을 높인다.
④ 빈부격차를 줄이는 효과가 있다.

 시장경제체제는 경제의 원리를 시장에 맡기는 것이다. 따라서 빈부격차가 커질 수 있다.

**02** 다음 중 경제협력지구(OECD)의 목적이 <u>아닌</u> 것은?

① 경제 성장                    ② 무역 확대
③ 개발도상국 원조              ④ 기술 개발

 경제협력지구(OECD)의 목적은 경제 성장, 무역 확대, 개발도상국 원조가 있다.

**03** 국민들의 생활수준을 알기 위해 사용되는 지표는?

① 국내총생산                   ② 국내총소득
③ 1인당 국민총소득             ④ 노동소득분배율

 ① 국내총생산 : 우리나라 내에서 이루어진 생산 활동을 모두 포함하는 개념
② 국내총소득 : 국내 거주인이 1년 동안 벌어들인 소득의 총계
④ 노동소득분배율 : 국내소득 중에서 노동소득이 차지하는 정도를 나타내는 지표

**정답** 01 ④    02 ④    03 ③

PART 01
PART 02
PART 03
PART 04
PART 05
PART 06
PART 07

**04** 1997년 한국의 외환위기 당시 국민들이 경제 재건을 위해 집안에 잠자고 있던 금품을 국가에 내놓은 운동은?

① 국채보상운동　　　　　　② 금모으기운동
③ 물산장려운동　　　　　　④ 새마을운동

 ① 국채보상운동 : 국채를 갚고 일제로부터 국권을 회복하려 한 운동이다.
③ 물산장려운동 : 일제로부터 경제적으로 자립하기 위해 벌인 운동이다.
④ 새마을운동 : '근면 · 자조 · 협동' 정신을 내걸고 벌인 1970년대 지역사회 개발운동이다.

**05** 다음 〈보기〉에서 ㉠, ㉡에 들어갈 내용으로 적절한 것은?

( ㉠ )은/는 국민 경제가 일정기간 생산한 생산물의 총 시장가격이다. 또한 ( ㉡ )은/는 한 국가 내에서 생산산 재화 및 서비스의 총 시장가격을 말한다.

① ㉠ GDP ㉡ GNP　　　　② ㉠ GDP ㉡ GNI
③ ㉠ GNP ㉡ GDP　　　　④ ㉠ GNP ㉡ GNI

 ㉠ GNP : 일정 기간에 생산한 재화와 용역을 평가하고 난 뒤 중간 생산물을 뺀 최종 생산물의 총액이다.
㉡ GDP : 외국인이든 우리나라 사람이든 국적을 불문하고 우리나라 국경 내에서 이루어진 생산활동을 모두 포함하는 개념이다.

**정답** **04** ② **05** ③

**06** 한국의 10대 수출품에 속하지 <u>않는</u> 것은 무엇인가?

① 반도체
② 자동차
③ 원유
④ 철강판

 '원유'는 한국이 가장 많이 수입하는 품목이다.

**07** 여러 공인 인증 기관에서 발급해 주는 본인인증 서비스로, 사용처가 은행권뿐만 아니라 대부분 금융회사인 것은?

① 금융인증서
② OTP 카드
③ 선불카드
④ 공동인증서

 ① 금융인증서 : 금융결제원에서 발급해 주는 본인인증 서비스이며 사용처는 은행권, 일부 카드사, 보험사, 정부·공공기관 등이다.
② OTP 카드 : 은행 거래를 할 때마다 새로운 일회용 비밀번호를 만들어 이용하는 사용자 인증 방식이다.
③ 선불카드 : 사용자가 일정한 금액을 미리 지불하고 해당 금액이 기록된 카드를 발급받아 카드 잔액 범위 내에서 사용할 수 있는 카드이다.

**08** 일정한 기간 동안 일정 금액을 넣고 이자를 지급하는 예금은?

① 정기예금
② 정기적금
③ 보통예금
④ 자유적금

 ② 정기적금 : 정해진 기간 동안 일정액을 매월 적립하고, 만기일에 정해진 금액을 받는 예금
③ 보통적금 : 입금과 출금을 자유롭게 할 수 있는 예금
④ 자유적금 : 입금액과 횟수를 자유롭게 조정하여 일정 기간 돈을 넣고 찾는 적금

**정답** 06 ③    07 ④    08 ①

**09** 예금자보호법에서 1인당 보장해 주는 금액은?

① 500만 원            ② 3,000만 원

③ 5,000만 원         ④ 7,000만 원

 예금자보호법에 따르면 한 금융회사에서 원금과 이자를 포함해 1인당 '5,000만 원'까지 보장받을 수 있다.

**10** 다음 〈보기〉에서 설명하는 것은?

┌─〈보기〉─────────────────────────────┐
목돈이 필요한 경우 이용하게 되며, 금리를 더해 갚아야 한다.
└────────────────────────────────────┘

① 대출      ② 보험      ③ 예금      ④ 적금

 '대출'의 금리는 개인의 신용 등급이나 자산 등에 따라 달라진다.
　② 보험 : 미래에 발생할 수 있는 사고에 대비하기 위해 일정 금액을 정기적으로 납입한 뒤, 사고가 발생했을 때 돌려받는 것
　③ 예금 : 은행에 돈을 맡기는 것
　④ 적금 : 금융기관에 일정 금액을 일정 기간 동안 납입한 뒤 찾는 것

**정답** 　**09** ③ 　**10** ①

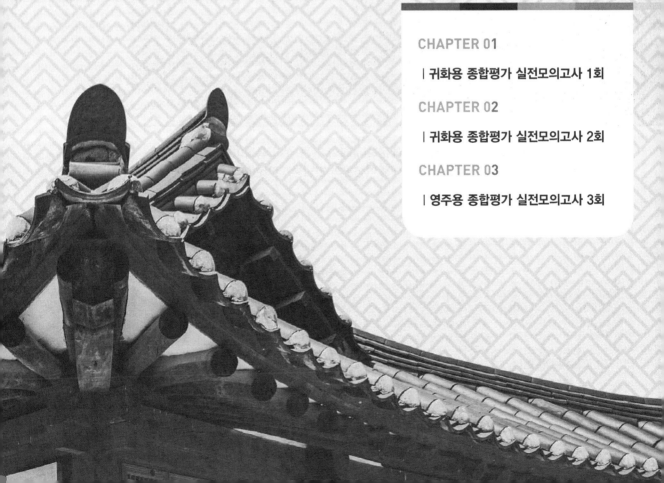

PART

05

# 종합평가
# 실전모의고사

## 수원화성 장안문

화성의 북문이자 정문이다. 서울의 숭례문보다 크기가 큰 것이 특징이다.
장안이라는 말은 수도를 상징함과 동시에 백성들의 안녕을 의미한다.

귀화시험
**사회통합프로그램 종합평가 한권완성**

PART 01
PART 02
PART 03
PART 04
PART 05
PART 06
PART 07

**[01~06]** 다음 ( )에 가장 알맞은 것을 고르시오.

**01**

> 65세 이상 노인 인구 비율이 전체 인구의 7% 이상을 차지하는 사회를 ( )(이)라고 한다.

① 저출산 현상　　　　　　② 고령화 사회
③ 노인 소외 현상　　　　　④ 다문화 사회

**02**

> 날이 갑자기 추워지면 수도관이랑 계량기 등이 ( ).

① 돌아간다　　② 받는다　　③ 들어간다　　④ 동파된다

**03**

> 명예훼손은 불법 행위로 보고 민법상 위자료를 ( ).

① 청구할 수 있다　　　　　② 읽을 수 있다
③ 지킬 수 있다　　　　　　④ 보낼 수 있다

**04**

> 어머니가 방에서 전화를 ( ) 급하게 밖으로 나가셨습니다.

① 받다시피　　② 받더니　　③ 받거니와　　④ 받도록

**05**

> 가 : 메이 씨가 화가 많이 났던데 무슨 일이 있었나요?
> 나 : 제가 자느라 약속을 깜빡 (            ) 메이 씨가 저한테 화가 났어요.

① 잊는 동안에                  ② 잊어버리는 바람에

③ 잊을 텐데                     ④ 잊을 테니

**06**

> 가 : 로빈 씨가 만든 음식은 정말 맛있어요. 정말 배부른데 양이 많이 남았네요.
> 나 : 그렇네요. 김밥은 (            ) 내일 드세요.

① 남기고 나니                 ② 남기는 대로

③ 남겨 놓았다가             ④ 남기는 한

**07** 다음을 한 문장으로 알맞게 연결한 것을 고르시오.

> 한국으로 돌아오다 / 모든 것이 나아지다

① 한국으로 돌아오기 전에 모든 것이 나아진다.

② 한국으로 돌아오자마자 모든 것이 나아지기 때문이다.

③ 한국으로 돌아오는 순간에 모든 것이 나아지지 않았다.

④ 한국으로 돌아오면 모든 것이 나아질 것이다.

**08** 다음 (    )에 알맞은 것을 고르시오.

> 광고만 봐도 (              ) 이 라면은 엄청 매운 맛이에요.

① 짐작하기 때문에               ② 짐작할 리가 없지만

③ 짐작하느라고                 ④ 짐작할 수 있듯이


**09** 다음 글의 주제가 무엇인지 고르시오.

> 별자리는 별들을 몇 개씩 연결하여 신화 속 인물이나 동물, 물건의 이름을 붙인 것을 말한다. 현재는 국제적인 표준 별자리 88개를 사용하고 있고 별자리를 이루는 별들은 보이는 방향이 같지만, 실제로 별의 거리는 각각 다르다. 우리나라의 북쪽 하늘에서는 북극성 부근에 있는 별자리들을 계절에 관계없이 항상 볼 수 있다. 또한 계절마다 밤 9시 무렵 남쪽 하늘에서 잘 보이는 별자리를 계절별 별자리라고 한다. 봄에는 처녀자리, 목동자리, 사자자리 등, 여름에는 백조자리, 거문고자리, 독수리자리 등, 가을에는 페가수스자리, 물고기자리 등, 겨울에는 오리온자리, 쌍둥이자리 등이 대표적이다.

① 별자리와 계절별 별자리

② 별자리와 별의 거리

③ 계절마다 바뀌는 별의 밝기

④ 별자리 이름의 유래

PART 01

PART 02

PART 03

PART 04

PART 05

PART 06

PART 07

**10** 다음 글의 내용과 같은 것을 고르시오.

> 우리가 사용하는 낱말은 고유어, 한자어, 외래어로 분류할 수 있다. 고유어는 '순 우리말'이라고도 하며 우리말의 낱말 가운데 한자어와 외래어를 제외한 낱말이다. '아버지, 어머니, 소쿠리, 구름, 항아리' 등이 고유어에 해당하며 하나의 단어가 여러 가지 의미를 나타내는 경우가 많다. 한자어는 한자를 바탕으로 만들어진 낱말로 개념이나 추상적인 내용을 표현할 때에 사용된다. 고유어보다 자세하고 분명한 뜻을 전달하기 때문에 하나의 고유어에 대해 비슷한 뜻을 가진 다수의 한자어가 존재한다. 외래어는 다른 나라의 말이 우리나라에 들어와서 우리말처럼 쓰이는 낱말이다. 나라 간 교류가 활발해지면서 최근 우리말의 많은 부분을 차지하고 있다. '냄비, 담배, 망토, 빵' 등이 외래어이다. 하지만 새로운 외래어를 무조건 인정하기보다는 대체할 수 있는 고유어가 없는지 생각해 보아야 한다. 무분별한 외래어 사용은 고유어가 설 자리를 빼앗기 때문이다. 요즈음 영어를 너무 많이 사용하는 현상이 문제가 되고 있다.

① 냄비, 담배, 망토, 빵은 한자어에 해당한다.
② 최근 영어를 무분별하게 사용하는 것이 문제가 되고 있다.
③ 나라와 나라 사이 교류가 활발해지면서 한자어가 늘어나고 있다.
④ 한자어는 하나의 단어에 여러 가지 의미를 포함하기도 한다.

**11** 한국에서 가족과 친족 간에 부르는 호칭으로 옳지 <u>않은</u> 것은?

① 남편은 아내의 아버지를 '장인어른'이라고 부른다.
② 남편은 아내의 여동생을 '처제'라고 부른다.
③ 아내는 남편의 누나를 '시누이'라고 부른다.
④ 아내는 남편의 기혼인 남동생을 '도련님'이라고 부른다.

**12** 대한민국의 국가상징에 대한 설명으로 맞지 <u>않는</u> 것은?

① 애국가는 '나라를 사랑하는 노래'라는 뜻이다.

② 국화는 무궁화이며 대통령 표장, 법원 마크 등에 활용된다.

③ 나라문장이란 대한민국을 상징하는 도장으로 국무에 사용한다.

④ 태극기는 흰색 바탕에 태극문양과 4괘로 구성되어 있다.

**13** 한국의 기초생활보장제도에 대한 설명을 〈보기〉에서 고른 것은?

〈보기〉
ㄱ. 저소득층이나 이재민 등에게 국가가 의료부담을 덜어주는 제도
ㄴ. 긴급복지지원, 취약계층 특별보호 대책
ㄷ. 수급자는 신청자가 법원에 가서 신청서를 제출한 후 결정
ㄹ. 생계유지가 어려운 저소득층에게 급여를 제공하여 기본적인 생활을 보장

① ㄱ, ㄴ          ② ㄱ, ㄷ          ③ ㄴ, ㄹ          ④ ㄷ, ㄹ

**14** 한국의 공교육과 교육기관에 대한 설명으로 옳지 <u>않은</u> 것은?

① 법률이 정한 무상교육기간은 대학교 2년까지 포함한다.

② 중학교는 초등학교를 졸업한 사람이 진학하는 학교이다.

③ 검정고시는 정규 학교를 졸업한 것과 같은 자격을 얻는 시험이다.

④ 고등학교는 인문계와 실업계로 구분되며 교육기간은 3년이다.

PART 01

PART 02

PART 03

PART 04

PART 05

PART 06

PART 07

**15** 한국의 식문화에 대한 설명으로 옳은 것은?

① 발효음식은 한국인의 주식으로 국과 다양한 기본 반찬을 함께 먹는다.

② 소금에 절인 채소를 양념에 버무린 뒤 발효시킨 한국의 대표적인 음식은 메주이다.

③ 불고기, 삼계탕, 비빔밥은 명절 등 특정일에 먹는 음식이다.

④ 잔치국수는 마을의 잔칫날 먹는 음식이다.

**16** 〈보기〉에 해당하는 명절로 옳은 것은?

┌─〈보기〉─────────────────────────────────┐
│ • 일 년 중 양기가 가장 강한 날로 여긴다.
│ • 창포를 삶은 물에 머리를 감아 액운을 쫓는다.
│ • 그네뛰기, 씨름, 탈춤 등 다양한 놀이를 하였다.
└────────────────────────────────────────┘

① 설날                    ② 단오
③ 정월 대보름              ④ 추석

**17** 남북의 분단 과정에 대한 설명으로 옳지 <u>않은</u> 것은?

① 2차 세계대전 이후 38도선을 경계로 북쪽은 소련이, 남쪽은 미국이 임시 관리하게 되었다.

② 북한에서 조선민주주의인민공화국이 수립되고 그 후 남한에서 대한민국이 수립되었다.

③ 북한의 남침으로 인해 6 · 25 전쟁이 발발하였다.

④ 남북 분단의 배경은 민족 내부의 이념 갈등 심화와 주변 강대국들의 주도권 다툼으로 볼 수 있다.

**18** 김대중 정부에 대한 설명으로 맞지 <u>않는</u> 것은?

① 경제성장을 우선 과제로 두고 G20 정상회담을 개최했다.

② 햇볕정책으로 남북관계 개선을 위해 다양한 정책을 펼쳤다.

③ 2002년 한 · 일 공동 월드컵을 개최했다.

④ 민주주의 발전에 대한 공로를 인정받아 노벨 평화상을 수상했다.


**19** 〈보기〉에서 설명하는 우리나라 산업구조의 변화로 옳은 것은?

┌─〈보기〉─────────────────────────────────┐
│ ㄱ. 1960년대에는 수출 주도형 중화학 공업을 중심으로 발전했다. │
│ ㄴ. 1980년대에는 3저 호황으로 수출이 증가하여 무역 흑자를 달성했다. │
│ ㄷ. 1990년대에는 외환위기가 발생하여 IMF에 구제 금융을 신청했다. │
│ ㄹ. 2000년대 이후 WTO, OECD에 가입하여 민간 자본을 확대했다. │
└─────────────────────────────────────┘

① ㄱ, ㄴ          ② ㄱ, ㄹ          ③ ㄴ, ㄷ          ④ ㄷ, ㄹ


**20** 한국 은행의 업무에 대한 설명으로 바르게 연결되지 <u>않은</u> 것은?

① 은행의 은행 : 일반 금융기관을 상대로 예금과 대출을 담당한다.

② 화폐 발행 : 우리나라의 화폐 발행을 담당한다.

③ 정부의 은행 : 국고금의 수납과 지출을 담당한다.

④ 통화정책 : 외화자금을 관리하고 외국환 거래의 관리 · 조절을 담당한다.

**21** 우리나라의 선거권에 대한 설명으로 옳지 <u>않은</u> 것은?

① 대통령을 선출하는 대선은 한국 국적을 가진 사람에게만 선거권이 있다.

② 대한민국 국민은 만 18세 이상부터 선거권을 갖는다.

③ 총선과 지방선거에 한해 일정한 자격을 갖춘 외국인의 선거권을 인정한다.

④ 다른 사람을 대신해서 투표할 수 없으며 누구에게나 똑같이 1표가 주어진다.

**22** 한국의 지형적 특징에 대한 설명으로 맞는 것은?

① 동부와 북부는 대체로 평야 지대이다.

② 동해는 수심이 깊고 해수욕장이 발달했다.

③ 큰 산맥에서 나온 작은 산맥들이 동쪽을 향해 뻗어 나간다.

④ 남해는 수심이 깊고 해안선이 비교적 단조롭다.

**23** 〈보기〉에서 신라의 삼국통일 과정을 순서대로 바르게 나열한 것은?

┌─〈보기〉─────────────────────────────┐
│ ㄱ. 당나라와 동맹              ㄴ. 고구려 멸망                │
│ ㄷ. 삼국통일 달성              ㄹ. 백제 멸망                  │
└────────────────────────────────────┘

① ㄱ - ㄹ - ㄴ - ㄷ                    ② ㄴ - ㄱ - ㄹ - ㄷ

③ ㄷ - ㄱ - ㄴ - ㄹ                    ④ ㄷ - ㄹ - ㄴ - ㄱ

**24** 〈보기〉에 해당하는 일제강점기 당시 일제의 통치로 옳은 것은?

〈보기〉
- 헌병 경찰제에서 보통 경찰제로 전환
- 민족 신문 발행 허용
- 문관 총독 임명 허용
- 산미증식계획

① 무단통치  ② 문화통치  ③ 민족말살통치  ④ 위임통치

**25** 〈보기〉에서 설명하는 사회 변화의 원인에 해당하지 <u>않는</u> 것은?

〈보기〉
- 사회의 출산율이 낮아지고 있다.
- 혼자 사는 1인 가구가 증가하고 있다.
- 한국은 고령화 사회에 해당한다.

① 다양한 문화적 차이에 대한 이해 부족
② 결혼과 출산에 대한 가치관의 변화
③ 학업이나 취업으로 인한 이른 시기의 독립
④ 자녀 양육비 및 교육비 부담 증가

**26** 남부지방에 대한 설명으로 맞지 <u>않는</u> 것은?

① 제주도를 포함하여 경상도와 전라도 일대를 말한다.
② 전라도 일대는 호남지방, 경상도 일대는 영남지방이라고 부른다.
③ 경상도 일대는 새만금 간척지구 등 대규모 간척 사업이 발달했다.
④ 전라도 일대는 넓은 평야의 풍부한 농산물과 다도해의 다양한 수산물이 특징이다.

**27** 다음은 민주정치의 기본원리에 대한 설명이다. 관계가 있는 것은?

> 대한민국은 입법부, 사법부, 행정부를 통해 국가 기관 간의 견제와 균형을 유지한다.

① 국민주권의 원리      ② 국민자치의 원리

③ 입헌주의의 원리      ④ 권력분립의 원리

**28** 한국의 행정부에 대한 설명으로 옳은 것은?

① 대한민국의 행정부는 국회이며, 법을 바탕으로 국가를 운영한다.

② 국회의원은 행정부의 이인자로 대통령을 보좌하는 관직이다.

③ 19대 대통령은 문재인이다.

④ 대통령의 임기는 4년이며 단임제이다.

**29** 소득세, 부가가치세 등 국세를 부과하거나 징수하는 등의 사무를 담당하는 기관은?

① 국세청      ② 검찰청      ③ 관세청      ④ 경찰청

**30** 국회의 역할에 해당하지 <u>않는</u> 것은?

① 국가재정 심의 및 확정      ② 헌법 해석 및 판단

③ 국정 통제 역할      ④ 법률의 제정 또는 개정

**31** 음식에 관련된 말과 뜻이 바르게 연결되지 <u>않은</u> 것은?

① 그림의 떡 : 생각한 것보다 더 예쁘고 아름답다

② 떡국 한 그릇 더 먹다 : 나이를 한 살 더 먹다

③ 국수 먹으러 가다 : 결혼식장에 가다

④ 다 된 밥에 재 뿌리기 : 거의 다 완성한 일을 끝판에 망치다

**32** 한국에서 일생 동안 치르는 중요한 4가지 의례에 속하지 <u>않는</u> 것은?

① 제례        ② 상례        ③ 관례        ④ 수연례

**33** 다음에서 설명하는 인물로 옳은 것은?

> 거북선을 만들어 해상에서 왜군과 맞서 싸웠으며 한산도대첩, 명량해전 등에서 큰 승리를 거뒀다.

① 이순신        ② 세종대왕        ③ 이성계        ④ 안창호

**34** 다음은 무엇에 대한 설명인가?

> 연말에 가족이나 친구들과 함께 또는 집단에서 한 해를 보내면서 갖는 연회

① 동호회        ② 송별회        ③ 송년회        ④ 회식

PART 01

PART 02

PART 03

PART 04

PART 05

PART 06

PART 07

**35** 다음은 현재 국기에 대한 맹세이다. (    ) 안에 들어갈 알맞은 것은?

나는 자랑스러운 태극기 앞에 (              ) 충성을 다할 것을 굳게 다짐합니다.

① 조국의 통일과 번영을 위하여 정의와 진실로서
② 자유롭고 정의로운 대한민국의 무궁한 영광을 위하여
③ 조국과 민족의 무궁한 영광을 위하여 몸과 마음을 바쳐
④ 자유롭고 정의로운 조국의 통일과 번영을 위하여

**36** 한국의 기본예절 문화에 대한 설명으로 옳지 않은 것은?

① 나보다 나이가 많거나 처음 보는 사람에게는 존댓말을 사용한다.
② 결혼식장에 가면 '부의'라고 적힌 봉투에 축하의 뜻으로 '조의금'을 낸다.
③ 어른과 술을 마실 때는 어른이 앉아있는 반대편 쪽으로 고개를 돌리고 마신다.
④ 식사를 할 때 밥그릇은 들지 않고 식탁에 올려두고 먹는다.

**[37~40 : 작문형]** 다음 내용을 포함하여 '이웃 간의 기본 예절'이라는 제목으로 200자 이내로 글을 쓰시오.

※ 작문 시험 기간은 10분이며, 답안지에는 제목을 쓰지 말고 본문만 쓰시오.

> • 공동주택에서 지켜야 할 예절은 무엇입니까?
>
> • 이웃 간의 예절을 지키지 않으면 어떤 문제가 발생 될까요?
>
> • 일상에서 자신이 반드시 지키는 예절은 무엇입니까?
>
> • 한국과 다른 ○○ 씨 나라의 예절은 어떤 것이 있습니까?

PART 01

PART 02

PART 03

PART 04

PART 05

PART 06

PART 07

사회통합프로그램 귀화용 종합평가
# 구술시험 실전모의고사 1회

**[01~03 : 구술형]** 다음 글을 읽고 구술감독관의 질문에 답하여 주시기 바랍니다.

> 주5일근무제는 주40시간근무제라고도 한다. 법정 노동시간을 주당 40시간 이내로 한정하면, 하루에 평균 8시간씩 노동을 하게 되어 1주일에 5일만 일을 하면 된다. 주5일근무제는 1주일에 5일 동안 일을 하고, 나머지 이틀은 쉬는 제도를 말한다. 프랑스는 1936년, 독일은 1967년, 일본은 1987년부터 주40시간근무제를 실시하였다. 한국은 1998년 2월부터 주5일근무제를 추진하기 시작해 2000년 5월 노사정위원회에서 근로시간단축특별위원회를 구성하였다. 기대효과는 여가 · 취미 시간의 증가로 인한 삶의 질 향상, 직장 중심 음주문화에서 가족 중심 여가문화로의 변화 및 건전한 소비 풍토 조성, 일자리 나누기를 통한 실업문제 해결, 국제 기준에 맞는 근로시간 관련 제도의 정비를 통한 기업 경쟁력 강화, 문화 · 관광 · 레저 · 운송 등 서비스산업 중심의 내수 증대를 통한 경제 활성화, 인적자원 개발 등을 통한 생산성 제고, 여성의 사회 참여 확대, 지식경제 강국의 도약기반 조성 등이다.

**01** 주5일근무제가 무엇인가요?

**02** 주5일근무제를 통해 기대할 수 있는 효과는 무엇인가요?

**03** ○○씨 나라의 노동형태를 소개하고 그 특징을 이야기해 보세요.

**04** 한글날에 대해 이야기해 보세요.

**05** 한국의 세계문화유산은 무엇이 있는지 이야기 하고 그 중 하나를 택해서 구체적으로 설명해 보세요.

**[01~06]** 다음 ( )에 가장 알맞은 것을 고르시오.

**01**

> 가 : 취미가 뭐예요?
> 나 : 그림을 ( ) 게 제 취미예요.

① 먹는      ② 걷는      ③ 그리는      ④ 연주하는

**02**

> 날씨가 너무 ( ) 에어컨을 사야겠다.

① 더운      ② 덥고      ③ 덥게      ④ 더워서

**03**

> 법원에서는 ( ) 판결을 내릴 것이다.

① 공평한      ② 순수한      ③ 지루한      ④ 부족한

**04**

> 이번에 시험 준비를 완벽하게 하여 반드시 ( )할 것이다.

① 탈락      ② 합격      ③ 면접      ④ 실습

PART 01

PART 02

PART 03

PART 04

**PART 05**

PART 06

PART 07

**05**

가 : 옷 새로 샀어요?
나 : 네. 근데 (                ). 입어보니 별로 마음에 안 드네요.

① 안 샀을 거예요　　　　　② 사지 말 걸 그랬어요
③ 살 걸 그랬어요　　　　　④ 샀으면 좋았을 텐데

**06**

가 : 그렇게 조금 먹으면 배고프지 않아요?
나 : 다이어트에 성공하려면 (          ) 참아야 해요.

① 배고파도　　　　　　　　② 배고파서
③ 배고프도록　　　　　　　④ 배고플까 봐

**07** 다음을 한 문장으로 알맞게 연결한 것을 고르시오.

비가 많이 내린다 / 창문을 닫는다

① 비가 많이 내리고 창문을 닫는다.
② 비가 많이 내리지만 창문을 닫을 것이다.
③ 비가 많이 내렸다면 창문을 닫았다.
④ 비가 많이 내려서 창문을 닫았다.

**08** 다음 (    )에 알맞은 것을 고르시오.

> 갑자기 소나기가 내리는데 우산이 없어서 (                    )

① 비를 맞을 리가 없다.　　　　② 비를 맞기 마련이다.

③ 비를 맞을지도 모른다.　　　　④ 비를 맞을 수밖에 없다.


**09** 다음 글이 무엇에 대한 이야기인지 고르시오.

> 고유어는 우리말에 옛날부터 있던 낱말이나 그것을 바탕으로 하여 새로 만들어진 낱말을 일컫는다. 우리말의 낱말 가운데에서 한자어와 외래어를 뺀 말이 바로 고유어이다. 고유어는 우리말의 기본 바탕을 이루고 있기 때문에 우리는 이 고유어를 남달리 여기고 사랑하는 마음을 가지고 있다.

① 우리말을 사용할 때 주의할 점

② 고유어 작성 방법

③ 고유어의 의미와 중요성

④ 우리말과 외래어의 차이점

PART 01

PART 02

PART 03

PART 04

PART 05

PART 06

PART 07

**10** 다음 글의 내용과 같은 것을 고르시오.

> □□ 신문
>
> 2023.00.00
>
> 미세먼지 비상저감 조치가 내려질 경우, 노후차 운행이 전면 제한된다고 합니다. 운행 제한 대상은 이른바 배출가스 5등급 차량으로 2005년 12월 이전 배출가스 허용 기준으로 제작된 경유차, 그리고 1987년 이전에 생산된 휘발유와 LPG 차량입니다.
>
> 미세먼지 비상저감 조치 때 5등급 차량을 운행하다 적발되면 과태료 10만 원이 부과됩니다. 노란색 번호판을 단 영업용 차량, 그리고 장애인과 국가유공자, 보훈대상자 차량 등은 예외입니다. 또, 5등급 차량이라도 매연 저감장치를 달면 단속에서 제외됩니다. 자신의 차가 단속 대상인지 알고 싶다면, 자동차 배출가스 등급제 홈페이지에서 확인할 수 있습니다.

① 미세먼지 비상저감 조치가 내려지면 모든 자동차 운행이 제한된다.
② 매연 저감장치를 단 5등급 차량은 단속에서 제외된다.
③ 5등급 차량을 운행하다 적발되면 과태료 5만 원이 부과된다.
④ 자신의 차가 단속 대상인지 확인하고 싶으면 120에 전화해보면 된다.

**11** 대한민국 한글에 대한 설명으로 맞지 <u>않는</u> 것은?

① 조선 세종대왕이 창제하였다.
② 1446년 반포한 한국의 공식 문자이다.
③ 자음 14개와 모음 10개를 조합하여 글자를 이룬다.
④ '한'은 자음 1개, 모음 2개로 이루어졌다.

**12** 한국에서 남편이 아내의 남동생을 부르는 호칭으로 알맞은 것은?

① 처남          ② 처형          ③ 장모님          ④ 장인어른

**13** 사회보험에 대한 설명을 〈보기〉에서 고른 것은?

〈보기〉
ㄱ. 국민에게 위험이 발생했을 때 국가가 전액 지원해주는 제도이다.
ㄴ. 일반 직장인의 경우 4대 보험은 의무 가입이다.
ㄷ. 노인이 되어 더는 일하기 어려울 때 매달 생활비를 받는 제도는 국민연금이다.
ㄹ. 회사에서 해고된 후 구직활동을 할 때 금전적인 지원을 받는 제도는 산업재해 보상보험이다.

① ㄱ, ㄴ          ② ㄴ, ㄷ          ③ ㄷ, ㄹ          ④ ㄴ, ㄹ

**14** 한국의 국경일에 관한 설명으로 옳은 것은?

① 5월 15일은 스승의 은혜에 감사하는 날이다.
② 3월 1일은 독립을 위해 애쓴 선열들의 위업을 기리는 날이다.
③ 4월 5일은 산림자원의 중요성을 깨닫고 나무를 심는 날이다.
④ 6월 25일은 6 · 25 전쟁을 상기하여 국민의 안보의식을 북돋는 날이다.

**15** 한국의 정월 대보름에 대한 설명으로 맞는 것은?

① 음력 1월 15일이다.
② 일 년 중 양기가 가장 강한 날로 여겼다.
③ 창포물에 머리를 감아 그 향기로 액운을 쫓는다고 여겼다.
④ 수릿날이라고도 한다.

PART 01

PART 02

PART 03

PART 04

PART 05

PART 06

PART 07

**16** 한국의 생일에 대한 설명으로 옳지 <u>않은</u> 것은?

① 백일잔치는 아기가 태어난 지 백일 되는 날을 기념하는 것이다.

② 돌잔치는 아기가 태어나고 맞는 첫 생일이다.

③ 환갑은 만 60세가 되는 해의 생일을 말한다.

④ 고희는 80세가 되는 해의 생일을 말한다.

**17** 대한민국의 선거에 대한 설명으로 맞는 것은?

① 한국은 4년마다 대통령 선거를 한다.

② 선거는 사전투표 없이 선거 당일에만 가능하다.

③ 국민들의 직접선거로 대통령, 국회의원 등을 뽑는다.

④ 선거비용은 제한이 없다.

**18** 대한민국의 헌법에 대한 설명으로 맞는 것은?

① 국가의 이념과 원리, 국가 기관의 조직과 운영 방법 등을 규정한다.

② 다른 법들과 헌법의 규정이 충돌하면 다른 법이 우선 적용된다.

③ 1948년 처음 만들어진 후 지금까지 1차례 개정되었다.

④ 대한민국 헌법 제1조제1항은 '대한민국의 주권은 국민에게 있다.'이다.

**19** 한국 시장경제체제의 특징으로 맞는 것은?

① 자신이 원하는 직업을 자유롭게 선택할 수 없다.

② 사유재산이 보장된다.

③ 독과점을 허가한다.

④ 시장의 경쟁을 규제한다.

**20** 다음과 관계가 있는 저축 상품은?

> 정해진 기간 동안 일정액을 매월 적립하고 만기일에 약정금액을 지급받는다. 은행의 입장에서는 안정된 자금 조달원이 된다.

① 정기예금　　② 정기적금　　③ 보통예금　　④ 자유적금

**21** 과학 분야에서 매우 우수한 능력을 보유한 자로서 대한민국의 국익에 기여할 것으로 인정되는 자가 대한민국 국민이 되기 위해 신청할 수 있는 것은?

① 특별귀화　　② 일반귀화　　③ 간이귀화　　④ 영주권

**22** 국민의 기본권에 대한 설명으로 틀린 것은?

① 자유권은 개인의 자유를 침해받지 않을 권리이다.
② 평등권은 부당하게 차별받지 않을 권리이다.
③ 사회권은 국가에 정당한 요구를 주장할 수 있는 권리이다.
④ 참정권은 정치에 참여할 수 있는 권리이다.

**23** 〈보기〉의 내용에 해당하는 인물은?

> ┌〈보기〉
> • 조선의 마지막 법전인 대전회통을 편찬하였다.
> • 왕권 강화를 위해 임진왜란 때 소실된 경복궁을 중건하였다.
> • 서양의 배가 조선의 항구에 와서 통상을 요구하는 일이 잦아지자 척화비를 건립하고 이를 거부하였다.

① 이순신　　② 세종대왕　　③ 정약용　　④ 흥선대원군

**24** 〈보기〉에서 설명하는 고대 국가는?

> 〈보기〉
> • 한강 유역에 자리 잡아 삼국 중 가장 먼저 발달하였다.
> • 4세기 근초고왕 때 영토를 확장하며 전성기를 맞이하였다.
> • 화려하고 섬세한 문화가 발달하였으며, 일본에 큰 영향을 끼쳤다.

① 고구려　　　② 백제　　　③ 신라　　　④ 가야

**25** 〈보기〉와 같은 특징을 갖는 지역은?

> 〈보기〉
> • 서울을 제외하고 수도권에서 가장 큰 도시이다.
> • 대표적인 항구도시로 한국 최대 국제공항이 있어 나라 간의 교류를 이어주고 있다.

① 울산광역시　　　② 인천광역시　　　③ 부산광역시　　　④ 경기도

**26** 대도시 주변에 위치하여 대도시에 집중된 주거뿐만 아니라 행정·공업 등을 분산시키는 역할을 하는 지역은?

① 위성도시　　　② 행정도시　　　③ 수도권　　　④ 신도시

**27** 다음 설명하고 있는 법의 종류는?

> 사람들이 사회생활을 영위함에 있어서 지켜야 할 일반 사법으로 재산관계(매매·임대차 등)와 가족관계(부부·상속 등)를 규율하는 법이다.

① 헌법　　　② 형법　　　③ 민법　　　④ 상법

**28** 다음 설명하고 있는 헌법상 권리이자 의무는?

> • 대한민국 국민의 4대 의무에는 속하지 않는다.
> • 모든 국민은 건강하고 쾌적한 환경에서 생활할 권리를 가진다.

① 국방의 의무
② 교육의 의무
③ 환경보전의 의무
④ 공공복리에 적합한 재산권 행사의 의무

**29** 2000년 최초 남북정상회담을 통해 만들어진 남북관계 선언은?

① 7 · 4 남북 공동 성명
② 6 · 15 남북 공동 성명
③ 6 · 25 전쟁
④ 인천상륙작전

**30** 한국의 정보화 사회에 대한 설명으로 옳지 <u>않은</u> 것은?

① 정보 통신 기술이 수출에서 차지하는 비중이 낮은 편이다.
② 스마트폰, 인터넷 등의 분야에서 전 세계적으로 인정받고 있다.
③ 과학 기술의 발전으로 컴퓨터, 통신 분야까지 급속히 성장하였다.
④ 한국의 산업을 이끌어가는 핵심 분야로 성장했다.

PART 01
PART 02
PART 03
PART 04
PART 05
PART 06
PART 07

**31** 3심제도의 의미와 필요성에 해당하지 <u>않는</u> 것은?

① 한 사건에 대해 세 번의 판결을 받을 수 있는 제도이다.

② 국민의 자유와 권리를 최대한 보장한다.

③ 재판의 공정성을 확보할 수 있다.

④ 1심 재판은 지방법원, 2심 재판은 대법원, 3심 재판은 고등법원에서 이루어진다.

**32** 다음 〈보기〉 중 대한민국 선거의 종류는?

〈보기〉
ㄱ. 대법원장 선거          ㄴ. 기초의원 선거
ㄷ. 국회의장 선거          ㄹ. 국회의원 선거

① ㄱ, ㄷ          ② ㄴ, ㄷ          ③ ㄴ, ㄹ          ④ ㄷ, ㄹ

**33** 국가가 일정 금액 이상의 임금을 근로자에게 지불하도록 법적으로 강제하는 제도는?

① 최저임금제          ② 주휴수당
③ 구직급여          ④ 취직촉진수당

**34** 다음은 무엇에 대한 설명인가?

집을 사거나 사업을 하는 등 큰 돈이 필요할 때 은행에서 돈을 빌리는 것을 말한다.

① 예금          ② 대출          ③ 보험          ④ 투자

**35** 다음 빈칸 안에 들어갈 알맞은 것은?

> 결혼 후에 아이를 낳게 되면 출생 후 1개월 이내에 구청, 군청, 동 주민 센터 등에 (          )을/를 해야 한다. 그래야 한국 사회 구성원으로서의 법적 권리와 의무를 갖게 된다.

① 상속　　　　　② 사망신고　　　　　③ 합의 이혼　　　　　④ 출생신고

**36** 다음 중 한국에서 강력범죄에 해당하지 <u>않는</u> 것은?

① 상해　　　　　② 공갈　　　　　③ 강도　　　　　④ 무임승차

PART 01

PART 02

PART 03

PART 04

**PART 05**

PART 06

PART 07

**[37~40 : 작문형]** 다음 내용을 포함하여 '지불 수단'이라는 제목으로 200자 이내로 글을 쓰시오.

※ 작문 시험 기간은 10분이며, 답안지에는 제목을 쓰지 말고 본문만 쓰시오.

- 한국의 지불 수단에는 어떤 것들이 있습니까?
- 그중 자주 사용하고 있는 지불 수단은 어떤 것입니까?
- 왜 자주 사용하게 되었습니까?
- 그 지불 수단의 단점은 무엇입니까?

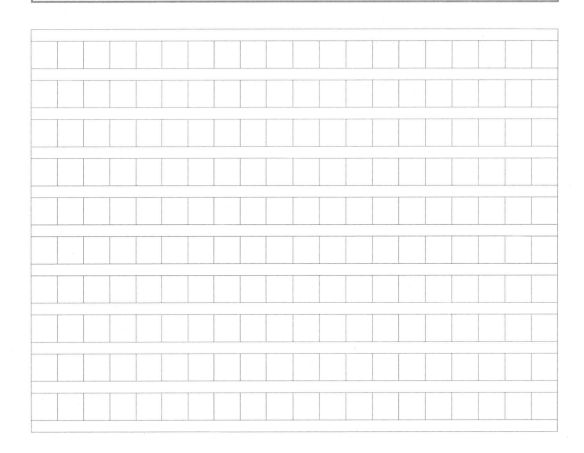

사회통합프로그램 귀화용 종합평가
# 구술시험 실전모의고사 2회

**[01~03 : 구술형]** 다음 글을 읽고 구술감독관의 질문에 답하여 주시기 바랍니다.

> 저출산과 고령화 추세가 지속되면서 대한민국 미래에 대한 부정적 전망이 늘고 있다. 저출산으로 인한 생산가능인구 감소는 소비 여력 감소를 가져오며, 고령층 증가는 사회적 비용 부담 및 경제적 활력 저하로 연결될 수 있다.
>
> 이러한 문제에 대해 정년을 연장하자는 목소리가 나오고 있다. 또한 정년 연장에 따른 인건비 부담을 완화하기 위한 방안으로는 근로자가 일정 연령에 도달한 시점부터 임금을 삭감하는 대신 고용을 보장하는 '임금피크제 도입'과 임금을 일정 수준 이상으로 인상하지 못하도록 제한하는 제도인 '임금상한제 도입' 등 임금조정이 대두되고 있다.

**01** 저출산과 고령화 추세가 지속되면 생기는 문제는 어떤 것이 있나요?

**02** 해결 방안 중 하나인 '임금피크제'는 무엇인가요?

**03** ○○ 씨 고향의 고령화 증가에 대한 해결방안에 대해서 이야기해 보세요.

**04** ○○ 씨가 경험해 본 생일에 대해 말해 보세요.

**05** 김영삼 정부 시절 처음 금융실명제가 실행되었습니다. 이 제도의 의미와 중요성에 대해 말해 보세요.

PART 01
PART 02
PART 03
PART 04
PART 05
PART 06
PART 07

사회통합프로그램 영주용 종합평가
# 실전모의고사 3회

**[01~10]** 다음 (     )에 가장 알맞은 것을 고르시오.

**01**

아랫집에서 고기를 굽는 (          )이/가 나서 배가 고파졌다.

① 냄새　　　　② 모습　　　　③ 느낌　　　　④ 맛

**02**

내일이 도서 반납일이지만, 아직 책을 다 읽지 못해서 대출 기간을 (          )해야 한다.

① 단축　　　　② 사칭　　　　③ 연장　　　　④ 대조

**03**

지난번 모임은 처음 참석했던 탓에 (          ) 다른 사람들에게 제대로 말도 걸어 보지 못했다.

① 무난해서　　② 어색해서　　③ 낯익어서　　④ 분명해서

**04**

전시품이 훼손될 우려가 있으므로 박물관에서는 사진 촬영이 (          ).

① 통과된다　　② 오염된다　　③ 분리된다　　④ 금지된다

**05**

가 : 먼 데서 오시느라 고생하셨어요. 뭔가 마실 것을 드릴까요?
나 : 감사합니다. 그럼 (          ) 물 한 잔만 주시겠어요?

① 차갑지만          ② 차가웠던          ③ 차가워서          ④ 차가운

**06**

가 : 조금 뒤에 새 직원이 올 거니까 그분께 이 기기 조작법을 알려 주세요.
나 : 네. 제가 (          ).

① 알려드렸어요                    ② 알려드릴까요
③ 알려드릴게요                    ④ 알려드린대요

**07**

가 : 목이 불편하신가요?
나 : 네. 어제 일을 하다 자리에 (          ) 잠들어서 자세가 불편했나 봐요.

① 앉은 채로          ② 앉은 김에          ③ 앉으면서          ④ 앉는 바람에

**08**

가 : 민 씨도 자전거 타기를 좋아하신다고 들었어요.
나 : 네, 맞아요. 혹시 시간 괜찮으시면 이번 주말에 같이 (          )?

① 탄대요          ② 탈래요          ③ 타기는요          ④ 탄다면서요

**09**

이렇게 좋아할 줄 알았으면 과자를 조금 더 많이 (                ).

① 사 오라고 했다　　　　　　② 사 오기는 틀렸다
③ 사 올 걸 그랬다　　　　　　④ 사 올 만했다


**10**

그의 옷차림이 너무 화려하고 특이해서 그곳에 있던 모든 사람이 그를 (        ).

① 보는 둥 마는 둥 했다　　　　② 볼지도 몰랐다
③ 볼 리가 없었다　　　　　　　④ 볼 수밖에 없었다


**[11~12] 다음을 한 문장으로 알맞게 연결한 것을 고르시오.**

**11**

차가 많이 막히다 / 약속 시간에 늦게 도착하다

① 차가 많이 막혔지만 약속 시간에 늦게 도착할 것이다.
② 차가 많이 막혀도 약속 시간에 늦게 도착한다.
③ 차가 많이 막히는 바람에 약속 시간에 늦게 도착했다.
④ 차가 많이 막히자마자 약속 시간에 늦게 도착한다.


**12**

좋아하는 음식을 마음껏 먹다 / 행복하다

① 좋아하는 음식을 마음껏 먹었는데 행복했다.
② 좋아하는 음식을 마음껏 먹었는데 행복했을 것이다.
③ 좋아하는 음식을 마음껏 먹었더니 행복해졌다.
④ 좋아하는 음식을 마음껏 먹었더니 행복하려던 참이다.

**13**

> 최근 서 있거나 걸을 때 발에 저릿하고 타는 것 같은 통증을 호소하는 사람들이 늘고 있다. 이러한 증상은 특히 30~40대 여성에게서 많이 나타나는데, 의사들은 이것이 앞볼이 좁은 신발이나 바닥이 얇은 신발, 혹은 하이힐 등과 같이 발에 무리가 가는 불편한 신발을 오래 신는 것이 주된 원인이라고 이야기한다.
>
> 증상이 심해지면 주사나 수술을 진행해야 하기도 하는 만큼, 무엇보다 통증의 원인을 없애 주는 것이 가장 중요하다. ( ).

① 이처럼 하이힐 열풍은 젊은 사람들 사이에서 계속되고 있다

② 그러려면 자신의 발에 편안한 신발을 신어야 한다

③ 따라서 올바른 자세로 걷는 습관을 들여야 한다

④ 적절한 약물 치료로 통증을 줄일 수 있다

**14**

> 몇몇 젊은 사람들은 우리나라 사람들을 '지나가던 민족'이라고 농담 삼아 부르곤 한다. 사고를 당하거나 곤란한 상황에 처한 사람을 '지나가던 사람'이 도와주고는, 답례 인사도 받지 않고 휑하니 사라져 버리는 모습이 뉴스 등을 통해 알려지면서 나타난 말이다.
>
> 이에 대해 남을 도우려는 마음은 있지만 ( ) 우리나라 사람 특유의 성격이 잘 드러난 현상이라고 이야기하는 사람도 있다. 곤란에 처한 사람을 그냥 지나칠 수 없어 도와주기는 했지만, 그 일로 다른 사람의 칭찬을 받거나 뉴스 등에 보도되어 알려지고 싶지는 않은 것이다.

① 다른 사람에겐 매우 무관심한

② 좋은 일은 다른 사람에게 권하는

③ 남 앞에 나서는 것은 부끄러워하는

④ 주도적으로 무언가를 하지는 못하는

PART 01

PART 02

PART 03

PART 04

**PART 05**

PART 06

PART 07

**[15~16]** 다음을 읽고 물음에 답하시오.

> 해마다 여름이면 식중독으로 입원 치료를 받는 사람들이 나타난다. 흔히 식중독을 가벼운 병으로 여기는 사람이 많지만, 경우에 따라 심각한 증상을 부르기도 한다. 특히 '비브리오 패혈증'은 환자가 사망하는 경우도 많아 더욱 조심해야 한다. 전문가들은 이러한 여름철 식중독의 주된 원인을 '살모넬라균'으로 보고 있다. 살모넬라균은 온도와 습도가 높은 환경에서 잘 번식하며, 따라서 여름, 특히 장마철이 가장 위험한 시기이다.
>
> 살모넬라균 감염 예방을 위해서는 음식을 충분히 익혀서 먹는 것이 가장 중요하다. 살모넬라균은 열에 약해 62~65도에서 30분 정도만 가열해도 모두 죽기 때문이다. 또한 음식 조리 과정에서 위생을 철저히 관리해야 한다. 위생 관리 방법으로는 ( ㉠ ) 등이 있다.

**15** 위 글의 제목으로 가장 알맞은 것을 고르시오.

① 여름철 식중독의 원인과 예방법
② 식중독의 다양한 합병증
③ 장마철 침수 피해 대비 방법
④ 건강한 음식 섭취를 위한 조리법

**16** 위 글의 ㉠에 들어갈 내용이 <u>아닌</u> 것을 고르시오.

① 음식을 조리하기 전 손을 깨끗이 씻기
② 도마는 사용 후 깨끗이 닦고 건조시키기
③ 행주는 매일 바꿔 사용하고 사용 후 삶기
④ 회나 조개 등을 날것으로 먹지 않기

**17** 다음은 태극기에 대한 설명이다. ㉠과 ㉡에 들어갈 알맞은 것끼리 짝지어 놓은 것은?

> 우리나라의 국기인 태극기는 흰색 바탕에 가운데 태극 문양과 네 모서리의 건곤 감리 4괘로 구성되어 있다. 태극기의 흰색 바탕은 ( ㉠ )을/를 의미하고, 가운데 태극 문양은 ( ㉡ )의 조화를 상징한다.

① ㉠ 평화 ㉡ 음양      ② ㉠ 땅 ㉡ 우주

③ ㉠ 땅 ㉡ 음양      ④ ㉠ 평화 ㉡ 우주

**18** 과거 한국의 전통적인 가족에서 볼 수 있는 특징은?

① 장녀가 주로 부모님을 모시고 살았다.

② 자녀는 1~2명 정도로 적게 낳았다.

③ 여러 대의 가족이 모여 사는 대가족의 형태였다.

④ 자녀는 성인이 되면 독립해 부모와 따로 살았다.

**19** 한국의 산업재해보험제도에 대한 설명으로 맞는 것은?

① 고용보험료는 원칙적으로 사업주가 전액 부담한다.

② 30명 이상의 근로자를 고용한 사업장에 적용된다.

③ 업무상의 사유로 부상을 입은 경우 요양급여를 그 사업주에게 지급한다.

④ 산업재해보험에서 말하는 근로란 정신노동과 육체노동을 모두 포함한다.

PART 01

PART 02

PART 03

PART 04

PART 05

PART 06

PART 07

**20** 일주일 중 하루를 쉬는 날로 정해서 해당 요일에는 차를 운행하지 <u>않는</u> 제도는?

① 차량 2부제
② 승용차 요일제
③ 주5일제
④ 학점은행제

**21** 한국에서 웃어른에게 지켜야 할 예절로 맞는 것은?

① 술을 마실 때는 고개를 옆으로 돌리고 마신다.
② 담배를 피울 때는 웃어른을 등지고 피운다.
③ 자리에 앉을 때는 웃어른보다 먼저 앉는다.
④ 웃어른께 물건을 드릴 때는 한 손으로 드린다.

**22** 한국의 연립주택에 대한 설명으로 맞는 것은?

① 한 건물에 한 가구가 생활할 수 있다.
② 대규모로 지어지는 경우가 많다.
③ 4층 이하의 공동주택이다.
④ 주거용으로 사용되는 층수가 3개 층 이하이다.

**23** 다음은 대한민국 헌법 전문의 내용 일부이다. (    ) 안에 들어갈 말은 무엇인가?

> 유구한 역사와 전통에 빛나는 우리 대한민국은 3.1운동으로 건립된 (              )의 법통과 불의에 항거한 4.19민주이념을 계승한다.

① 조선왕조
② 대한민국임시정부
③ 대한제국
④ 고조선

**24** 다음 내용과 관계가 있는 사람은?

> 대통령을 보좌하며, 행정에 관하여 대통령의 명을 받아 행정각부를 통할하는 대통령의 제1위 보좌기관이다.

① 부통령        ② 행정안전부장관

③ 대통령비서실장        ④ 국무총리

**25** 한국의 산업 발달 과정을 순서대로 나열한 것은?

① 농업 → 경공업 → 중화학공업 → 첨단산업

② 경공업 → 농업 → 중화학공업 → 첨단산업

③ 중화학공업 → 경공업 → 첨단산업 → 농업

④ 농업 → 중화학공업 → 첨단산업 → 경공업

**26** 한국은행이 하는 업무가 <u>아닌</u> 것은?

① 우리나라의 화폐를 발행한다.

② 국고를 수납하고 지급한다.

③ 시민을 상대로 예금을 받거나 대출해 준다.

④ 외화를 관리하고 외화 거래를 관리 · 조절한다.

**27** 다음 내용과 관계가 있는 곳은?

> 국가에서 운영하는 공공 보건기관으로 일반 병원보다 진료비가 싸다. 또한 보건교육과 건강사업 등을 함께 진행한다.

① 종합병원      ② 대학병원      ③ 의원      ④ 보건소

**28** 외국인의 한국 내 체류에 대한 설명으로 옳은 것은?

① 관광을 목적으로 대한민국에 온 외국인은 60일 이하의 기간 동안 체류할 수 있다.

② 결혼을 목적으로 대한민국에 온 외국인은 장기체류자격을 가질 수 있다.

③ 90일을 초과하여 한국에 체류하고자 하는 외국인은 관할 지방경찰청에 외국인등록을 해야 한다.

④ 한국에 3년을 초과하여 체류한 사람은 영주권을 신청할 수 있다.

**29** 외국인이 일반귀화허가를 받기 위한 요건으로 맞지 <u>않는</u> 것은?

① 5년 이상 계속해서 대한민국에 주소가 있어야 한다.

② 대한민국에서 영주할 수 있는 체류자격을 가지고 있어야 한다.

③ 나이가 만 18세 이상이어야 한다.

④ 본인 스스로나 가족의 도움으로 생계를 유지할 수 있어야 한다.

**30** 다음 중 대한민국의 사법부에 해당하는 기관은?

① 국회          ② 국무총리실          ③ 법무부          ④ 대법원

**31** 한반도의 고대 국가로 백제와 고구려를 멸망시키고 한반도를 통일한 국가는?

① 고려          ② 가야          ③ 신라          ④ 조선

**32** 〈보기〉의 내용이 가리키는 인물은?

> **〈보기〉**
> • 9세기경의 장수로 당나라 군대의 관리직에 있었다.
> • 고국으로 돌아온 후 청해진을 건설하여 서해 해상을 장악하였다.
> • 신무왕의 즉위에 결정적인 도움을 주었으나 염장에게 암살당하였다.

① 장보고        ② 계백        ③ 이순신        ④ 김유신

**33** 대조영이 건국하여 한반도 북부와 만주 · 연해주에 자리하였던 고대 국가는?

① 고조선        ② 발해        ③ 후백제        ④ 부여

**34** 강원도 대관령 동쪽의 해안 사면을 가리키는 이름은?

① 영동        ② 극동        ③ 남도        ④ 영남

**35** 도시 문제를 해결하기 위한 국가 혹은 지방자치단체의 노력으로 맞지 <u>않는</u> 것은?

① 정부 기관의 지방 이전            ② 녹지 공간 확보
③ 대중교통 노선 확충            ④ 출산 장려금 삭감

**36** 〈보기〉의 관광지가 속해 있는 지역은?

> **〈보기〉**
> • 해운대 해수욕장        • 광안대교        • 감천문화마을

① 광주        ② 인천        ③ 부산        ④ 춘천

PART 01
PART 02
PART 03
PART 04
PART 05
PART 06
PART 07

**[37~40 : 작문형]** 다음 내용을 포함하여 '고향의 음식'이라는 제목으로 200자 이내로 글을 쓰시오.

※ 작문 시험 기간은 10분이며, 답안지에는 제목을 쓰지 말고 본문만 쓰시오.

- 고향의 대표적인 음식은 무엇입니까?
- 그 음식의 주된 재료는 무엇입니까?
- 고향의 음식과 한국 음식은 어떤 차이가 있습니까?
- 한국 사람에게 소개해 주고 싶은 고향 음식은 무엇입니까?

사회통합프로그램 영주용 종합평가
# 구술시험 실전모의고사 3회

PART 01
PART 02
PART 03
PART 04
PART 05
PART 06
PART 07

**[01~03 : 구술형]** 다음 글을 읽고 구술감독관의 질문에 답하여 주시기 바랍니다.

> KC(Korea Certification)마크는 지식경제부 · 노동부 · 환경부 · 방송통신위원회 · 소방방재청 등 5개 부처에서 각각 부여하던 13개 법정인증마크를 통합해 2009년 7월 1일부터 단일화한 국가통합인증마크다. 각 부처별 인증기관이 다른 번거로움을 없애고 국제신뢰도 증진을 위해 이전까지 사용되던 안전 · 보건 · 환경 · 품질 등의 법정강제인증제도를 단일화한 것이다.
>
> 공산품 안전인증 · 공산품자율안전확인 · 어린이보호포장 · 승강기부품인증 · 전기용품안전인증 · 고압가스용기점검 · 계량기검정 · 에너지소비효율등급 등 지식경제부 소관 8개 인증부터 우선 도입되었고, 이후 차례로 방송통신기기 · 정수기 품질검사 · 소방용품검정 등 인증은 2011년부터 도입 · 시행되고 있다.

**01** KC마크란 무엇인가요?

**02** KC마크가 사용되고 있는 제품은 어떤 것들이 있나요?

**03** ○○씨 나라에서 사용하고 있는 인증마크를 소개하고, 그 특징을 이야기해 보세요.

**04** SNS의 유행이 현대인에게 주는 긍정적인 면과 부정적인 면은 무엇인지 이야기해 보세요.

**05** 농촌 인구의 나이가 점점 높아지고 있는데, 이러한 문제를 해결하기 위한 방법은 무엇이 있을지 말해 보세요.

06 |PART|

# 종합평가 실전모의고사
# 정답 및 해설

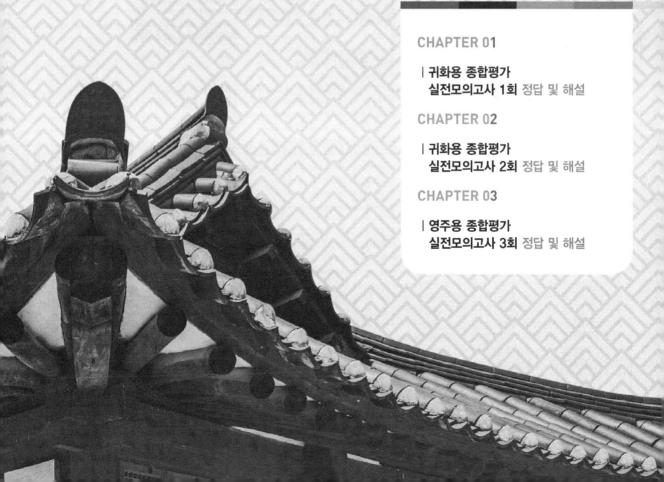

# 경회루

경복궁 서북쪽 연못 안에 있는 누각. 나라에 경사가 있거나 사신이 왔을 때 연회를 베풀던 곳이다.

귀화시험
**사회통합프로그램 종합평가 한권완성**

PART 01
PART 02
PART 03
PART 04
PART 05
PART 06
PART 07

## [객관식 정답 및 해설]

| 1 | 2 | 3 | 4 | 5 | 6 | 7 | 8 | 9 | 10 | 11 | 12 | 13 | 14 | 15 | 16 | 17 | 18 | 19 | 20 |
|---|---|---|---|---|---|---|---|---|---|---|---|---|---|---|---|---|---|---|---|
| ② | ④ | ① | ② | ② | ③ | ④ | ④ | ① | ② | ④ | ③ | ③ | ① | ④ | ② | ② | ① | ③ | ④ |

| 21 | 22 | 23 | 24 | 25 | 26 | 27 | 28 | 29 | 30 | 31 | 32 | 33 | 34 | 35 | 36 | | | | |
|---|---|---|---|---|---|---|---|---|---|---|---|---|---|---|---|---|---|---|---|
| ③ | ② | ① | ② | ① | ③ | ④ | ③ | ① | ② | ① | ④ | ① | ③ | ② | ② | | | | |

**01** 고령화 사회는 국제연합(UN)이 정한 바에 따라 65세 이상 노인 인구 비율이 전체 인구의 7% 이상을 차지하는 사회를 말한다.

① 저출산 현상 : 태어나는 아이의 수가 감소하여 사회의 출산율이 낮아지는 현상

③ 노인 소외 현상 : 핵가족화와 급격한 사회 변화 등으로 인해 사회와 가족으로부터 소외되는 노인들이 많아지는 현상

④ 다문화 사회 : 한 국가나 한 사회 속에 다른 인종 · 민족 · 계급 등 여러 집단이 지닌 문화가 함께 존재하는 사회

**02** '동파하다'는 얼어서 터진다는 뜻이다.

① 돌아가다 : 물체가 일정한 축을 중심으로 원을 그리면서 움직여 가다.

② 받다 : 다른 사람이 주거나 보내오는 물건 따위를 가지다.

③ 들어가다 : 밖에서 안으로 향하여 가다.

**03** '청구하다'는 상대편에 대하여 일정한 행위나 급부를 요구하는 것을 말한다.

② 읽다 : 글이나 글자를 보고 그 음대로 소리 내어 말로써 나타내다.

③ 지키다 : 규정, 약속, 법, 예의 따위를 어기지 아니하고 그대로 실행하다.

④ 보내다 : 사람이나 물건 따위를 다른 곳으로 가게 하다.

**04** '–더니'는 과거에 관찰하여 알게 된 사실에 대해 뒤이은 행동이나 상황을 나타내는 연결어미이다.

① –다시피 : 듣는 사람이 알고 있는 것과 같거나 어떤 행동이 유사함을 나타내는 연결어미

③ –거니와 : 앞의 사실을 인정하면서 뒤의 사실을 덧붙임을 나타내는 연결어미

④ –도록 : 행동의 목적을 나타내거나 동작의 한계를 나타내는 연결어미

05 '−는 바람에'는 부정적 결과에 대한 원인을 나타낸다. 메이 씨와의 약속이 있었는데 잠이 들어서 이루지 못한 상황으로 부정적 결과에 대한 원인을 '−는 바람에'를 통하여 나타내고 있다.

① −는 동안에 : 어떤 행동이 계속되는 시간을 나타내는 표현

③ −을 텐데 : 어떤 내용에 대한 말하는 사람의 추측을 나타내는 표현

④ −을 테니 : 말하는 사람의 의지를 나타내는 표현

06 '−어 놓다'는 어떤 행동을 완료한 상태가 변하지 않고 그대로 유지되고 있음을 나타낸다. 위의 대화는 많이 남은 김밥을 그대로 두었다가 내일 먹으려는 상황으로 '남겨 놓다'가 옳다.

① −고 나다 : 앞의 행동을 끝내고 뒤의 행동을 하거나 어떤 상황이 이루어짐을 나타내는 표현

② −는 대로 : 앞의 행동이 끝나고 곧바로 다음 행동을 할 때 사용

④ −는 한 : 앞의 문장이 뒤의 상태나 행동의 조건임을 나타내는 표현

07 '−면'은 불확실하거나 아직 이루어지지 않은 사실을 가정하여 말할 때 쓰는 연결 어미이다. 만약 한국으로 돌아온다면 모든 것이 나아질 것이라고 가정하여 말한다.

① 전 : 이전 또는 앞

② −자마자 : 앞 절의 동작이 이루어지자 잇따라 곧 다음 절의 사건이나 동작이 일어남을 나타내는 연결 어미

③ 순간 : 어떤 일이 일어난 바로 그때

08 '−듯이'는 앞의 내용과 뒤의 내용이 거의 같음을 나타낸다. 광고 속 라면과 실제 라면의 맛이 유사함을 나타내므로 '짐작할 수 있듯이'가 옳다.

09 별자리의 의미와 사계절 별자리의 예시를 들어 설명하고 있으므로 글의 주제는 ①이 가장 적절하다.

10 무분별한 외래어 사용은 고유어가 설 자리를 빼앗는다고 말하며 '최근 영어를 너무 많이 사용하여 문제가 되고 있다'고 설명하였다.

① '냄비, 담배, 망토, 빵'은 외래어에 해당한다.

③ 나라 간 교류가 활발하여 늘어난 낱말은 외래어이다.

④ 한자어가 아닌 고유어가 하나의 단어에 여러 가지 의미를 나타내는 경우가 많다.

11 아내는 기혼인 남편의 남동생을 '서방님', 미혼인 남편의 남동생은 '도련님'이라고 부른다.

12 대한민국을 상징하는 도장은 국새이며, 나라문장은 대한민국의 권위를 상징하는 장식적인 표시이다.

**13** ㄱ. 저소득층, 국가유공자, 이재민 등에게 국가가 의료부담을 덜어주는 제도는 기초의료보장이다.

ㄷ. 수급자는 신청자가 읍·면사무소, 주민센터에 가서 신청서를 제출한 후에 결정한다.

**14** 2021년부터 우리나라는 보다 많은 학생이 혜택을 받을 수 있도록 고등학교 전원을 대상으로 무상교육을 확대하였다. 대학교는 무상교육 대상이 아니다.

**15** 잔치국수는 잔칫날 먹던 음식으로 특히 결혼식 날 주로 대접했던 요리이다.

① 한국인의 주식은 밥(쌀)으로 국과 여러 가지 기본 반찬을 함께 먹는다.

② 소금에 절인 배추나 무를 양념에 버무린 뒤 발효시킨 음식은 김치이며 한국의 대표 음식이다.

③ 불고기, 삼계탕, 비빔밥은 특정일에 먹는 음식이 아니며 우리나라를 대표하는 요리에 해당한다.

**16** 단오는 예로부터 전해 내려오는 우리나라 명절의 하나로, 음력 5월 5일이다. 수릿날이라고도 하며 1년 중 가장 좋은 명절이라는 뜻을 가진다. 단옷날이 되면 여러 음식을 사당에 차려 제사를 지내고 창포물에 머리감기, 부채 주고받기 등 다양한 민속놀이를 즐겼다.

**17** 남한에서 총선거를 실시하고 헌법을 제정한 후 대한민국이 수립되었다. 그 후 북한에서 조선민주주의인민공화국이 수립되었다.

**18** G20 정상회담을 개최하고 경제성장을 우선으로 하여 4대강 사업을 추진한 정부는 이명박 정부이다.

**19** ㄱ. 1960년대에는 값싼 노동력을 이용하여 경공업 중심으로 발전했다.

ㄹ. 2000년대 이후 정보통신기술이 발전하였으며 10대 수출국에 포함되었다. WTO, OECD에 가입한 시기는 1990년대이다.

**20** ④는 외국환 업무에 대한 설명이다. 통화정책은 물가와 금융시장을 안정시키기 위한 기준금리 조절을 말한다.

**21** 우리나라는 지방선거에 한해 일정한 자격을 갖춘 외국인에게 선거권을 인정하고 있다.

**22** 동해안은 해안선이 단조롭고 수심이 깊다. 또한 모래사장이 넓어 해수욕장이 발달했다.

① 동쪽과 북쪽에는 높고 험한 산이 많다.

③ 큰 산맥에서 나온 작은 산맥들이 서쪽을 향해 뻗어 나가기 때문에 서쪽은 낮은 지형이 나타난다.

④ 남해안은 크고 작은 섬이 많아 다도해라고 불리며 해안선이 복잡하다.

PART 01

PART 02

PART 03

PART 04

PART 05

PART 06

PART 07

23  신라는 당나라와 동맹을 맺은 후 백제와 황산벌 전투에서 승리하여 사비성을 함락시켰다
    (백제 멸망). 이후 신라는 당나라와 연합하여 고구려의 평양성을 함락하고 고구려를 멸망시
    켰다. 그리고 삼국을 취하려는 당나라의 야심에 맞서 신라는 매소성과 기벌포에서 당나라
    를 축출하고 삼국통일을 달성했다.

24  '문화통치'는 3 · 1운동에 위기의식을 느낀 일본이 1920년대에 시행한 통치 방법으로 민족
    성 분열을 목적으로 실시하였다. 문화통치는 민족 신문 발행을 허용하였으나 검열이 더욱
    강화되었고 산미증식계획을 통해 양곡을 수탈하였다

25  〈보기〉는 저출산, 1인가구, 고령화에 대한 설명이다. 문화적 차이를 이해하지 못하는 태도
    는 다문화 사회의 문제점에 해당한다.

26  새만금 간척지구는 군산과 부안을 연결하는 방조제를 건설하고 바다를 메워 만든 간척지
    로 호남 지방의 대표적인 산업 단지이다.

27  대한민국은 삼권분립을 통해 권력이 한쪽에 치우치지 않고 각각 독립된 기관으로 균형을
    유지하는 권력분립의 원리를 따르고 있다.

28  박근혜 전 대통령이 임기 중에 탄핵된 후 2017년 5월 9일 대선에서 문재인 후보가 제19대
    대통령으로 당선되면서 문재인 정부가 출범했다.
    ① 국회는 대한민국의 입법부이고, 법을 바탕으로 국가를 운영하는 조직은 행정부이다.
    ② 행정부의 이인자인 국무총리는 행정부를 총괄하고 대통령을 보좌하는 관직이다.
    ④ 대통령의 임기는 5년이며 단임제이다.

29  국세청은 소득세, 법인세, 부가가치세, 상속세 등 내국세의 부과 · 감면 · 징수에 관한 사무
    를 관장하기 위한 기획재정부장관 소속 기관이다.
    ② 검찰청 : 범죄를 수사하고 재판을 청구하는 기관
    ③ 관세청 : 관세와 수출입물품의 통관 및 밀수 단속에 관한 사무 담당 기관
    ④ 경찰청 : 치안에 관한 업무를 담당하는 기관

30  헌법을 해석하고 판단하는 곳은 헌법재판소이다.

31  '그림의 떡'이란 아무리 마음에 들어도 손에 넣을 수 없다는 뜻이다.

32  관례, 혼례, 상례, 제례를 관혼상제라고 하며 일생 동안 치르는 중요한 4가지 의례로 여긴다.

**33** 이순신 장군은 조선시대의 장군으로 임진왜란에서 수군을 이끌고 왜군을 물리치는 데 큰 공을 세웠다.
② 세종대왕 : 한글을 창제하고 반포
③ 이성계 : 위화도 회군으로 조선을 건국
④ 안창호 : 독립운동가로 신민회를 조직

**34** '송년회'란 연말에 한 해를 보내며 가족이나 친구들과 함께하는 모임을 말한다. 한 해를 뒤 돌아보며 사람들과의 친목을 가지는 시간을 보낸다.
① 동호회 : 취미를 같이하는 사람들의 모임
② 송별회 : 떠나는 사람을 보내면서 섭섭함을 달래고 행운을 비는 뜻으로 베푸는 모임
④ 회식 : 집단이나 단체에 속한 사람이 모여 함께 음식을 먹는 모임

**35** 2007년 이후 수정된 국기에 대한 맹세는 "나는 자랑스러운 태극기 앞에 자유롭고 정의로 운 대한민국의 무궁한 영광을 위하여 충성을 다할 것을 굳게 다짐합니다"이다.
① 1968년 초기의 국기에 대한 맹세이다.
③ 1972년 의무시행이 되면서 바뀐 국기에 대한 맹세이다.

**36** 결혼식장에서는 '축의' 봉투에 '축의금'을 내고, 장례식장에서는 '부의' 봉투에 '조의금(부의 금)'을 낸다.

PART 01

PART 02

PART 03

PART 04

PART 05

PART 06

PART 07

**[작문형 예시 답안]**

공동주택의 금연인 장소에서는 담배를 피우지 않아야 하고, 밤늦게 세탁기나 청소기를 돌려 소음공해를 끼치면 안 됩니다. 이런 기본 예절을 지키지 않았을 때 눈살을 찌푸리게 하거나 상대에게 피해를 줄 수도 있습니다. 저는 밤늦게 청소기나 세탁기를 돌리지 않습니다. 한국과 달리 베트남에서는 밥그릇을 들고 먹고, 숟가락을 엎어놓는 것이 식사 예절입니다.

**[구술시험 예시 답안]**

**01** 주5일근무제는 일주일에 5일만 일을 하는 것을 말하고, 주당 40시간 이내로 한정한 근무 형태이다.

**02** 주5일근무제를 통해 삶의 질 향상, 가족 중심 여가문화로의 변화, 실업문제 해결 등 여러 가지가 있다.

**03** 베트남에서는 아직 많은 기업이 주6일제를 택하고 있습니다. 몇 년 사이에 격주 토요일 근무나 주5일제를 실시하는 회사들도 늘어나긴 했지만, 기본적으로 주6일제입니다.

**04** 한글날은 10월 9일이며, 세종대왕이 한글을 창제하여 세상에 펴낸 것을 기념하기 위한 국경일이다.

**05** 한국의 세계문화유산은 석굴암과 불국사, 해인사 장경판전, 종묘, 수원 화성 등이 있다. 이 중 수원 화성은 조선 시대 정조 임금이 새로운 정치를 펴기 위해 쌓은 성으로 전체 둘레가 5km가 넘으며 한국에서는 처음으로 돌을 쌓아 만든 성곽이다.

사회통합프로그램 귀화용 종합평가
# 실전모의고사 2회 정답 및 해설

## [객관식 정답 및 해설]

| 1 | 2 | 3 | 4 | 5 | 6 | 7 | 8 | 9 | 10 | 11 | 12 | 13 | 14 | 15 | 16 | 17 | 18 | 19 | 20 |
|---|---|---|---|---|---|---|---|---|----|----|----|----|----|----|----|----|----|----|----|
| ③ | ④ | ① | ② | ② | ① | ④ | ④ | ③ | ② | ④ | ① | ② | ② | ① | ④ | ③ | ① | ② | ② |

| 21 | 22 | 23 | 24 | 25 | 26 | 27 | 28 | 29 | 30 | 31 | 32 | 33 | 34 | 35 | 36 | | | | |
|----|----|----|----|----|----|----|----|----|----|----|----|----|----|----|----|---|---|---|---|
| ① | ③ | ④ | ② | ② | ① | ③ | ③ | ② | ① | ④ | ③ | ① | ② | ④ | ④ | | | | |

**01** '그리다'는 연필, 붓 따위로 어떤 사물의 모양을 그와 닮게 선이나 색으로 나타내는 것이다.
　① 먹다 : 음식 등을 입으로 삼켜 배 속에 들여보낸다.
　② 걷다 : 다리를 움직여 바닥에서 발을 번갈아 떼어 옮기다.
　④ 연주하다 : 악기를 다루어 곡을 표현하거나 들려주다.

**02** '-아서'는 앞말이 뒷말의 이유나 근거를 나타내는 말이다.
　① -ㄴ : 앞말의 사건이나 행위가 완료되어 그 상태가 유지되고 있음을 나타낸다.
　② -고 : 두 가지 이상의 사실을 동일하게 놓는 연결 어미이다.
　③ -게 : 앞의 내용이 뒤에서 가리키는 일의 목적이나 결과 따위가 됨을 나타낸다.

**03** '공평하다'는 어느 쪽으로도 치우치지 않고 고른 것을 말한다.
　② 순수하다 : 사사로운 욕심이나 못된 생각이 없다.
　③ 지루하다 : 시간이 오래 걸리거나 같은 상태가 오래 계속되어 따분하다.
　④ 부족하다 : 필요한 양이나 기준에 미치지 못해 충분하지 아니하다.

**04** '합격'은 시험, 심사 따위에 일정한 조건을 갖추어 어떠한 자격이나 지위를 얻는 것을 말한다.
　① 탈락 : 범위에 들지 못하고 떨어지거나 빠짐
　③ 면접 : 직접 만나서 인품이나 언행을 평가하는 시험
　④ 실습 : 이미 배운 이론을 토대로 하여 실제로 해 보고 익히는 일

PART 01
PART 02
PART 03
PART 04
PART 05
PART 06
PART 07

**05** '옷을 새로 샀어요?'라는 질문에 '네'라고 긍정하였고, 빈칸 뒤에서는 산 옷이 마음에 들지 않는다고 말하고 있다. 따라서 빈칸에는 지난 행동을 후회하면서 하지 않은 일을 가정할 때 사용하는 말인 '-ㄹ 걸 그랬다'를 사용하여 '사지 말 걸 그랬어요'가 들어가는 것이 가장 적절하다.

① 옷을 사지 않았을 것이라고 추측하고 있으므로 자신의 행동에 대한 대답으로는 적절하지 않다.

③, ④ 둘 다 옷을 사지 않았음을 가정하고 그 행동을 후회하는 내용이다. 따라서 빈칸 앞에서 '네'라고 대답한 것과 반대의 의미가 된다.

**06** '-아도'는 가정이나 양보의 뜻을 나타내는 어미

② -아서 : 이유나 근거를 나타내는 어미

③ -도록 : 앞의 내용이 뒤에서 가리키는 사태의 목적이나 결과, 정도 따위가 됨을 나타내는 어미

④ -ㄹ까 봐 : 어떤 일에 대한 추측을 나타내는 어미

**07** 비가 많이 내려 안으로 비가 들어오는 것을 막기 위해 창문을 닫았다는 의미이므로 이유 혹은 근거를 나타내는 어미 '-아서'를 쓴 ④가 가장 적절하다.

**08** '-수밖에'는 다른 수가 없다는 의미로, 소나기에 우산이 없어 비를 맞는 것 외에 다른 수가 없다는 의미인 ④가 가장 적절하다.

**09** 주어진 글에서 첫 번째, 두 번째 줄에서는 고유어의 의미를, 나머지 줄에서는 고유어의 중요성에 대해 설명하고 있다.

**10** 두 번째 문단 세 번째 문장에서 5등급 차량이라도 매연 저감장치를 달면 단속에서 제외된다고 하였으므로 글의 내용과 ②의 내용이 같다.

① 미세먼지 비상저감 조치가 내려지면 노후차 운행이 전면 제한된다.

③ 5등급 차량을 운행하다 적발되면 과태료 10만 원이 부과된다.

④ 자신의 차가 단속 대상인지 확인하고 싶으면, 자동차 배출가스 등급제 홈페이지에서 확인할 수 있다.

**11** '한'은 자음 2개(ㅎ, ㄴ)과 모음 1개(ㅏ)로 이루어졌다.

**12** ② 처형 : 아내의 언니

③ 장모님 : 아내의 어머니

④ 장인어른 : 아내의 아버지

**13** ㄱ. 국민에게 위험이 발생했을 때 국가가 일정 부분 지원해주는 제도이다.
ㄹ. 회사에서 해고된 후 구직활동을 할 때 금전적인 지원을 받는 제도는 고용보험이다. 산업 재해보상보험은 회사에서 근무 중 사고가 나서 다쳤을 때 그 피해를 보상받는 제도이다.

**14** 국경일은 국가의 경사를 기념하는 날로 3·1절, 제헌절, 광복절, 개천절, 한글날이 있다. ①, ③, ④는 법정기념일에 해당한다.

**15** 정월 대보름은 음력 1월 15일이다. 정월이란 한 해를 처음 시작하는 달을, 대보름은 가장 큰 보름달이 뜨는 날을 말한다. ②~④는 단오에 대한 설명이다.

**16** 고희는 칠순, 즉 70세가 되는 해의 생일을 말한다. 80세 생일은 팔순이라고 한다.

**17** ① 한국은 5년마다 대통령 선거를 한다.
② 사전투표도 가능하다.
④ 선거비용은 법률에서 정하는 대로 따라야 한다.

**18** ② 다른 법들과 헌법의 규정이 충돌하면 최고법의 지위인 헌법이 우선 적용된다.
③ 1948년 처음 만들어진 후 지금까지 9차례 개정되었다.
④ 대한민국 헌법 제1조제1항은 '대한민국은 민주공화국이다.'이다.

**19** ① 자신이 원하는 직업을 자유롭게 선택할 수 있다.
③ 정부에서 특정 상품을 경쟁자 없이 전적으로 차지하여 판매하는 형태인 독과점을 규제한다.
④ 시장의 경쟁이 이루어지도록 정부에서 돕는다.

**20** ① 정기예금 : 일정 금액을 일정 기간 동안 은행에 맡기고 정한 기한 안에는 찾지 않는 예금으로, 은행은 이에 대하여 일정 이율의 이자를 지급하는 예금
③ 보통예금 : 인출을 자유롭게 할 수 있는 통장식 은행 예금
④ 자유적금 : 은행에 납입 금액과 횟수를 자유롭게 조정하여 일정 기간 돈을 입금한 다음 찾는 적금

**21** 외국인으로서 특별공로자나 우수인재가 신청할 수 있는 것은 특별귀화이다. 다른 귀화 방법보다는 좀 더 절차가 단순한 편이다.
② 일반귀화 : 5년 이상 계속하여 대한민국에 주소가 있을 경우 등의 요건이 필요하다.
③ 간이귀화 : 우리나라와 특별한 혈연·지연 관계에 있는 사람에게 국내거주기간 요건을 완화해 주는 방법이다.
④ 영주권 : 일정한 요건을 갖춘 외국인이 활동의 범위나 체류기간 등의 제한을 받지 않기 위해 신청하여 취득하는 것으로, 귀화와 달리 대한민국의 국적을 취득하는 것은 아니며 본인이 본래 국적을 유지한다.

**22** 사회권은 인간다운 생활을 보장받을 권리이다. 국가에 정당한 요구를 주장할 수 있는 권리는 청구권이다.

**23** 흥선대원군은 아들 고종을 대신하여 국정을 다스렸으며, 통상 수교를 거부하는 쇄국정책을 펼쳤다.
① 이순신 : 거북선을 만들어 해상에서 왜군과 여러 차례 맞서 싸웠으며, 한산도대첩, 명량 해전 등에서 큰 승리를 거뒀다.
② 세종대왕 : 한글을 창제하고 집현전 학자들과 반포하였다.
③ 정약용 : 조선 시대 실학자로 거중기를 만들어 화성을 축조하고, 목민심서 등 많은 실학 서적을 저술하였다.

**24** 백제는 한강 유역을 중심으로 경기 · 충청 · 전라도 지역에서 발전한 나라로 철기 문화와 농경 문화가 발달하였다. 4세기 후반 근초고왕 때 전성기를 맞이하여 중국, 일본까지 진출하여 활동을 넓혔다.

**25** ① 울산광역시 : 한국 제1의 공업도시로 경제성장을 주도하였다.
③ 부산광역시 : 한국 제2의 도시이자 제1의 무역항으로 매년 부산국제영화제가 개최된다.
④ 경기도 : 한국의 9개 도 중 가장 많은 인구가 살고 있고, 27개의 시와 4개의 군으로 이루어져 있다.

**26** 대도시에는 많은 사람이 모여 있어 교통은 막히고 주택은 부족하여 집값이 오르는 등 여러 가지 문제가 생기게 되었다. 이렇게 대도시에 집중된 기능을 분산시켜 문제를 해결하기 위해 대도시 주변에 위성 도시를 만들게 되었다.
② 행정도시 : 중앙 행정 기관과 그 소속 기관이 위치하여 행정 기능을 담당하는 자족적인 복합 도시
④ 신도시 : 대도시 주변에 계획적으로 건설된 주거 목적의 도시

**27** ① 헌법 : 최고법의 지위로 국가의 이념과 원리, 국가 기관의 조직과 운영 방법 등을 규정한 법률
② 형법 : 무엇이 범죄이고 그것에 어떠한 형벌을 내릴 것인지를 규정한 법률
④ 상법 : 경제 생활 관계 중 기업을 중심으로 전개되는 생활 관계를 규율하는 법률

**28** 환경보전의 의무는 헌법 제35조제1항에 있지만 4대 의무에는 속하지 않는다.
①, ② 국민의 4대 의무에 속한다.
④ 헌법 제23조제2항에 있으며, 재산권의 행사는 공공복리에 적합하도록 한다는 내용이다. 마찬가지로 4대 의무에는 속하지 않는다.

**29** 6 · 15 남북 공동 성명은 분단 이후 최초의 남북정상회담 개최 후 발표한 선언이다. 이후 개성공단 설치, 경의선 복원 사업 등이 진행되었다.

**30** 한국은 정보 통신 기술 관련 산업을 전 세계로 수출하고 있으며, 전체 수출에서 차지하는 비중이 높은 편이다.

**31** 1심 재판은 지방법원, 2심 재판은 고등법원, 3심 재판은 대법원에서 이루어진다.

**32** 대한민국의 선거는 대통령, 국회의원, 지방자치단체장 및 교육감, 광역의원, 기초의원 선거가 있다.

**33** 최저임금제는 근로자의 최소한의 생계 보호를 위해 노동부 장관이 매년 일정 수준의 최저임금을 정하고 기업들에게 해당 임금 이상을 지급하도록 법으로 강제하는 제도이다.
② 주휴수당 : 1주 동안 규정된 근무일수를 다 채운 근로자에게 유급 주휴일을 주는 것
③ 구직급여 : 고용보험에 가입한 근로자가 해고 등의 사유로 실직한 경우에 근로자의 생활안정과 구직활동 전념을 위하여 지급하는 급여
④ 취직촉진수당 : 구직급여를 지급받는 근로자의 재취직을 촉진하기 위하여 부가급여의 성격으로 지급하는 수당

**34** ① 예금 : 은행이 사람들에게 보관 및 운용을 위탁받은 자금
③ 보험 : 미래에 예측할 수 없는 재난이나 사고의 위험에 대비하고자 생긴 제도
④ 투자 : 이익을 얻을 목적으로 돈을 대거나 시간과 정성을 쏟는 것으로 불확실성이 수반됨

**35** 출생 사실을 호적에 기재하기 위해 관청에 알리는 일로 만약 신고 기간인 출생 후 1개월이 지나면 신고의무자에게 과태료가 부과된다.

**36** 강력범죄는 폭행이나 물리적 · 심리적 강제로서의 협박을 수단으로 하는 범죄이다. ④는 강력범죄가 아니라 경범죄에 해당한다.

---

**[작문형 예시 답안]**

한국의 지불 수단은 현금, 체크카드, 신용카드 등이 있습니다. 그중 현금을 가장 많이 이용하고 있습니다. 이전에는 신용카드를 자주 사용했으나 돈을 얼마 썼는지 계산하지 않고 낭비하는 습관이 생겨 곤란할 때가 있어 현금을 자주 사용합니다. 현금은 내가 얼마 썼는지가 바로 보이지만 매번 ATM을 통해 돈을 인출해야 하는 단점이 있습니다.

## [구술시험 예시 답안]

**01** 저출산이 지속되면 생산가능인구의 감소로 소비 여력이 감소하고, 고령층 증가로 인해 사회적 비용 부담 및 경제적 활력 저하가 발생합니다.

**02** 임금피크제는 근로자가 일정 연령에 도달한 시점부터 임금을 삭감하는 대신 고용을 보장하는 제도입니다.

**03** 베트남은 출산율 감소와 인구 고령화에 따른 사회 문제 해결을 위해 2자녀 이상 출산 가정에 대한 주택 구입 지원 및 교육비 지원, 소득세 인하 등 각종 지원책을 추진하고 있습니다.

**04** 저는 한국에서 처음 생일을 맞이했을 때가 가장 기억에 남습니다. 직장 동료들이 타국에서 고생한다고 저를 위해 파티를 준비해준 적이 있습니다. 가족들과 떨어져 처음 보내는 생일이었는데도 동료들 덕분에 외롭지 않은 행복한 시간이었습니다.

**05** 금융실명제는 금융기관 거래를 할 때 본인의 실제 명의로만 거래를 할 수 있도록 만든 제도입니다. 이 제도는 금융거래에 투명성과 국민 경제의 건전한 발전을 도모하는 데 의미가 있습니다.

# 실전모의고사 3회 정답 및 해설

PART 01

PART 02

PART 03

PART 04

PART 05

PART 06

PART 07

## [객관식 정답 및 해설]

| 1 | 2 | 3 | 4 | 5 | 6 | 7 | 8 | 9 | 10 | 11 | 12 | 13 | 14 | 15 | 16 | 17 | 18 | 19 | 20 |
|---|---|---|---|---|---|---|---|---|----|----|----|----|----|----|----|----|----|----|----|
| ① | ③ | ② | ④ | ④ | ③ | ① | ② | ③ | ④ | ③ | ③ | ② | ③ | ① | ④ | ① | ③ | ④ | ② |

| 21 | 22 | 23 | 24 | 25 | 26 | 27 | 28 | 29 | 30 | 31 | 32 | 33 | 34 | 35 | 36 |
|----|----|----|----|----|----|----|----|----|----|----|----|----|----|----|----|
| ① | ③ | ② | ④ | ④ | ② | ④ | ④ | ③ | ④ | ③ | ① | ② | ① | ④ | ③ |

**01** '나서'의 원형인 동사 '나다'는 '소리나 냄새 등이 밖으로 드러나다'라는 의미이다. '고기를 굽는 냄새가 나서 배가 고파졌다'고 쓰는 것이 가장 자연스럽다.

**02** '연장'은 '시간이나 거리 등을 본래보다 길게 늘림'이라는 의미이다. 책을 다 읽지 못했으므로 대출 기간을 본래의 기간보다 더 길게 늘려야 한다.
① 단축 : 시간이나 거리 등을 짧게 줄임
② 사칭 : 이름, 직업, 나이, 주소 등을 거짓으로 속여 이름
④ 대조 : 둘 이상인 대상의 내용을 맞대어 같고 다름을 검토함

**03** '어색하다'는 '잘 모르거나 별로 만나고 싶지 않았던 사람과 마주 대하여 자연스럽지 못하다'라는 의미이다. 모임에 처음 참석했던 것이므로 잘 모르는 사람과 마주 대하였을 것이며, 따라서 '어색해서'가 들어가야 한다.
① 무난하다 : 이렇다 할 단점이나 흠잡을 만한 것이 없다.
③ 낯익다 : 여러 번 보아서 눈에 익거나 친숙하다.
④ 분명하다 : 어떤 사실이 틀림이 없이 확실하다.

**04** 전시품의 훼손을 방지하기 위해 박물관에서는 사진 촬영을 할 수 없다는 의미의 문장이다. 따라서 '법이나 규칙, 명령 등으로 어떤 행위가 이루어지지 못하게 하다'라는 뜻의 '금지하다'가 들어가야 한다.
① 통과하다 : 제출된 의안이나 청원 등이 담당 기관이나 회의에서 승인되다.
② 오염되다 : 더럽게 물들다.
③ 분리하다 : 서로 나누어 떨어지게 하다.

**05** 형용사 '차갑다'가 뒤에 이어지는 명사 '물'을 꾸며주어야 하므로 관형사형 어미 '-ㄴ'이 결합한 '차가운'이 들어가야 한다. 이때 '차갑다'는 관형사형 어미와 결합할 때 어간 '차갑-'이 '차가우-'로 변형되는 ㅂ 불규칙 형용사이다.

**06** '-ㄹ게요'는 어떤 행동에 대한 약속이나 의지를 나타내는 말이다. 따라서 '알려드릴게요'가 들어가는 것이 가장 적절하다.

**07** '-ㄴ 채로'는 '이미 있는 상태 그대로 있다'라는 뜻이다. 앉은 상태 그대로 잠들어서 불편한 자세로 잠을 잤다는 의미이므로 '앉다'에 '-ㄴ 채로'가 결합한 '앉은 채로'가 들어가야 한다.
　② -ㄴ 김에 : 앞의 말이 어떤 일의 기회나 계기가 됨을 뜻하는 말
　③ -면서 : 두 가지 이상의 움직임이나 사태 등이 동시에 겸하여 있음을 나타내는 말
　④ -는 바람에 : 뒷말의 이유나 원인을 나타내는 말

**08** '-ㄹ래(요)'는 상대편의 의사를 묻는 데 쓰이는 종결 어미이다. 주말에 같이 자전거를 탈 것인지 상대방에게 묻고 있으므로 '탈래요?'가 들어가야 한다.

**09** '-ㄹ 걸 그랬다'는 지난 행동을 후회하면서 하지 않은 일을 가정할 때 사용하는 말이다. 과자를 더 많이 사 오지 않은 것을 후회하면서 더 많이 사 오는 것을 가정하고 있다.
　① -(으)라고 하다 : 다른 사람에게 명령한 내용을 상대방에게 알려줄 때 사용하는 말
　② -기는 틀렸다 : 바라거나 하려는 일이 순조롭게 되지 못함을 나타내는 말
　④ -ㄹ 만하다 : 앞말이 뜻하는 행동을 할 타당한 이유가 있음을 나타내는 말

**10** '-ㄹ 수밖에 없다'는 앞말이 의미하는 것 말고는 다른 방법이나 가능성이 없음을 나타내는 말이다. 그의 옷차림 때문에 모든 사람이 그를 보지 않을 수 없었다는 의미이므로 '볼 수밖에 없었다'가 들어가야 한다.
　① -는 둥 마는 둥 하다 : 무슨 일을 하는 듯도 하고 하지 않는 듯도 함을 나타내는 말
　② -ㄴ지(도) 모르다 : 어떤 일이 일어날 것을 추측할 때 사용하는 말
　③ -ㄹ 리가 없다 : 앞말의 행동 등이 일어나는 이유나 이치 등이 없음을 나타내는 말

**11** '-는 바람에'는 뒷말의 이유나 원인을 나타내는 말이다. 약속 시간에 늦게 도착하게 된 이유가 '차가 막혀서'이므로 '차가 막히는 바람에'와 같이 써야 한다.
　① -지만 : 어떤 사실이나 내용을 시인하면서 그에 반대되는 내용을 말하거나 조건을 붙여 말할 때 사용하는 말
　② -어도 : 가정이나 양보의 뜻을 나타내는 말
　④ -자마자 : 앞말의 동작이 이루어지자 잇따라 곧 뒷말의 사건이나 동작이 일어남을 나타내는 말

**12** '-(어)지다'는 앞말이 뜻하는 상태가 됨을 나타내는 말이고, '-더니'는 과거의 사태 혹은 행동에 뒤이어 일어난 상황을 이어 주는 연결 어미로 앞말의 내용이 뒷말의 원인이 되는 형태로 사용한다. 좋아하는 음식을 먹어 행복한 상태가 되었다는 의미이므로 '좋아하는 음식을 마음껏 먹었더니 행복해졌다'와 같이 써야 한다.
　①, ② -는데 : 뒷말에서 어떤 일을 설명하거나 묻거나 시키거나 제안하기 위해 그 대상과 상관되는 상황을 미리 말할 때 쓰는 연결 어미
　④ -으려던 참이다 : 어떤 행동을 할 생각이나 의향을 나타내는 말

**13** 하이힐 등 불편한 신발을 오래 신음으로써 나타나는 발 부위의 통증에 대한 이야기이다. 첫 번째 문단에서 이러한 통증의 원인이 '불편한 신발을 오래 신는 것'이라고 이야기하였고, 두 번째 문단에서는 '통증의 원인'을 없애는 것이 가장 중요하다고 이야기하였다. 따라서 빈칸에는 '불편한 신발을 신지 않는 것'에 해당하는 내용이 들어가는 것이 가장 적절하다.
① 하이힐 열풍과는 관련이 없는 내용의 글이다.
③ 통증의 원인으로 자세를 이야기하지는 않았으므로 적절하지 않다.
④ 앞서 '통증의 원인을 없애는 것'이 가장 중요하다고 말했으므로 약물 치료에 대한 이야기가 이어지는 것은 적절하지 않다.

**14** 다른 사람을 돕고 싶은 마음은 있지만, 그러한 행동이 다른 사람에게 알려지는 것은 좋아하지 않는 성격에 대해 이야기하고 있다. 즉, 칭찬이나 뉴스 보도 등으로 다른 사람 앞에 나서게 되는 것은 부끄러워하는 것이다.
① 다른 사람을 돕고자 하는 마음이 있고, 실제로 도와준 사례에 대해 이야기하고 있으므로 적절하지 않다.
② 남을 돕는 일을 다른 사람에게도 권하고 있다고 볼 근거는 글에 나타나 있지 않다.
④ 다른 사람이 시켜서 남을 도운 것이 아니라 스스로 남을 도왔으므로 주도적인 행동이라고 할 수 있다.

**15** 제시된 글은 여름철 식중독의 위험성과 그 주 원인인 살모넬라균에 대해 설명하고, 이러한 살모넬라균에 감염되는 것을 예방하기 위한 방법을 소개하고 있다. 이러한 내용을 모두 아우르는 제목은 '여름철 식중독의 원인과 예방법'이다.
② 식중독의 합병증으로 '비브리오 폐혈증'에 대해 소개하고 있으나 그 외의 합병증에 대해서는 이야기하고 있지 않으며, 주요 내용으로 보기도 어렵다.
③ 장마철 발생하기 쉬운 식중독에 대해 이야기하고 있으며, 침수 피해에 대해서는 이야기하고 있지 않다.
④ 살모넬라균 감염 방지를 위해 음식을 충분히 익혀 먹어야 한다고 했을 뿐, 건강한 조리법을 소개하고 있지는 않다.

**16** ㉠에는 살모넬라균 감염을 막기 위한 '위생 관리 방법'이 들어가야 한다. ④는 살모넬라균 감염을 막기 위한 방법 중 하나이지만, '위생 관리 방법'으로 볼 수는 없으므로 적절하지 않다.

**17** 태극기의 흰색 바탕은 밝음과 순수, 평화를 의미한다. 그리고 가운데 태극 문양은 음(파랑)과 양(빨강)의 조화를 상징한다.

**18** 주로 조부모와 부모, 자녀가 함께 모여 사는 대가족의 형태였다.
① 주로 장남이 부모님을 모시고 살았으며, 때에 따라 여러 자녀가 함께 부모님을 모시고 살기도 했다.
② 자녀는 3~5명 정도로 많이 낳았다.
④ 보통 결혼을 한 후에 분가하였고, 결혼 후 남편 측 부모님을 모시고 사는 경우도 많았다.

19 산업재해보상보험의 수급권자인 '근로자'는 사업이나 사업장에 근로를 제공하는 사람을 말하며, 이때 '근로'란 정신노동과 육체노동을 모두 포함하여 말한다.
① 고용보험료는 사업주와 근로자가 반반씩 부담한다.
② 원칙적으로 근로자를 고용하는 모든 사업장에 적용된다.
③ 업무상의 사유로 부상을 입은 경우 요양급여를 그 근로자에게 지급한다.

20 ① 차량 2부제 : 차량 번호 끝자리가 홀수인 차량은 홀수 일에만, 짝수인 차량은 짝수 일에만 자동차를 운행할 수 있게 하는 제도
③ 주5일제 : 1주일에 8시간씩 5일을 근무할 수 있도록 한 제도
④ 학점은행제 : 학교에서뿐만 아니라 학교 밖에서 이루어지는 다양한 형태의 학습과 자격을 학점으로 인정하고, 학점이 누적되어 일정 기준을 충족하면 학위취득을 가능하게 한 제도

21 ② 웃어른 앞에서 담배를 피워서는 안 된다.
③ 자리에 앉을 때는 웃어른이 먼저 앉을 때까지 기다린 후에 앉는다.
④ 물건을 드릴 때나 받을 때 모두 두 손으로 한다.

22 ① 단독주택에 대한 설명이다.
② 아파트에 대한 설명이다.
④ 다가구주택에 대한 설명이다.

23 대한민국은 3.1운동으로 건립된 대한민국임시정부의 법통을 잇고 있다.

24 '국무총리'는 대통령을 보좌하며, 행정에 관하여 대통령의 명을 받아 행정각부를 지휘한다.

25 한국은 전통적인 농경사회로서 농업이 가장 먼저 발달하였고, 이후 경공업(1960년대) → 중화학공업(1970~1980년대) → 첨단산업(2000년대 이후)의 순으로 산업이 발달하였다.

26 한국은행은 한국의 중앙은행으로서 화폐의 발행과 국고 관리, 외국환 관리 등의 업무를 진행한다. 또한 시중은행을 대상으로 예금을 받거나 대출해 준다. 일반 시민을 상대로 예금을 받거나 대출해 주는 것은 시중은행의 업무이다.

27 보건소는 전국의 각 구·시·군에 설치되어 국가 보건행정의 합리적인 운영과 국민 보건의 향상을 도모하는 의료기관이다.
① 종합병원 : 100개 이상의 병상과 7개 또는 9개 이상의 진료과목, 각 진료과목에 전속하는 전문의를 갖춘 병원
② 대학병원 : 의과·치과 대학생의 학습·실습을 목적으로 대학에 부속 설립된 병원
③ 의원 : 통상 병상의 수가 30개 미만인 병원

**28** 장기체류자격은 유학, 연수, 투자, 주재, 결혼 등의 목적으로 대한민국에 90일을 초과하여 법무부령으로 정하는 체류기간의 상한 범위에서 거주할 수 있는 체류자격이다.
　① 관광을 목적으로 대한민국에 온 단기체류자격 외국인은 90일 이하의 기간 동안 체류할 수 있다.
　③ 외국인등록은 관할 출입국관리사무소를 방문하여 해야 한다.
　④ 한국에 5년 이상 체류한 사람에게 영주권 신청 자격이 주어진다.

**29** 외국인이 일반귀화허가를 받기 위해서는 나이가 대한민국의 민법상 성년이어야 한다. 대한민국의 민법에서는 성년을 만 19세가 된 사람으로 규정하고 있다.

**30** '대법원'은 대한민국의 사법부에 해당하는 기관이다. 국회는 입법부에 해당하며, 국무총리실과 법무부는 정부 부처로서 행정부에 해당한다.

**31** '신라'는 기원전 57년부터 서기 935년까지 존속했던 고대 국가로 7세기 중엽 당과 동맹을 맺어 백제와 고구려를 멸망시키고 한반도를 통일하였다.

**32** '장보고'는 젊은 시절 당의 군대 중간관리직에 있다가 신라로 귀국한 후 청해진을 건설, 서남해안의 해적을 평정하고 당나라와 일본을 상대로 국제무역을 주도했던 장수이다.

**33** '발해'는 고구려 멸망 후 30년 뒤인 698년에 대조영에 의해 건국된 국가로, 통일 신라와 함께 남북국을 이루었다.

**34** '영동'은 대관령을 영마루로 삼고 그 동쪽의 해안 사면을 가리키는 이름으로 강릉, 동해, 속초, 고성, 양양, 영주, 명주, 삼척 등이 이에 해당한다. 참고로 춘천과 원주를 중심으로 태백산맥 서쪽에 펼쳐진 강원도는 이와 반대로 '영서'라고 부른다.

**35** 저출산 문제를 해결하기 위한 국가 및 지방자치단체의 노력으로 출산 장려금 지원이 있으며, 이는 도시와 농촌 구분 없이 행해지고 있는 정책이다.

**36** '부산'은 대한민국의 동남단에 위치한 광역시로 대한민국의 제2도시로 불린다. 대표적인 관광지로는 광안대교, 태종대, 해운대 해수욕장, 감천문화마을, 오륙도, 해동용궁사 등이 있으며 다양한 문화 · 오락시설이 있어 국내 최고의 관광지 가운데 하나로 꼽힌다.

태국의 대표적인 음식은 팟타이입니다. 쌀국수, 해산물, 채소 등을 소스와 함께 볶아 먹는 볶음 국수입니다. 태국 음식은 다양한 향신료를 많이 사용해 독특한 향이 있다는 점이 한국 음식과 다른 점입니다. 한국 사람에게 쏨땀을 소개하고 싶습니다. 쏨땀은 파파야를 채 썰어 매콤새콤하게 만드는 음식으로 한여름의 더위를 잊게 해 주는 음식입니다.

01  KC마크는 5개 부처에서 각각 부여하던 13개 법정인증마크를 통합하여 단일화한 국가통합 인증마크입니다.

02  KC마크는 공산품, 어린이 보호포장, 승강기부품, 전기용품, 방송통신기기, 정수기, 소방용품 등에 사용되고 있습니다.

03  베트남에는 국가기술 규정에 의거해 기업의 품질 향상 및 소비자 안전 확보를 위해 CR마크를 사용하고 있습니다. 전기전자, 석유, 완구, 안전장치, 건축자재 등에 사용되고 있습니다.

04  SNS는 서로 자주 만나기 어려운 친구들의 소식을 쉽게 알 수 있게 해 주어 사람 간 좀 더 친밀하게 해 줍니다. 다만 불법적인 광고나 성매매 등의 수단으로 사용되기도 하기 때문에 조심해야 합니다.

05  농촌으로 와서 농사를 짓거나 사업을 하려고 하는 젊은 사람들에게 재정적인 지원이나 행정적인 도움을 주면, 젊은 사람들이 농촌으로 이주하도록 만드는 데 도움이 될 거라고 생각합니다.

PART

07

# 면접심사

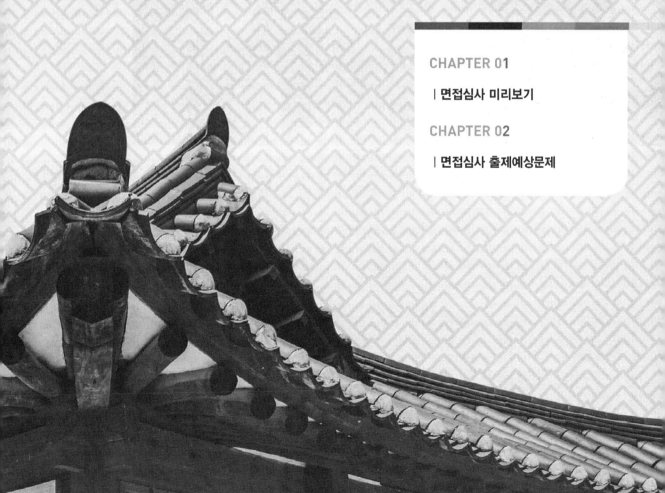

# N서울타워

수도 서울의 중심이자 상징적인 랜드마크로서의 역할을 담당한다. 남산의 자연과 첨단 기술이 조화를 이루며 휴식공간이자 문화복합공간으로 이용되고 있다.

귀화시험
**사회통합프로그램 종합평가 한권완성**

# CHAPTER 01

# 면접심사 미리보기

## 1. 면접심사 안내

### 1) 면접심사란

① 면접심사에서는 국어 능력 및 대한민국 국민으로서의 자세와 자유민주적 기본질서에 대한 신념 등 대한민국 국민으로서 갖추어야 할 기본요건을 심사한다(국적법 시행규칙 제4조 4항).

② 면접심사 기준에 미달할 경우 시험에 합격할 수 없다.

### 2) 면접심사 개요

※ 다음은 2021년 6월 기준이며, 정확한 사항은 법무부 국적과에 문의하시기 바랍니다.

① 목적 : 대한민국 국민으로서 기본소양 요건 심사

② 대상 : 면접 면제대상자를 제외한 모든 귀화허가 신청자

> ※ 면접 면제대상자
> - 국적을 회복한 사람의 배우자로서 만 60세 이상인 사람
> - 귀화허가 신청 당시 만 15세 미만인 사람
> - 사회통합프로그램 5단계 수료 후 종합평가 합격자
> - 독립유공자의 후손
> - 독립유공자 · 국가유공자의 직계존비속의 배우자로서 만 60세 이상인 사람
> - 국적판정을 받은 사할린동포의 배우자로서 만 60세 이상인 사람
>   ※ 단, 국적판정을 받은 후 혼인한 배우자는 제외
> - 국적판정을 받은 사할린동포의 자녀로서 간이귀화 또는 특별귀화허가 신청한 만 60세 이상자

③ 면접관(2인 1조) : 귀화 민간면접관 위촉 및 처우에 관한 규정에 따라 위촉된 면접관 2명이 1조로 면접심사 실시

④ 귀화허가신청자에게 면접심사 응시기회는 총 2회가 주어지며, 2회 모두 불합격(불참)하는 경우 귀화허가 신청 불허

## 2. 면접심사 평가 구성

※ 공개되는 면접심사 본보기 문제는 질문의 수준과 범위를 제시할 뿐 실제 시험에서는 다른 문제가 출제될 수도 있습니다.

### 1) 한국어 능력

한국어로 대화하고, 의미를 이해할 수 있는 능력

### 2) 대한민국 국민의 자세

① 국경일의 종류와 제정 의의 – 대한민국에는 많은 국경일이 있습니다. ○○절(날)은 언제이고, 그 날을 기념하는 이유는 무엇인가요?

② 권리와 의무 – 대한민국 국민의 기본적 권리와 의무는 무엇인가요?

### 3) 자유민주적 기본질서에의 신념

① 민주주의의 의미 – 대한민국은 민주주의 국가입니다. 대한민국의 주권은 누구에게 있습니까?

② 국가기관의 종류와 역할 – 범죄를 예방 · 진압하고 치안을 유지하는 국가기관은 어디입니까?

### 4) 국민으로서의 기본소양

① 대한민국의 역사 – 일제강점기에 우리나라 독립을 위해 희생한 독립운동가(애국지사) ○○○에 대해 말해보세요.

② 생활 상식 – ○○가 아플 때는 어느 병원에 가야 하나요?

### 5) 애국가 가창 여부

애국가 1절을 부를 줄 알아야 함

### 6) 예의 및 태도

단정한 복장 및 자세, 성실하고 진지한 태도

## 3. 면접심사 합격 Tip

### 1) 애국가는 반드시 부를 줄 알아야 한다.

애국가는 가사만 외워서는 안 되고, 실제 부를 줄 알아야 한다. 1절은 기본으로 알고 있어야 하며 2절~4절을 불러야 하는 경우도 있다. 그러므로 애국가는 반드시 알아두자.

### 2) 지역 사회에 관심을 갖자.

만약 귀화시험 준비자가 수원에 살고 있다면 부산에 있는 산, 광주에 있는 산까지 반드시 알 필요는 없다. 하지만 부산에 살고 있다면 '금정산' 정도는 알고 있어야 한다. 같은 원리로 광주에 살고 있다면 '무등산' 정도는 알아야 한다. 각 지역 연고 스포츠 팀이라든지, 특산물 등은 출제 가능성이 높으니 반드시 정리해 두도록 하자.

### 3) 가족을 표현하자.

내 가족의 이름, 사는 곳, 직업 등을 물어볼 수 있다. 가장 잘 알고 있는 내용이지만 이 또한 말하는 연습을 하지 않는다면 자칫 당황할 수 있다. 그러므로 내 가족을 '제 남편은 ○○○입니다'와 같이 표현하는 연습을 충분히 해 두자.

### 4) 자만은 금물이다.

한국에서 오래 살았다고 해서 한국에 대해 잘 안다고 생각하면 오산이다. 귀화시험도 하나의 시험이니만큼 준비하지 않고 응시했다간 탈락의 고배를 마실 수 있다. 한국어는 기본으로 알고 있어야 하며 더불어 문화, 역사, 시사 등에 관심을 갖고 있어야 한다. 마지막으로 모의고사 등을 풀어봄으로써 실전 감각을 길러야 한다.

PART 01

PART 02

PART 03

PART 04

PART 05

PART 06

PART 07

# 면접심사 출제예상문제

## 1. 국어능력

[문] 서약서를 읽어보세요.

'나는 대한민국에 귀화함에 있어 대한민국에 충성을 다하고 대한민국의 헌법과 법률이 정한 내용을 준수하며 자유민주적 기본질서를 수호하고 평화통일을 지향하며 대한민국 국민으로서의 의무와 책임을 다할 것을 엄숙히 서약합니다.'

[답] (천천히 또박또박 읽는다)

[문] 서약서의 내용을 이해했나요?

[답] 네, 대한민국 국민으로서 지켜야 할 의무와 책임을 잘 지키겠다는 내용입니다.

[문] 자신의 이름을 한글로 써보세요.

[답] (자신의 이름을 쓴다)

[문] 남편(혹은 아내)의 이름을 써보세요.

[답] (또박또박 정확하게 이름을 쓴다)

[문] '훈민정음'이란 무엇입니까?

[답] 훈민정음은 세종대왕이 창제한 한글을 말합니다. 백성을 가르치는 바른 소리라는 뜻을 가지고 있습니다.

[문] 형과 아우와 같은 남자만의 관계를 '형제'라고 합니다. 그렇다면 오빠와 누이 같은 혼성 관계를 무엇이라고 합니까?

[답] '남매'입니다.

**[문]** 남편의 아버지, 어머니를 뭐라고 부릅니까?

**[답]** 시아버지, 시어머니라고 부릅니다.


**[문]** '양보'라는 단어의 뜻을 알고 계십니까?

**[답]** 네, 자리나 물건 등을 다른 사람에게 주거나 배려하는 것을 말합니다.


**[문]** '평등'이란 무엇을 말합니까?

**[답]** 사람들에게 주어지는 자격이나 권리 같은 것들이 차별 없이 같은 것을 말합니다.


**[문]** 저출산과 고령화의 뜻을 알고 있습니까?

**[답]** 저출산은 출산율이 낮아지는 것, 고령화는 전체 인구에서 노인 인구가 많아지는 현상을 말합니다.


**[문]** 연고란 무엇입니까?

**[답]** 서로의 공통점을 연결고리로 맺어지는 관계를 말합니다.


## 2. 대한민국 국민으로서의 자세

**[문]** 국기에 대한 맹세를 말해 보세요.

**[답]** 나는 자랑스러운 태극기 앞에 자유롭고 정의로운 대한민국의 무궁한 영광을 위하여 충성을 다할 것을 굳게 다짐합니다.


**[문]** 읽은 것의 내용을 이해하고 있습니까?

**[답]** 네, 태극기에 충성을 다짐한다는 내용입니다.


**[문]** 대한민국의 국기는 무엇입니까?

**[답]** 태극기입니다.


**[문]** 우리나라의 국화는 무엇입니까?

**[답]** 무궁화입니다.

**[문]** 대한민국 국민으로서의 4가지 의무는 무엇입니까?

**[답]** 납세의 의무, 국방의 의무, 근로의 의무, 교육의 의무입니다.

**[문]** 세금은 어디에 사용합니까?

**[답]** 국방, 공공시설 확충과 운영 등 나라 운영에 사용합니다.

**[문]** 우리나라의 남성이 국방의 의무를 다하기 위해 의무적으로 가야 하는 곳은 어디입니까?

**[답]** 군대입니다.

**[문]** 한국의 4대 보험은 무엇입니까?

**[답]** 건강보험, 고용보험, 국민연금, 산업재해보상보험입니다.

**[문]** 자녀를 의무적으로 학교에 보내야 하는 기간은 언제까지입니까?

**[답]** 초등학교 6년, 중학교 3년입니다.

**[문]** 제헌절은 언제입니까?

**[답]** 7월 17일입니다.

**[문]** 광복절은 무슨 날입니까?

**[답]** 대한민국이 일제로부터 해방된 날입니다.

**[문]** 단군의 개국을 기념하는 날은 언제입니까?

**[답]** 10월 3일 개천절입니다.

**[문]** 국경일에는 무엇을 해야 합니까?

**[답]** 태극기를 게양해야 합니다.

**[문]** 현충일에는 태극기를 어떻게 답니까?

**[답]** 조기를 게양해야 합니다.

[문] 일본과 영유권 분쟁이 일어나는 섬의 이름은 무엇입니까?

[답] 독도입니다.


[문] 6 · 25는 어느 쪽이 먼저 침략한 전쟁입니까?

[답] 북한이 남침한 전쟁입니다.


[문] 신분을 증명하는 카드 형태의 증서를 무엇이라고 합니까?

[답] 주민등록증입니다.


[문] 독도에 대해 알고 있습니까? 어디에 있습니까?

[답] 독도는 대한민국에서 동쪽 가장 끝에 있는 섬이고, 대한민국의 영토입니다.


## 3. 자유민주적 기본질서에 대한 신념

[문] 민주주의란 무엇입니까?

[답] 국민이 주인인 정치체제를 말합니다.


[문] 자유민주주의를 부정하는 행동을 해도 됩니까?

[답] 아니오. 안 됩니다.


[문] 자유에는 책임이 따른다고 생각하십니까?

[답] 네, 책임 없이 무작정 자기 마음대로 해서는 안 됩니다.


[문] 돈이 많은 사람은 투표권을 세 장 갖고 있어도 될까요?

[답] 안 됩니다. 1인 1표가 주어져야 합니다.


[문] 선거일에 투표를 하지 않고 여행을 다니는 것에 대해 어떻게 생각하십니까?

[답] 선거는 국민의 주권을 행사하는 것이므로 투표를 해야 합니다. 투표를 하지 않고 여행을 다니는 것은 올바르지 않은 행동입니다.

PART 01
PART 02
PART 03
PART 04
PART 05
PART 06
PART 07

[문] 한국에서는 몇 살부터 투표권을 갖습니까?

[답] 만 18세부터 투표권이 주어집니다.


[문] 북한의 독재와 남한의 민주주의 중 어느 쪽이 옳다고 생각하십니까?

[답] 남한의 민주주의입니다.


[문] 북한이 무력으로 침공한다면 어떻게 하시겠습니까?

[답] 함께 힘을 합쳐 싸우겠습니다. 자유민주주의를 수호하고 국방의 의무를 다하겠습니다.


[문] 북한의 정치를 찬양하십니까?

[답] 아니오, 저는 대한민국의 민주주의를 따릅니다.


[문] 통일은 어떻게 이루어져야 합니까?

[답] 통일은 평화적으로 이루어져야 합니다.


[문] 대통령은 국민 위에서 국민을 지배하는 사람입니까?

[답] 아니오, 대통령은 국민의 권력을 위임받아 나라를 다스리는 사람입니다.


[문] 대한민국의 20대 대통령은 누구입니까?

[답] 윤석열 대통령입니다.


[문] 법을 만드는 곳은 어디입니까?

[답] 국회입니다.


[문] 법원에서 재판하고 판결을 내리는 사람은 누구입니까?

[답] 판사입니다.


[문] 대통령과 국회의원의 임기는 몇 년입니까?

[답] 대통령은 5년, 국회의원은 4년입니다.

**[문]** 북한과 남한의 회담이 이루어지는 장소는 어디입니까?

**[답]** 판문점입니다.

## 4. 국민으로서 갖추어야 할 기본소양

### 〈사회〉

**[문]** 대한민국의 수도는 어디입니까?

**[답]** 서울입니다.

**[문]** 서울의 옛 이름은 무엇입니까?

**[답]** 한양, 경성이라고 불렀습니다.

**[문]** 한국의 화폐 단위는 무엇입니까?

**[답]** 원입니다.

**[문]** 한국의 주요 수출품은 무엇입니까?

**[답]** 반도체, 자동차, 선박, 휴대전화 등이 있습니다.

**[문]** 한국의 1인당 국민총소득은 얼마입니까?

**[답]** (2022년 기준) 1인당 약 3만 2천 달러 이상입니다.

**[문]** 수도권이란 무엇을 말합니까?

**[답]** 수도권은 한국의 수도인 서울과 그 주변 지역을 말합니다.

**[문]** 한국의 특별시는 어디입니까?

**[답]** 특별시는 서울시입니다. 세종은 특별자치시, 제주와 강원은 특별자치도입니다.

**[문]** 한국의 광역시는 몇 개이고 어디입니까?

**[답]** 6개입니다. 인천, 부산, 대구, 대전, 광주, 울산입니다.

PART 01
PART 02
PART 03
PART 04
PART 05
PART 06
PART 07

**[문]** 우리나라 동쪽에 있는 바다의 명칭은 무엇입니까?

**[답]** 동해입니다.

**[문]** 우리나라에서 갯벌이 많은 해안은 어디입니까?

**[답]** 서해안과 남해안입니다.

**[문]** 우리나라의 제일 큰 섬은 어디입니까?

**[답]** 제주도입니다.

**[문]** 이 지역 특산물은 무엇입니까?

**[답]** (지역 특산물을 알아둔다. 예 울릉도는 오징어가 유명합니다.)

**[문]** 지금은 무슨 계절입니까?

**[답]** (봄, 여름, 가을, 겨울 중 지금의 계절을 말한다)

**[문]** 우리나라에서 가장 빠른 기차는 무엇입니까?

**[답]** KTX와 SRT입니다.

**[문]** 지하철이 있는 도시는 어디입니까?

**[답]** 서울과 수도권, 인천, 부산, 대구, 대전, 광주입니다.

**[문]** 우리나라에서 가장 긴 고속도로는 무엇입니까?

**[답]** 경부고속도로입니다.

**[문]** 대한민국의 방송사는 무엇이 있습니까?

**[답]** 공영방송사인 KBS를 비롯하여, MBC, SBS, EBS 등이 있습니다.

**[문]** 우리나라의 교육과정 순서를 말해보세요.

**[답]** 초등학교 – 중학교 – 고등학교입니다.

[문] 오만 원권 지폐에 그려진 인물은 누구입니까?

[답] 신사임당입니다.

[문] 100원짜리 동전에 그려져 있는 인물은 누구입니까?

[답] 이순신 장군입니다.

[문] 서울올림픽이 개최된 연도는 언제입니까?

[답] 1988년입니다.

[문] 2018년 동계올림픽 개최지는 어디였습니까?

[답] 평창입니다.

[문] 한국에서 최초로 노벨 평화상을 수상한 사람은 누구입니까?

[답] 김대중 전 대통령입니다.

## 〈역사〉

[문] 우리나라 최초의 국가는 무엇이며, 누가 건국하였습니까?

[답] 단군왕검이 고조선을 세웠습니다.

[문] 요동과 만주지역까지 진출하여 우리나라 최대의 영토를 차지했던 인물은 누구입니까?

[답] 광개토대왕입니다.

[문] 발해를 세운 사람은 누구입니까?

[답] 대조영입니다.

[문] 고려를 세운 사람은 누구입니까?

[답] 태조 왕건입니다.

PART 01
PART 02
PART 03
PART 04
PART 05
PART 06
PART 07

**[문]** 고려를 대표하는 예술품은 무엇입니까?

**[답]** 고려청자입니다.


**[문]** 부처님의 힘으로 몽골의 침입을 막기 위해 만든 것은 무엇입니까?

**[답]** 팔만대장경입니다.


**[문]** 한글을 창제한 사람은 누구입니까?

**[답]** 세종대왕입니다.


**[문]** 측우기와 해시계, 물시계 등을 만든 사람은 누구입니까?

**[답]** 장영실입니다.


**[문]** 임진왜란 때 거북선을 만들고, 전쟁에서 큰 승리를 거둔 사람은 누구입니까?

**[답]** 이순신 장군입니다.


**[문]** 조선시대에 만들어진 의학서적 〈동의보감〉은 누가 만들었습니까?

**[답]** 허준입니다.


**[문]** 일제강점기의 독립운동가에는 어떤 이들이 있습니까?

**[답]** 김구, 안중근, 유관순, 윤봉길을 비롯하여 많은 사람이 있습니다.


**[문]** 일제로부터 해방되어 독립한 날은 언제입니까?

**[답]** 1945년 8월 15일입니다.


**[문]** 6 · 25전쟁이 일어난 해는 몇 년도입니까?

**[답]** 1950년입니다.


**[문]** 5 · 18민주화운동이 무엇인지 간단히 설명해 보세요.

**[답]** 1980년에 광주 지역에서 신군부 세력에 맞서 민주주의를 쟁취하기 위해 학생들과 시민들이 나선 운동입니다.

### 〈문화〉

[문] 음력 1월 1일은 무슨 날입니까?

[답] 설날입니다.


[문] 설날에 어른께 큰절을 올리는 것을 무엇이라고 합니까?

[답] 세배입니다.


[문] 설날과 추석에 먹는 음식은 무엇입니까?

[답] 설날에는 떡국, 추석에는 송편을 먹습니다.


[문] 동지는 무슨 날이고, 무슨 음식을 먹습니까?

[답] 동지는 일 년 중 밤이 가장 긴 날입니다. 이날 동지 팥죽을 먹습니다.


[문] '환갑'은 무엇입니까?

[답] 61세가 되는 생일을 말합니다.


[문] 태어나서 맞이하는 첫 번째 생일을 무엇이라고 합니까?

[답] 돌이라고 합니다.


[문] '더도 말고 덜도 말고 한가위만 같아라'라는 말은 왜 생겼습니까?

[답] 한가위가 일 년 중 가장 풍요로운 시기이므로 이런 말이 생겼습니다.


[문] 우리나라 고유의 옷을 무엇이라고 합니까?

[답] 한복입니다.


[문] 나무 막대 4개를 던져서 나온 수만큼 말을 움직이는 전통놀이는 무엇입니까?

[답] 윷놀이입니다.


[문] 생일에 먹는 음식은 무엇입니까?

[답] 미역국입니다.

PART 01
PART 02
PART 03
PART 04
PART 05
PART 06
PART 07

**[문]** 한식에서 국물이 많은 음식은 어떤 종류가 있습니까?

**[답]** 찌개, 국, 탕, 전골 등이 있습니다.


**[문]** 시험을 보기 전 합격의 의미에서 선물하는 음식을 알고 있습니까?

**[답]** 찹쌀떡과 엿을 선물합니다.


**[문]** 겨울 동안 먹을 김치를 한꺼번에 많이 담그는 것을 무엇이라고 합니까?

**[답]** 김장이라고 합니다.


**[문]** 국보 1호와 보물 1호는 무엇입니까?

**[답]** 국보 1호는 숭례문, 보물 1호는 흥인지문입니다.


**[문]** 국가무형문화재 1호는 무엇입니까?

**[답]** 종묘제례악입니다.


**[문]** 서울 5대 고궁은 무엇입니까?

**[답]** 경복궁, 창덕궁, 창경궁, 덕수궁, 경희궁입니다.


## 〈생활 상식〉

**[문]** 혼인신고는 어디에서 합니까?

**[답]** 구청에서 합니다.


**[문]** 아이의 출생신고는 어디에서 합니까?

**[답]** 주민자치센터에서 합니다.


**[문]** 통장을 만들거나 돈을 저금하고, 빌리는 곳은 어디입니까?

**[답]** 은행입니다.

**[문]** 몸이 아프면 어디에 가야 합니까?

**[답]** 병원이나 보건소에 갑니다.


**[문]** 범죄를 예방하고 치안을 담당하는 기관은 어디입니까?

**[답]** 경찰서입니다.


**[문]** 편지나 소포를 보낼 때는 어디에 갑니까?

**[답]** 우체국에 갑니다.


**[문]** 옆집에 불이 나면 어떻게 해야 합니까?

**[답]** 소방서(119)에 화재 신고를 하고, 사람들이 대피할 수 있도록 도와주어야 합니다.


**[문]** 신호등이 무슨 색일 때 길을 건넙니까?

**[답]** 초록색일 때 건넙니다.


**[문]** 길에서 지갑을 주웠습니다. 어떻게 해야 합니까?

**[답]** 주인이 찾을 수 있도록 경찰서에 가져다 줍니다.


**[문]** 장례식장에 갈 때 예절은 무엇입니까?

**[답]** 검정색 옷을 입고 조의금을 준비합니다.


**[문]** 노약자석은 무엇입니까?

**[답]** 노인, 장애인, 아이, 임산부처럼 몸이 불편하거나 약한 사람들이 앉는 자리입니다.


**[문]** 임산부에게 자리를 양보하는 이유는 무엇입니까?

**[답]** 임산부는 임신 상태로 몸이 무겁고 이동에 불편을 느끼기 때문입니다.


**[문]** 일반쓰레기는 어떻게 버려야 합니까?

**[답]** 쓰레기 종량제 봉투에 담아 지정된 장소에 버려야 합니다.

PART 01
PART 02
PART 03
PART 04
PART 05
PART 06
PART 07

## 5. 애국가 가창 여부

[문] 애국가 1절을 불러보세요.

[답] 동해물과 백두산이 마르고 닳도록, 하느님이 보우하사 우리나라 만세

(후렴) 무궁화 삼천리 화려강산 대한 사람 대한으로 길이 보전하세

[문] 애국가 2절의 가사를 알고 있습니까? 불러보세요.

[답] 네, '남산 위에 저 소나무 철갑을 두른 듯 바람 서리 불변함은 우리 기상일세'입니다.

[문] 애국가를 작곡한 사람은 누구입니까?

[답] 안익태입니다.

## 6. 예의 및 태도

복장과 자세는 단정히 하고, 질문에는 존댓말로 답한다.

# 부록
## 귀화허가 서류

# 귀화허가 서류

## 귀화허가 신청서

| 국적법 근거규정 (상세) | | |
|---|---|---|
| 조 | 항 | 호 |

※ 어두운 난은 적지 마시고 [ ]에는 해당되는 곳에 √ 표시를 합니다.

(11쪽 중 제1쪽)

| 접수번호 | 접수일 | 접수자 | 처리기간 | 종합평가 □ 대상 □ 면제<br>실태조사 □ 대상 □ 면제 | 면접심사 □ 대상 □ 면제<br>수수료 □ 대상 □ 면제 |
|---|---|---|---|---|---|

☞ 작성방법 및 유의사항(제7쪽 ~ 제9쪽)을 읽고 작성하기 바랍니다.

| 신청인<br><br>인적사항 | 현재 국적① ② | | 출생지(국가 및 도시명) | 사 진<br>3.5cm×4.5cm<br>(모자 벗은 상반신으로 뒤 그림 없이 6개월 이내 촬영한 것) |
|---|---|---|---|---|
| | 성명(한글) | | 성별<br>남[ ]여[ ] | |
| | 성명(영문) | | 외국인등록번호 | |
| | 전화번호 (휴대폰) (자택) | | (배우자 등) | |
| | 전자우편(E-mail) | | | |
| | 주소 | | | |
| | 예정 등록기준지 | | | |

| 귀화<br>유형 | 일반귀화<br>※국내 5년<br>이상 체류 | [ ] 「민법」상 성년이며 영주자격(F5)을 가지고 있는 사람 |
|---|---|---|
| | 간이귀화<br>※국내 3년<br>이상 체류 | [ ] 부 또는 모가 대한민국의 국민이었던 사람<br>[ ] 대한민국에서 출생한 사람으로서 부 또는 모가 대한민국에서 출생한 사람<br>[ ] 대한민국 국민의 양자(養子)로서 입양 당시 대한민국의 「민법」상 성년이었던 사람 |
| | 혼인귀화<br>※한국인과의<br>혼인에 한함 | [ ] 배우자와 혼인한 상태로 대한민국에 2년 이상 거주한 사람<br>[ ] 배우자와 혼인한 후 3년이 지나고 혼인한 상태로 대한민국에 1년 이상 거주한 사람<br>[ ] 배우자의 사망·실종 그 밖에 자신에게 책임이 없는 사유로 혼인생활 유지가 불가한 사람<br>[ ] 배우자와의 혼인에 따라 출생한 미성년의 자녀를 양육하고 있거나 양육할 사람 |
| | 특별귀화 | [ ] 부 또는 모가 대한민국의 국민인 사람, 입양 당시 「민법」상 미성년이었던 사람<br>[ ] 대한민국에 특별한 공로가 있는 사람([ ]독립유공자, [ ]국가유공자, [ ]국익기여자)<br>[ ] 과학·경제·문화·체육 등 특정 분야에서 매우 우수한 능력을 보유한 사람 |

수반취득 [ ] 만 19세 미만의 자녀 ( )명에 대하여 신청인과 함께 국적 취득을 신청합니다.

1. 「국적법 시행령」 제3조에 따라 귀화허가를 신청합니다.
2. 국적취득일부터 1년 내에 현재 국적의 포기절차 등을 마치겠습니다.
3. 기재내용이나 첨부자료가 사실과 다른 경우 귀화 불허 또는 취소 등의 불이익을 감수하겠습니다.
4. 신원조회 등 귀화허가심사를 위하여 이 신청서에 기재된 개인정보를 활용하는 것에 동의합니다.

년 월 일

신청인 (서명 또는 인)

(법정대리인)

## 법무부장관 귀하

| 첨부서류 | 제10쪽 참조 | 수수료<br>제10쪽 참조 |
|---|---|---|

## 1. 가족사항 (신청자 본인의 모든 가족을 기재합니다.)

| | 관계 | 성명 | 생년월일 | 성별 | 국적<br>(거주지) | 연락처 | 과거 한국<br>국적 보유자 | 수반취득<br>신청자 |
|---|---|---|---|---|---|---|---|---|
| | | | | | | | (해당란에 √표) | |
| 가 족 | 친부 | | | | | | | |
| | 친모 | | | | | | | |
| | 양부 | | | | | | | |
| | 양모 | | | | | | | |
| | 배우자 | | | | | | | |
| | 자녀 | | | | | | | |
| | 자녀 | | | | | | | |
| | 자녀 | | | | | | | |
| | 자녀 | | | | | | | |
| | 자녀 | | | | | | | |

| | 관계 | 성명 | 생년월일 | 국적<br>(거주지) | 연락처 |
|---|---|---|---|---|---|
| 국내 연고자<br>또는 동거인<br><br>※ 위에 기재한<br>가족은 제외하고<br>기재합니다. | | | | | |
| | | | | | |

## 2. 기본소양

| 최근 3년 내<br>평가 합격 | 년   월   일   [ ˇ ] 종합평가 합격(사회통합프로그램 종합평가만 응시한 경우)<br>년   월   일   [  ] 필기시험 합격('18. 3. 1. 전) |
|---|---|
| 사회통합<br>프로그램 | [  ] 이수완료 ([  ] 종합평가 합격 [  ] 5단계 3회 반복수료 )         [  ] 이수중 (      단계) |

## 3. 학력사항

| 대한민국<br>교육과정 | [  ] 국내 초·중·고·대학·대학원 졸업 |
|---|---|
| | 년   월   일      학교 ([  ]졸업 [  ]중퇴 [  ]재학중)     소재지(          ) |
| | 년   월   일      학교 ([  ]졸업 [  ]중퇴 [  ]재학중)     소재지(          ) |
| | 년   월   일      학교 ([  ]졸업 [  ]중퇴 [  ]재학중)     소재지(          ) |
| | [  ] 초등학교 졸업학력 검정고시  [  ] 중학교 졸업학력 검정고시  [  ] 고등학교 졸업학력 검정고시 |
| | 합격일자 :                    합격증번호 : |

| 해외<br>교육과정<br><br>※ 본국 및 제3국<br>교육사항을 모두<br>기재합니다. | 년 월 일 | 학교 ([ ]졸업 [ ]중퇴 [ ]재학중) 국가( )소재지( ) |
|---|---|---|
| | 년 월 일 | 학교 ([ ]졸업 [ ]중퇴 [ ]재학중) 국가( )소재지( ) |
| | 년 월 일 | 학교 ([ ]졸업 [ ]중퇴 [ ]재학중) 국가( )소재지( ) |
| | 년 월 일 | 학교 ([ ]졸업 [ ]중퇴 [ ]재학중) 국가( )소재지( ) |

## 4. 생계유지능력

| 신청인 | 직업 | (직장명) (직위) (재직기간) 부터 까지 (담당업무) |
|---|---|---|
| | | 월 평균 소득액(최근 6개월간) 만원 / 전년도 소득액(세무서장 발행 소득금액증명원상 소득) 만원 |
| | 자산 | 부동산(보증금 등) 만원 [ ] 자가 [ ] 전세 [ ] 월세 [ ] 기타( ) |
| | | 금융재산 만원 [ ] 예·적금( 원) [ ] 잔액( 원) [ ] 기타(증권, 보험 등) |
| 가족<br><br>※ 생계를 같이<br>하는 가족에 대한<br>사항만 기재합니다. | [ ] 본인의 부모 [ ] 배우자의 부모 [ ] 배우자 [ ] 자녀 [ ] 기타( ) | |
| | 직업 | (직장명) (직위) (재직기간) 부터 까지 (담당업무) |
| | | 월 평균 소득액(최근 6개월간) 만원 / 전년도 소득액(세무서장 발행 소득금액증명원상 소득) 만원 |
| | 자산 | 부동산(보증금 등) 만원 [ ] 자가 [ ] 전세 [ ] 월세 [ ] 기타( ) |
| | | 금융재산 만원 [ ] 예·적금( 원) [ ] 잔액( 원) [ ] 기타(증권, 보험 등) |
| | [ ] 본인의 부모 [ ] 배우자의 부모 [ ] 배우자 [ ] 자녀 [ ] 기타( ) | |
| | 직업 | (직장명) (직위) (재직기간) 부터 까지 (담당업무) |
| | | 월 평균 소득액(최근 6개월간) 만원 / 전년도 소득액(세무서장 발행 소득금액증명원상 소득) 만원 |
| | 자산 | 부동산(보증금 등) 만원 [ ] 자가 [ ] 전세 [ ] 월세 [ ] 기타( ) |
| | | 금융재산 만원 [ ] 예·적금( 원) [ ] 잔액( 원)<br>[ ] 기타 증권, 보험 등( 원) |
| 추가정보<br><br>※ 해당하는 경우<br>체크합니다. | [ ] 국민인 배우자와 혼인한 후 자녀를 임신한 사람(유산한 경우를 포함)<br>[ ] 국민인 배우자와 혼인한 후 자녀를 출산하고자 불임시술을 받은 사람<br>[ ] 국민인 배우자와 혼인한 후 자녀를 출산하여 양육하고 있는 사람<br>[ ] 국민인 배우자의 부모를 1년 이상 부양하며 동거하고 있는 사람<br>[ ]「국적법」 제7조1항2호에 따라 특별귀화허가를 받은 사람의 배우자로서 만 60세 이상인 사람<br>[ ]「국적법」 제20조에 따라 국적판정을 받은 사할린동포의 배우자로서 만 60세 이상인 사람 | |

## 5. 법위반 사항 (「출입국관리법」 위반사실을 포함하여 본국, 제3국 및 대한민국 내에서의 법위반 사실을 기재합니다.)

| 범죄<br>및<br>수사<br>경력 | 구분<br>범법<br>장소 | 일자 | 위반내용(죄명) | 처분결과 |
|---|---|---|---|---|
| | 대한<br>민국 | | | [ ] 수사중 [ ] 재판중 [ ] 기소유예 [ ] 벌금( 원)<br>[ ] 징역( 년 월) [ ] 집행유예( 년 월) [ ] 공소권없음<br>[ ]혐의없음 [ ] 기타( ) |
| | | | | [ ] 수사중 [ ] 재판중 [ ] 기소유예 [ ] 벌금( 원)<br>[ ] 징역( 년 월) [ ] 집행유예( 년 월) [ ] 공소권없음<br>[ ]혐의없음 [ ] 기타( ) |
| | | 위반사실이 더 있는 경우 | | |

| 구분<br>범법<br>장소 | | 일자<br>(위반장소) | 위반내용(죄명) | 처분결과 |
|---|---|---|---|---|
| 범죄<br>및<br>수사<br>경력 | 본국<br>또는<br>제3국 | | | [ ] 수사중  [ ] 재판중  [ ] 기소유예  [ ] 벌금(          원)<br>[ ] 징역( 년 월)  [ ] 집행유예( 년 월)  [ ] 공소권없음<br>[ ]혐의없음  [ ] 기타(                          ) |
| | | | | [ ] 수사중  [ ] 재판중  [ ] 기소유예  [ ] 벌금(          원)<br>[ ] 징역( 년 월)  [ ] 집행유예( 년 월)  [ ] 공소권없음<br>[ ]혐의없음  [ ] 기타 (                         ) |
| | | 위반사실이 더 있는 경우 | | |

※ 수사경력이 있는 경우 처분결과에 관한 증명서(사건처분결과증명서, 불기소이유통지서, 약식명령, 판결문 등) 제출

| 출입<br>국관<br>리법<br>위반 | 불법<br>체류 | 처분일자 :      년    월    일    처분결과 : [ ] 강제퇴거  [ ] 출국명령 [ ] 통고처분 [ ] 기타<br>처분일자 :      년    월    일    처분결과 : [ ] 강제퇴거  [ ] 출국명령 [ ] 통고처분 [ ] 기타 |
|---|---|---|
| | 위명<br>(偽名)<br>여권 | 처분일자 :      년    월    일    처분결과 : [ ] 강제퇴거  [ ] 출국명령 [ ] 통고처분 [ ] 기타<br>처분일자 :      년    월    일    처분결과 : [ ] 강제퇴거  [ ] 출국명령 [ ] 통고처분 [ ] 기타 |
| | 밀입국 | 처분일자 :      년    월    일    처분결과 : [ ] 강제퇴거  [ ] 출국명령 [ ] 통고처분 [ ] 기타<br>처분일자 :      년    월    일    처분결과 : [ ] 강제퇴거  [ ] 출국명령 [ ] 통고처분 [ ] 기타 |
| | 기타 | 위반사실이 더 있는 경우 |

| 체납사항<br><br>※ 현재 체납 중인<br>경우 체크 | [ ] 국세            금액 :            원<br>[ ] 지방세          금액 :            원<br>[ ] 관세            금액 :            원 | [ ] 건강보험료      금액 :            원<br>[ ] 과태료          금액 :            원<br>[ ] 기타(        )  금액 :            원 |
|---|---|---|

## 6. 국가안보 · 질서유지 및 공공복리

테러단체에 가입하여 활동 중이거나 활동한 경력이 있습니까?                        예 [ ] 아니오 [ ]
– "예"라고 체크한 경우, 단체명(            ) 활동근거지(              ) 활동내용(            )
반국가단체의 활동에 가담하거나 활동을 지원한 적이 있습니까?                      예 [ ] 아니오 [ ]
기술 · 정보유출, 비방 등 대한민국의 국익에 반하는 활동을 한 적이 있습니까?        예 [ ] 아니오 [ ]
국내 · 외 폭력조직에 가입하여 활동 중이거나 활동한 경력이 있습니까?            예 [ ] 아니오 [ ]
마약거래나 무기밀매, 장기매매 등을 한 적이 있습니까?.                          예 [ ] 아니오 [ ]
기존의 혼인관계가 정리되지 않은 상태에서 다시 한국인과 결혼하였습니까?(중혼)      예 [ ] 아니오 [ ]
체류연장이나 대한민국 국적 취득을 목적으로 혼인 · 입양된 사실이 있습니까?        예 [ ] 아니오 [ ]
본국이나 제3국의 군대에 속해 있거나 속한 적이 있습니까?                        예 [ ] 아니오 [ ]
– "예"라고 체크한 경우, 국가(        ) 소속(        ) 계급(        ) 복무완료일(            )

## 7. 국민선서 및 국적증서수여

| 국민선서 | "나는 자랑스러운 대한민국 국민으로서 대한민국의 헌법과 법률을 준수하고<br>국민의 책임과 의무를 다할 것을 엄숙히 선서합니다." |
|---|---|

국민선서의 내용을 확인하였으며, 국적증서수여식에 참석하여 국민선서를 하겠습니다.      예 [ ] 아니오 [ ]

대한민국 국적 취득 후 대한민국의 헌법과 법률을 준수하겠습니다.                    예 [ ] 아니오 [ ]

국민의 4대 의무(국방의 의무, 납세의 의무, 교육의 의무, 근로의 의무)를 성실히 이행하겠습니다. 예 [ ] 아니오 [ ]

## 8. 건강정보

| 장애 | 종류 | [ ] 시각장애 [ ] 청각장애 [ ] 지체장애 [ ] 지적장애<br>[ ] 뇌병변장애 [ ] 정신장애 [ ] 기타( ) |
|---|---|---|
| | 구분 | [ ] 장애 정도가 심한 장애인 [ ] 장애 정도가 심하지 않은 장애인 |
| 질병 | 종류 | [ ] 전염성 질환 |
| | 구분 | [ ] 완치 [ ] 치료 중 [ ] 치료예정 |

## 9. 참고사항

| 수상경력 | 수상명 : 수어자 : 수상내용 : |
|---|---|
| | 수상명 : 수여자 : 수상내용 : |

| 자격·면허 | 자격(면허)명 : 등급(급수) : 발급기관 : |
|---|---|
| | 자격(면허)명 : 등급(급수) : 발급기관 : |

| 기타 | [ ] 봉사활동 [ ] 지역사회활동 [ ] 재능기부 [ ] 기타( ) |
|---|---|
| | 단체명 : 활동기간 : 활동내용 : |
| | 단체명 : 활동기간 : 활동내용 : |
| | [ ] 선행으로 인한 훈장·표창 수여 |
| | 수상명 : 수여자 : 수상내용 : |
| | [ ] 헌혈(국내에 한함) |
| | 횟수 : |

## 10. 수반취득 (수반취득 신청 자녀에 관한 사항을 기재합니다.)

| 신청인 | 현재 국적 | 출생지(국가 및 도시명) | | 사 진<br>3.5cm×4.5cm<br>(모자 벗은 상반신으로 뒤 그림 없이 6개월 이내 촬영한 것) |
|---|---|---|---|---|
| | 성명(한글) | | 성별<br>남[ ]여[ ] | |
| | 성명(영문) | 외국인등록번호 | | |
| | 예정 등록기준지 | | | |
| 신청인 | 현재 국적 | 출생지(국가 및 도시명) | | 사 진<br>3.5cm×4.5cm<br>(모자 벗은 상반신으로 뒤 그림 없이 6개월 이내 촬영한 것) |
| | 성명(한글) | | 성별<br>남[ ]여[ ] | |
| | 성명(영문) | 외국인등록번호 | | |
| | 예정 등록기준지 | | | |

| 신청인 | 현재 국적 | | 출생지(국가 및 도시명) | | 사　진<br><br>3.5cm×4.5cm<br><br>(모자 벗은 상반신으로 뒤<br>그림 없이 6개월 이내 촬<br>영한 것) |
| | 성명(한글) | | | 성별<br>남[　]여[　] | |
| | 성명(영문) | | 외국인등록번호 | | |
| | 예정 등록기준지 | | | | |
| 신청인 | 현재 국적 | | 출생지(국가 및 도시명) | | 사　진<br><br>3.5cm×4.5cm<br><br>(모자 벗은 상반신으로 뒤<br>그림 없이 6개월 이내 촬<br>영한 것) |
| | 성명(한글) | | | 성별<br>남[　]여[　] | |
| | 성명(영문) | | 외국인등록번호 | | |
| | 예정 등록기준지 | | | | |
| 신청인 | 현재 국적 | | 출생지(국가 및 도시명) | | 사　진<br><br>3.5cm×4.5cm<br><br>(모자 벗은 상반신으로 뒤<br>그림 없이 6개월 이내 촬<br>영한 것) |
| | 성명(한글) | | | 성별<br>남[　]여[　] | |
| | 성명(영문) | | 외국인등록번호 | | |
| | 예정 등록기준지 | | | | |

# 작성방법 및 유의사항

## 1. 귀화허가 신청서 작성방법

▶ 신청서의 모든 질문에 거짓 없이 충실하게 기재해야 합니다.

▶ 신청서는 한국어로 작성하여야 하며, 법무부장관 또는 지방출입국·외국인관서의 장 등에게 제출하는 서류가 외국어로 작성되어 있을 때에는 번역문을 첨부하여야 합니다.

## 2. 신청서 항목별 작성요령

### ① 가족사항

▶ 신청인의 모든 가족관계를 기재해야 하며, 입양된 사실이 있는 경우 친부모와 양부모의 인적사항을 모두 기재합니다.

▶ 국내 연고자 또는 동거인에는 신청인의 조부모, 형제, 자매, 사촌, 사실혼 관계의 배우자 등 한국에서 가깝게 지내는 사람의 인적사항을 기재합니다.

▶ 본인 및 가족의 이름은 원지음 발음으로 기재하되, 중국 국적의 조선족일 경우 조선족 소명자료를 제출하면 한국식 발음으로 기재할 수 있습니다.

### ② 기본소양

▶ 귀화허가 신청일로부터 3년 내 사회통합프로그램 종합평가(2018. 3. 1. 이후) 또는 귀화 필기시험(2018. 3. 1. 전)에 합격한 사실이 있는 경우 체크(√)합니다.

▶ 법무부에서 주관하는 사회통합프로그램(KIIP)에 참여하여 과정을 이수완료 하였거나 현재 이수 중인 경우 체크(√)합니다.

▶ 사회통합프로그램 이수완료자 중 5단계를 수료하고 종합평가에 합격한 경우 "종합평가 합격" 란에 체크(√) 하고, 종합평가에 합격하지 못하였지만 5단계를 3회 반복 수료하여 이수했다면 "5단계 3회 반복수료"에 체크(√)합니다.

### ③ 학력사항

▶ 대한민국과 본국, 또는 제3국에서의 교육사항을 모두 기재합니다.

▶ 국내 학교는 「초·중등교육법」에 의한 초·중·고등학교, 「고등교육법」에 의한 대학(산업대학·교육대학·전문대학·방송·통신대학·사이버대학·기술대학) 또는 대학원(일반대학원·전문대학원·특수대학원), 「근로자직업능력개발법」에 의한 기능대학을 포함합니다.

### ④ 생계유지능력

▶ 신청인 또는 생계를 같이 하는 가족의 직업 및 전년도 소득(세무서장이 발급한 전년도 소득금액증명원상 금액), 부동산(전세·월세의 경우 보증금만 기재, 직접 소유한 건물의 경우 공시가격), 예금·적금·증권·보험(6개월 이상 보유한 금액에 한함) 금액을 기재합니다.

▶ 가족의 범위는 「민법」 제779조를 준용히여 배우자, 직계혈족 및 형제자매, 직계혈족의 배우자, 배우자의 직계혈족 및 배우자의 형제자매로 한정하며, 생계를 같이 한다는 의미는 현재 주소지가 같음을 의미합니다.

5 법위반 사항

▶ '범죄 및 수사경력'란에는 음주운전, 폭행 등 법 위반으로 조사받은 경력이 있는 경우 기재합니다. 범죄명을 기재하고 처분결과(공소권없음, 기소유예, 벌금 등)에 체크(√)합니다.

▶ 수사경력이 있는 경우 검찰청에서 사건처분결과증명서, 벌과금납부증명서, 불기소이유통지서, 약식명령, 판결문 등 사건관련 서류 일체를 발급받아 제출해야 합니다.

▶ '출입국관리법위반'란에는 대한민국에서 불법체류, 위명여권사용, 밀입국 등 「출입국관리법」 위반사항이 있는 경우 기재하고 처분결과(강제퇴거, 출국명령, 통고처분 등)에 체크(√)합니다.

▶ '체납사항'란에는 현재 세금이나 건강보험료, 과태료 등을 체납 중인 경우 체크(√)하고 금액을 기재합니다.

6 국가안보·질서유지 및 공공복리

▶ 테러단체나 반국가단체, 폭력조직 등에 가입한 전력이 있거나 활동 중인 경우 또는 해당 단체를 옹호하는 활동을 한 사실이 있는 경우 체크(√)합니다.

▶ 본국이나 제3국에서 혼인을 하고 혼인관계가 정리되지 않은 상태에서 다시 한국인과 결혼한 경우(중혼) 체크(√)합니다.

▶ 국내체류, 국적취득을 목적으로 한국인과 불법·허위로 혼인하거나, 한국인의 자녀로 입양된 사실이 있다면 체크(√)합니다.

▶ 본국이나 제3국 군대에 속한 경험이 있는 경우 체크(√)합니다.

7 국민선서 및 국적증서수여

▶ 귀화허가를 받은 사람은 법무부장관 앞에서 국민선서를 하고 국적증서를 수여받아야 대한민국 국적을 취득할 수 있습니다. 반드시 국민선서의 내용을 확인하고 체크(√)하시기 바랍니다.

8 건강정보

▶ 신체적·정신적 장애나 질병이 있는 경우 체크(√)합니다. 이는 기본소양 평가(사회통합프로그램 종합 평가, 면접심사) 면제 대상을 정하거나, 각종 편의(수화통역, 점자, 별도장소 마련 등)를 제공하기 위함입니다.

9 참고사항

▶ '수상경력'란은 각종 대회에서 입상한 경력(예술·체육, 기술·기능대회 등)이나 수출실적, 연구개발, 혁신 등으로 수상한 경력이 있는 경우 기재합니다.

▶ '자격·면허'란은 국내·외 변호사, 회계사 등 전문직종 자격, 기술관련 기능사·산업기사·기사·기능장· 기술사 자격, 의사, 간호사 등 전문직종 면허, 기타 기술관련 면허 등을 취득한 경우 기재합니다.

▶ '기타'란은 국내에서 봉사활동, 자율방범대원 활동 등 지역사회활동, 재능기부 등을 한 경력이 있는 경우 기재합니다.

▶ 선행·봉사활동 등으로 국가기관(차관급 이상) 또는 광역지방자치단체의 장으로부터 훈장·표창 등을 받은 경우 기재합니다.

⑩ 수반취득

▸ 신청인의 미성년자녀(만18세 이하 미혼)는 신청인이 귀화허가를 신청할 때 함께 국적취득을 신청할 수 있습니다.

▸ 자녀의 국적취득도 함께 신청하려는 경우 제1쪽 '수반취득'란에 체크(√)하고, 제5쪽에 수반취득을 원하는 자녀의 인적사항을 기재합니다. (자녀가 5명이고 수반취득 신청을 하고자 하는 자녀가 3명이라면, 3명의 인적사항을 각각 기재합니다.)

▸ 자녀의 예정 등록기준지는 부 또는 모의 예정 등록기준지와 동일하게 기재합니다.

## 3. 귀화허가 신청자의 의무 및 유의사항

▸ 신청서를 접수한 출입국·외국인관서에서 언제라도 연락할 수 있도록 연락처나 주소가 바뀌면 즉시 1345 또는 접수한 출입국·외국인관서에 알려 주시기 바랍니다.

▸ 신청서 접수 후 이혼 또는 파양 등 사정변경이 발생하면 반드시 접수한 출입국·외국인관서의 장에게 이 사실을 알리고 관련 자료를 제출해야 합니다.

▸ 신청인이 사망하거나 그 신청을 취하한 때에는 귀화허가여부의 판단 없이 심사는 종결되며, 신원조사·체류동향조사 또는 적격심사 과정에서 소재불명된 것으로 확인되거나 심사를 위한 출석요구에 정당한 이유 없이 2회 이상 불응한 때에는 귀화가 불허될 수 있습니다.

– 또한 신청인이 신원조사·체류동향조사 또는 적격심사 과정에서 완전출국한 것으로 확인된 때에도 귀화가 불허될 수 있습니다. 다만, 재입국허가(재입국허가 면제자를 포함)를 받고 출국한 자가 재입국허가기간 내에 입국한 경우는 제외됩니다.

▸ 아래와 같이 거짓이나 그 밖의 부정한 방법으로 귀화허가나 국적회복허가 또는 국적보유판정을 받은 자에 대하여 「국적법」 제21조에 따라 그 허가 또는 판정이 취소될 수 있습니다.

1. 귀화허가, 국적회복 허가 또는 국적보유 판정을 받을 목적으로 신분관계 증명서류를 위조·변조하거나 위조·변조된 증명서류를 제출하여 유죄 판결이 확정된 사람

2. 혼인·입양 등에 의하여 대한민국 국적을 취득하였으나 그 국적취득의 원인이 된 신고 등의 행위로 유죄 판결이 확정된 사람

3. 대한민국 국적 취득의 원인이 된 법률관계에 대하여 무효나 취소의 판결이 확정된 사람

4. 그 밖에 귀화허가, 국적회복 허가 또는 국적보유 판정에 중대한 하자가 있는 사람

본인은 귀화허가 신청서 "작성방법 및 유의사항"을 읽고 모두 이해하였음을 확인합니다.

※ 신청자 본인이 위 내용을 이 박스 안에 직접 자필로 쓰세요.

신청인
Applicant's Name

(서명 또는 인)
(Signature)

| | |
|---|---|
| 신청인<br>제출서류 | 1. 외국인임을 증명하는 서류<br>2. 일반귀화허가 신청자(아래 항목 중 하나 선택). 「국적법」 제7조제1항에 해당하는 사람은 제외합니다.<br>　가. 전년도 일인당 국민총소득(GNI) 이상의 소득금액 증명원(세무서장이 발급한 것을 말합니다)<br>　나. 6천만원 이상의 금융재산(예금·적금·증권 등) 증명 서류<br>　다. 공시가격, 실거래가 또는 시중은행 공표 시세가 6천만원 이상에 해당하는 부동산 소유 증명<br>　　서류나 6천만원 이상에 해당하는 임대차보증금 등 부동산임대차계약서 사본<br>　라. 그 밖에 가목부터 다목까지에 상당하다고 법무부장관이 인정하는 서류로서 본인 또는 생계를 같이<br>　　하는 가족이 생계유지능력을 갖추고 있음을 증명하는 서류<br>3. 간이귀화허가 신청자(아래 항목 중 하나 선택).「국적법」 제7조제1항에 해당하는 사람은 제외합니다.<br>　가. 3천만원 이상의 금융재산(예금·적금·증권 등) 증명 서류<br>　나. 공시가격, 실거래가 또는 시중은행 공표 시세가 3천만원 이상에 해당하는 부동산 소유 증명<br>　　서류나 3천만원 이상에 해당하는 임대차보증금 등 부동산임대차계약서 사본<br>　다. 재직증명서 또는 취업예정사실증명서<br>　라. 그 밖에 가목부터 다목까지에 상당하다고 법무부장관이 인정하는 서류로서 본인 또는 생계를 같이<br>　　하는 가족이 생계유지능력을 갖추고 있음을 증명하는 서류<br>4. 수반취득을 신청하는 사람이 있을 때에는 그 관계를 증명하는 서류<br>5. 추천서 및 추천서 작성자의 신분을 증명하는 서류(해당자에 한함)<br>6. 아버지 또는 어머니의 가족관계기록사항에 관한 증명서, 제적등본(「국적법」 제6조제1항제1호에 해당<br>　하는 사람만 제출합니다)<br>7. 본인과 그 아버지 또는 어머니가 대한민국에서 출생한 사실을 증명하는 서류(「국적법」 제6조제1항<br>　제2호에 해당하는 사람만 제출합니다)<br>8. 입양사실이 기록된 양부 또는 양모의 가족관계기록사항에 관한 증명서(「국적법」 제6조제1항제3호에<br>　해당하는 사람만 제출합니다)<br>9. 한국인 배우자의 가족관계기록사항에 관한 증명서(「국적법」 제6조제2항제1호 또는 제2호에 해당하는<br>　사람만 제출합니다). 다만, 외국에서 혼인하고 한국인 배우자의 가족관계등록부에 혼인사실이 기록되어<br>　있지 않을 경우에는 혼인한 사실을 증명하는 서류로 갈음합니다.<br>10. 한국인 배우자의 가족관계기록사항에 관한 증명서, 그 배우자의 제적등본, 그 배우자의 사망이나 실종<br>　또는 그 밖에 자신에게 책임이 없는 사유로 정상적인 혼인생활을 할 수 없었던 사실을 증명하는<br>　서류(「국적법」 제6조제2항제3호에 해당하는 사람만 제출합니다)<br>11. 한국인 배우자의 가족관계기록사항에 관한 증명서, 그 배우자의 제적등본, 그 배우자와의 사이에서<br>　출생한 미성년 자녀가 있다는 사실을 증명할 수 있는 출생증명서 또는 그 밖에 이에 준하는 서류 및<br>　본인이 그 미성년 자녀를 양육하고 있거나 양육하여야 할 사람이라는 사실을 증명하는 서류(「국적법」<br>　제6조제2항제4호에 해당하는 사람만 제출합니다)<br>12. 아버지 또는 어머니의 가족관계기록사항에 관한 증명서(「국적법」 제7조제1항제1호에 해당하는<br>　사람만 제출합니다)<br>13. 「국적법 시행령」 제6조제1항 또는 제2항 각 호의 어느 하나에 해당하는 사실을 증명하는 서류<br>　(「국적법」 제7조제1항제2호 또는 제3호에 해당하는 사람만 제출합니다)<br>14. 귀화허가 통보 및 가족관계등록부 작성 등에 필요한 서류<br>15. 본국(해외) 범죄경력증명서(「국적법」 제7조제1항제2호 또는 제3호 해당자 등은 제외) | ○ 수수료<br>　1인당 30만원<br><br>○ 수수료 면제<br>　- 수반취득자<br>　- 「국적법」<br>　　제7조제1항<br>　　제2호 해당자<br>　　(독립유공자,<br>　　국가유공자<br>　　후손 등)<br>　- 「국적법」<br>　　제7조제1항<br>　　제3호 해당자<br>　　(우수인재) |
| 담당 공무원<br>확인사항 | 1. 외국인등록사실증명(담당 공무원의 확인에 동의하지 않는 경우 해당 서류를 직접 제출합니다)<br>2. 출입국사실증명(담당 공무원의 확인에 동의하지 않는 경우 해당 서류를 직접 제출합니다)<br>3. 건물등기사항증명서<br>4. 토지등기사항증명서<br>5. 한국인 배우자의 주민등록표 등본(「국적법」 제6조제2항제1호 또는 제2호에 해당하는 자는 제외)<br>　(담당 공무원의 확인에 동의하지 않는 경우 해당 서류를 직접 제출합니다)<br>6. 아버지 또는 어머니의 주민등록표 등본(「국적법」 제7조제1항제1호에 해당하는 자는 제외)<br>　(담당 공무원의 확인에 동의하지 않는 경우 해당 서류를 직접 제출합니다) | |

## 행정정보 공동이용 동의서

본인은 이 건 업무 처리와 관련하여 담당 공무원이 「전자정부법」 제36조에 따른 행정정보의 공동이용 또는 정보처리시스템을 통하여 위의 담당 공무원 확인사항을 확인하는 것에 동의합니다. *동의하지 않는 경우에는 신청인이 직접 관련 서류를 제출해야 합니다.

신청인          (서명 또는 인)

## 처리절차

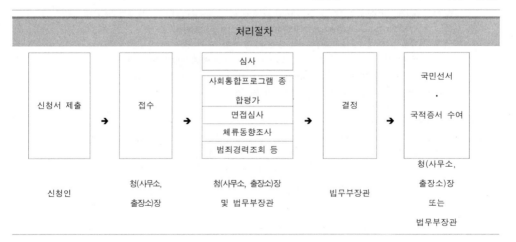

# 가족관계 통보서

<table>
<tr>
<td rowspan="2">① 통보 유형 (※담당 공무원 기재란)</td>
<td>국적취득 등 사건발생일<br><br>　년　월　일</td>
<td>□ 국적취득(원인 : □ 인지, □ 재취득)<br>□ 귀화허가<br>□ 수반취득(원인 : □ 귀화, □ 국적회복)<br>　– 귀화(국적회복)자와의 관계 :　　의<br>□ 국적회복허가<br>　– 한국국적상실일 :　년　월　일<br>　– 한국국적상실원인 : □ 외국국적취득 □ 국적이탈<br>□ 국적판정</td>
</tr>
</table>

<table>
<tr>
<td rowspan="6">② 사 건 본 인 (※이하 사건본인 기재란)</td>
<td colspan="2">등록기준예정지</td>
<td colspan="3"></td>
</tr>
<tr>
<td colspan="2">□ 등록기준지<br>□ 본 적</td>
<td colspan="3"></td>
</tr>
<tr>
<td rowspan="2">이　름</td>
<td>외국어(한자포함)</td>
<td></td>
<td>생년월일</td>
<td></td>
</tr>
<tr>
<td>원지음의 한글표기</td>
<td>(성)<br>(명)</td>
<td>주민등록번호</td>
<td></td>
</tr>
<tr>
<td>성　별</td>
<td colspan="2">□ 남 □ 여　국적회복(취득)전 국적</td>
<td>본(한자)</td>
<td></td>
</tr>
<tr>
<td colspan="2">기타사항</td>
<td colspan="3"></td>
</tr>
</table>

사건본인 — 주소 / 전화번호(휴대폰)

<table>
<tr>
<td rowspan="3">③ 배 우 자</td>
<td>이　름</td>
<td>(성)<br>(명)</td>
<td>국　적</td>
<td></td>
</tr>
<tr>
<td>생년월일</td>
<td></td>
<td rowspan="2">□ 등록기준지<br>□ 본 적</td>
<td></td>
</tr>
<tr>
<td>주민등록번호</td>
<td></td>
<td></td>
</tr>
<tr>
<td rowspan="3">④ 부</td>
<td>이　름</td>
<td>(성)<br>(명)</td>
<td>국　적</td>
<td></td>
</tr>
<tr>
<td>생년월일</td>
<td></td>
<td rowspan="2">□ 등록기준지<br>□ 본 적</td>
<td></td>
</tr>
<tr>
<td>주민등록번호</td>
<td></td>
<td></td>
</tr>
<tr>
<td rowspan="3">⑤ 모</td>
<td>이　름</td>
<td>(성)<br>(명)</td>
<td>국　적</td>
<td></td>
</tr>
<tr>
<td>생년월일</td>
<td></td>
<td rowspan="2">□ 등록기준지<br>□ 본 적</td>
<td></td>
</tr>
<tr>
<td>주민등록번호</td>
<td></td>
<td></td>
</tr>
</table>

<table>
<tr>
<td rowspan="5">⑥ 자</td>
<td>이　름</td>
<td>생년월일</td>
<td>주민등록번호</td>
<td>국적</td>
<td>등록기준지 (본 적)</td>
</tr>
<tr>
<td>(성)<br>(명)</td>
<td></td>
<td></td>
<td></td>
<td></td>
</tr>
<tr>
<td>(성)<br>(명)</td>
<td></td>
<td></td>
<td></td>
<td></td>
</tr>
<tr>
<td>(성)<br>(명)</td>
<td></td>
<td></td>
<td></td>
<td></td>
</tr>
<tr>
<td>(성)<br>(명)</td>
<td></td>
<td></td>
<td></td>
<td></td>
</tr>
</table>

# 귀화 추천서

(앞 쪽)

| 추천받는 사람 (귀화허가 신청자) | 성명(한글) | | (영문) |
|---|---|---|---|
| | 외국인등록번호 | | |

| 추천인 | 성명 | | 주민등록번호 |
|---|---|---|---|
| | 직장 | 직장명 | 직위/직급 |
| | 연락처 | 직장전화번호 | 휴대전화번호 |
| | | 전자우편(E-mail) | |
| | 추천받는 사람을 알게 된 경위 | | |

| 추천사유 | |
|---|---|

본인은 위와 같은 사유로 위 사람을 귀화대상자로 추천하며, 이 추천서의 기재내용은 모두 사실임을 서약합니다.

년    월    일

추천인                    (서명 또는 인)

**법무부장관** 귀하

## REFERENCE | 참고문헌

〈도서〉

법무부 출입국 · 외국인정책본부, 『사회통합프로그램(KIIP) 한국사회 이해: 기본』, 2020

법무부 출입국 · 외국인정책본부, 『사회통합프로그램(KIIP) 한국사회 이해: 심화』, 2020

전국다문화가족사업지원단, 『한국생활가이드북』, 관계부처 합동, 2017

법무부 국적과, 『나도 자랑스러운 한국인』, 법무부 국적과, 2015

권용우 외, 『우리국토』 중학 · 고등, 국토지리학회, 2015

김국현 외, 『한반도의 오늘과 통일』, 통일부 통일교육원, 2017


〈사이트〉

법무부  www.moj.go.kr

정부24  www.gov.kr

한국민족문화대백과  www.aks.ac.kr

행정안전부  www.mois.go.kr

국립국어원  www.korean.go.kr

문화재청  www.cha.go.kr

국가기록원  www.archives.go.kr

사회통합정보망  www.socinet.go.kr

대한민국 국가지도집  nationalatlas.ngii.go.kr

한국어교수학습샘터  kcenter.korean.go.kr

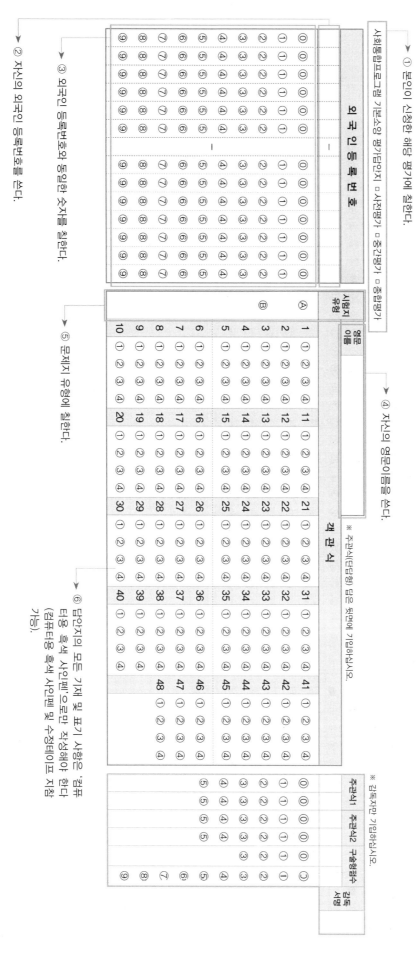

〈OMR 답안 작성법〉

※ 반드시 검정색 수성사인펜 사용

① 본인이 신청한 해당 평가에 칠한다.

사회통합프로그램 기본소양 평가단계인지 □ 사전평가 □ 중간평가 □ 종합평가

외국인등록번호

④ 자신의 영문이름을 쓴다.

※ 주관식(단답형) 답은 뒷면에 기입하십시오.

② 자신의 외국인 등록번호를 쓴다.

③ 외국인 등록번호와 동일한 숫자를 칠한다.

⑤ 문제지 유형에 칠한다.

영문이름

시험지유형 Ⓐ Ⓑ

객관식

| | ① | ② | ③ | ④ | | ① | ② | ③ | ④ | | ① | ② | ③ | ④ | | ① | ② | ③ | ④ | | ① | ② | ③ | ④ |
|---|---|---|---|---|---|---|---|---|---|---|---|---|---|---|---|---|---|---|---|---|---|---|---|---|
| 1 | | | | | 11 | | | | | 21 | | | | | 31 | | | | | 41 | | | | |
| 2 | | | | | 12 | | | | | 22 | | | | | 32 | | | | | 42 | | | | |
| 3 | | | | | 13 | | | | | 23 | | | | | 33 | | | | | 43 | | | | |
| 4 | | | | | 14 | | | | | 24 | | | | | 34 | | | | | 44 | | | | |
| 5 | | | | | 15 | | | | | 25 | | | | | 35 | | | | | 45 | | | | |
| 6 | | | | | 16 | | | | | 26 | | | | | 36 | | | | | 46 | | | | |
| 7 | | | | | 17 | | | | | 27 | | | | | 37 | | | | | 47 | | | | |
| 8 | | | | | 18 | | | | | 28 | | | | | 38 | | | | | 48 | | | | |
| 9 | | | | | 19 | | | | | 29 | | | | | 39 | | | | | | | | | |
| 10 | | | | | 20 | | | | | 30 | | | | | 40 | | | | | | | | | |

⑥ 답안지의 모든 기재 및 표기 사항은 '검정색 혹은 흑색 사인펜'으로만 작성해야 한다.
(경우에 따라 흑색 사인펜 및 수정테이프 지참 가능).

※ 감독자만 기입하십시오.

| | 주관식1 | 주관식2 | 구술점수 | 감독서명 |
|---|---|---|---|---|
| | | | | |

주관식1: ⓪①②③④⑤
주관식2: ⓪①②③④⑤
구술점수: ⓪①②③④⑤⑥⑦⑧⑨

〈답안 작성 예시〉

사회통합프로그램 기본소양 평가답안지 □ 사전평가 □ 중간평가 □ 종합평가

※ 감독자만 기입하십시오.

| 주관식1 | 주관식2 | 구술형점수 | 감독<br>서명 |
|---|---|---|---|

| 외 국 인 등 록 번 호 | | | | | | | | | | | | |
|---|---|---|---|---|---|---|---|---|---|---|---|---|
| 1 | 2 | 3 | 4 | 5 | 6 | 7 | – | 7 | 8 | 9 | 1 | 2 | 3 | 4 |

※ 주관식(단답형) 답은 뒷면에 기입하십시오.

| 시험지<br>유형 | 영문<br>이름 | Chen Jia Mei |
|---|---|---|
| ● | | |
| ⑧ | | |

객 관 식

주관식 1

주관식 2

※ 감독자만 기입하십시오.

외 국 인 등 록 번 호

| | | | | | | | | | | | | | | | |
|---|---|---|---|---|---|---|---|---|---|---|---|---|---|---|---|
| ⓪ | ⓪ | ⓪ | ⓪ | ⓪ | ⓪ | | ⓪ | ⓪ | ⓪ | ⓪ | ⓪ | ⓪ | ⓪ | |
| ① | ① | ① | ① | ① | ① | — | ① | ① | ① | ① | ① | ① | ① | — |
| ② | ② | ② | ② | ② | ② | | ② | ② | ② | ② | ② | ② | ② | |
| ③ | ③ | ③ | ③ | ③ | ③ | | ③ | ③ | ③ | ③ | ③ | ③ | ③ | |
| ④ | ④ | ④ | ④ | ④ | ④ | | ④ | ④ | ④ | ④ | ④ | ④ | ④ | |
| ⑤ | ⑤ | ⑤ | ⑤ | ⑤ | ⑤ | | ⑤ | ⑤ | ⑤ | ⑤ | ⑤ | ⑤ | ⑤ | |
| ⑥ | ⑥ | ⑥ | ⑥ | ⑥ | ⑥ | | ⑥ | ⑥ | ⑥ | ⑥ | ⑥ | ⑥ | ⑥ | |
| ⑦ | ⑦ | ⑦ | ⑦ | ⑦ | ⑦ | | ⑦ | ⑦ | ⑦ | ⑦ | ⑦ | ⑦ | ⑦ | |
| ⑧ | ⑧ | ⑧ | ⑧ | ⑧ | ⑧ | | ⑧ | ⑧ | ⑧ | ⑧ | ⑧ | ⑧ | ⑧ | |
| ⑨ | ⑨ | ⑨ | ⑨ | ⑨ | ⑨ | | ⑨ | ⑨ | ⑨ | ⑨ | ⑨ | ⑨ | ⑨ | |

주관식 1

시험지 유형 Ⓐ Ⓑ

영문 이름

※ 주관식(단답형) 답은 뒷면에 기입하십시오.

객 관 식

| 문번 | ① | ② | ③ | ④ |
|---|---|---|---|---|
| 1 | ① | ② | ③ | ④ |
| 2 | ① | ② | ③ | ④ |
| 3 | ① | ② | ③ | ④ |
| 4 | ① | ② | ③ | ④ |
| 5 | ① | ② | ③ | ④ |
| 6 | ① | ② | ③ | ④ |
| 7 | ① | ② | ③ | ④ |
| 8 | ① | ② | ③ | ④ |
| 9 | ① | ② | ③ | ④ |
| 10 | ① | ② | ③ | ④ |
| 11 | ① | ② | ③ | ④ |
| 12 | ① | ② | ③ | ④ |
| 13 | ① | ② | ③ | ④ |
| 14 | ① | ② | ③ | ④ |
| 15 | ① | ② | ③ | ④ |
| 16 | ① | ② | ③ | ④ |
| 17 | ① | ② | ③ | ④ |
| 18 | ① | ② | ③ | ④ |
| 19 | ① | ② | ③ | ④ |
| 20 | ① | ② | ③ | ④ |
| 21 | ① | ② | ③ | ④ |
| 22 | ① | ② | ③ | ④ |
| 23 | ① | ② | ③ | ④ |
| 24 | ① | ② | ③ | ④ |
| 25 | ① | ② | ③ | ④ |
| 26 | ① | ② | ③ | ④ |
| 27 | ① | ② | ③ | ④ |
| 28 | ① | ② | ③ | ④ |
| 29 | ① | ② | ③ | ④ |
| 30 | ① | ② | ③ | ④ |
| 31 | ① | ② | ③ | ④ |
| 32 | ① | ② | ③ | ④ |
| 33 | ① | ② | ③ | ④ |
| 34 | ① | ② | ③ | ④ |
| 35 | ① | ② | ③ | ④ |
| 36 | ① | ② | ③ | ④ |
| 37 | ① | ② | ③ | ④ |
| 38 | ① | ② | ③ | ④ |
| 39 | ① | ② | ③ | ④ |
| 40 | ① | ② | ③ | ④ |
| 41 | ① | ② | ③ | ④ |
| 42 | ① | ② | ③ | ④ |
| 43 | ① | ② | ③ | ④ |
| 44 | ① | ② | ③ | ④ |
| 45 | ① | ② | ③ | ④ |
| 46 | ① | ② | ③ | ④ |
| 47 | ① | ② | ③ | ④ |
| 48 | ① | ② | ③ | ④ |

주관식 2

※ 감독자만 기입하십시오.

| | 주관식1 | 주관식2 | 구술합격수 | 감독 서명 |
|---|---|---|---|---|
| | ⓪①②③④⑤ | ⓪①②③④⑤ | ⓪①②③ | |
| | ⓪①②③④⑤ | ⓪①②③④⑤ | ①②③ | |
| | | | ⓪①②③④⑤⑥⑦⑧⑨ | |

# 사회통합프로그램 작문형 답안지

감독관 작성 부분

| 외국인등록번호 | 성 명 | |
|---|---|---|

감독관 작성 부분

채점 관련하여 감독관이 작성하는 부분임

아래 원고지 부분에 작성하되 제목은 생략하고 바로 본문만 작성할 것, 수정 시 두 줄로 긋고 재기입 가능

답안 작성란

채점 관련하여 감독관이 작성하는 부분임

# 사회통합프로그램 작문형 답안지

| 외국인등록번호 | 성명 | |
|---|---|---|
| | | |

채점 관련하여 감독관이 작성하는 부분임

| 담안 작성란 | 아래 원고지 부분에 작성하되 제목은 생략하고 바로 본문만 작성할 것, 수정 시 두 줄로 긋고 제기입 가능 |
|---|---|

채점
관련하여
감독관이
작성하는
부분임

채점 관련하여 감독관이 작성하는 부분임

# 사회통합프로그램 작문형 답안지

| 외국인등록번호 | 성 명 | | |
|---|---|---|---|

**감독관 작성 부분**

채점 관련하여 감독관이 작성하는 부분임

답안 작성란

아래 원고지 부분에 작성하되 제목은 생략하고 바로 본문만 작성할 것, 수정 시 두 줄로 긋고 재기입 가능

채점 관련하여 감독관이 작성하는 부분임

MEMO

## 2025 귀화시험
# 사회통합프로그램 종합평가 한권완성

| | |
|---|---|
| 초 판 발 행 | 2017년 6월 20일 |
| 개정8판1쇄 | 2024년 5월 20일 |

| | |
|---|---|
| 저　　　자 | 대한민국귀화시험자격연구소 |
| 발 행 인 | 정용수 |
| 발 행 처 | (주)예문아카이브 |
| 주　　　소 | 서울시 마포구 동교로 18길 10 2층 |
| T　E　L | 02) 2038-7597 |
| F　A　X | 031) 955-0660 |

| | |
|---|---|
| 등 록 번 호 | 제2016-000240호 |

| | |
|---|---|
| 정　　　가 | 18,000원 |

홈페이지 http://www.yeamoonedu.com

I S B N　　979-11-6386-301-4　　[13300]